일러두기

- 본서에서 언급된 종목은 리딩투자증권의 공식 의견이 아닌 저자 개인의 의견임을 알려드립니다. 투자로 인한 손해는 투자자 본인에게 있으며, 본서는 고객의 투자 결과에 대한 법적 책임 소재 관련 증빙 자료로 활용될 수 없습니다.

지금 배당투자 50만 원으로
평생 월급 500만 원을 만드는

곽병열 지음

배당투자 기적의 루틴

한스미디어

시간이 흐를수록 커지는 배당투자의 매력
홍춘욱_프리즘투자자문 대표, 《대한민국 돈의 역사》 저자

필자가 모 기관의 운용역으로 근무하던 시절, 가장 선호하는 종목이 있었다. 이 회사는 나름 견실한 재무구조를 가지고 있는 데다, 대주주가 적극적으로 IR에 나서는 등 주주친화적인 모습을 보였기 때문이었다. (IR(Investor Relations)이란 주주에 대한 기업의 정보 소통 환경을 의미한다.) 예전에는 주주들이 전화해도 퉁명스럽게 반응하는 주식 담당자들만 접하다가 이렇게 친절한 곳을 만나니 너무나 반갑고 기분이 좋아 투자 비중을 확대하는 한편 주변에 칭찬을 아끼지 않았던 기억이 선명하다. 그러나 이 회사가 필자에게 준 보답은 '유상증자' 발표였다. 유상증자는 말 그대로 기존 주주들에게 새로운 주식을 주는 대신 돈을 달라는 행위다. 적어도 지난 10년 동안 한국 증시에서 유상증자는 '하한가행 급행열차'였음을 감안할 때, 필자가 얼마나 곤혹스러운 입장에 처했을지 짐작이 갈 것이다.

유상증자는 왜 '하한가행 급행열차'일까?

그 이유는 경영진(및 오너 그룹)이 자신들이 보유한 여러 사업 프로젝트에 대해 자신감을 갖지 못하고 있음을 보여주는 매우 강력한 '신호'이기 때문이다.

다음 그림은 미국 기업을 대상으로 이뤄진 연구인데, 유상증자를 단행하기 전에는 우수한 실적을 기록하다 증자 이후 심각한 실적 악화를 경험하는 경향이 있음을 보여준다. 예를 들어 매출액 대비 순이익률을 조사하면, 유상증자가 단행된 해에는 약 6%에 이르는 순이익률을 기록하다 유상증자 다음 해에는 4% 초반으로 떨어지고 2년 차에는 심지어 3% 수준, 그리고 3~4년 차에는 3% 밑으로 추락한 것으로 나타난다.

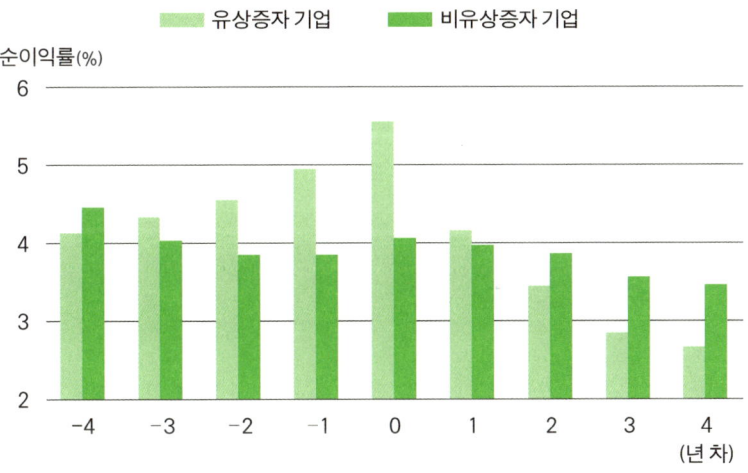

유상증자가 이뤄진 해(가로축의 '0')를 전후한 매출액 대비 순이익률 변화

자료: Tim Loughran and Jay R. Ritter(1997). "The Operating Performance of Firms Conducting Seasoned Equity Offerings"

이런 현상이 벌어지는 이유를 설명한 것이 'Pecking Order Theory(자금조달 우선순위 이론)'다. 이 이론은 오리들이 먹이를 먹을 때 제일 먼저 곤충부터 시작해 사료를 먹고 마지막 순간 주변의 풀잎을 뜯어 먹듯, 기업들도 똑같은 행동 패턴을 보인다는 주장을 담고 있다. 기업이 가지고 있는 투자 프로젝트의 성공 확률이 그렇게 높다면 굳이 유상증자를 단행해 다른 사람의 돈을 받을 필요가 없다는 이야기다. 그냥 자기 자본으로 투자하거나, 아니면 은행에서 돈을 빌리는 방향으로 가는 게 최선이다. 이렇게 하면 프로젝트의 성공에 따른 이익은 모두 기존 주주의 몫이 되기 때문이다. 따라서 기업이 유상증자를 단행한다는 것은 미래 프로젝트의 성공에 대한 자신이 떨어진다는 이야기가 된다. 즉 성공하면 좋지만, 만에 하나 실패할 때를 대비해 자금을 확충하는 식으로 추진하는 게 유상증자라는 이야기다.

회사 오너가 주가를 올리고 싶을 때에는 어떤 신호를 줄까?

지금까지 유상증자가 얼마나 주가 하락 가능성을 높이는지 살펴보았으니, 반대로 주가 상승의 신호탄에 대해서도 살펴보자.

한국 주식시장의 참가자들은 워낙 오랜 기간 경영자(및 오너)에게 속아왔기에, 웬만한 일에 대해서는 반응하지 않는다. 특히 기업의 기초체력을 파악해 주가가 저평가되었다고 판단할 때 투자하는, 이른바 가치투자자들은 다양한 홍보 자료 혹은 정치인의 회사 방문 같은 부분에는 신경 쓰지 않는다. 그렇다면 어떻게 해야 돈 많은 장기투자자들을 주주로 끌어들일 수 있을까?

이에 대한 해답이 바로 '배당'이다. 특히 국민연금을 비롯한 장기 투자자들은 대부분 배당소득세에 대해 면세 혜택을 누리고 있기에 기업이 배당을 지급하기 시작하는 순간 관심을 갖기 마련이다. 게다가 1~2년이 아닌 5년 이상 꾸준히 배당을 지급하고 또 인상하기까지 하면 지속적인 매수로 답하게 된다. 왜냐하면 기업들이 보유한 현금을 외부로 유출하는 일, 특히 시장에서 되팔 수 있는 자사주와 달리 주주들에게 현금으로 돈을 지급하는 배당은 기업이 얼마나 좋은 경영 여건을 가지고 있는지 보여주는 신호로 해석될 수 있기 때문이다.

물론 기업들이 연기금 같은 장기투자자를 굳이 끌어들이려 하지 않을 수도 있다. 그렇다면, 투자하지 않으면 그만이다. 장기적으로 볼 때 배당을 지급하는 기업들이 코스피 지수에 비해 월등한 성과를 기록했음을 감안하면 더욱 그러하다. 요즘처럼 기술주 중심의 시장 흐름이 지속되는 중임에도 배당을 지급하는 기업들이 지난 5년간 압도적인 성과를 거두었음을 보면 더욱 확실하다.

| 현금배당 법인의 시장 대비 초과수익률 현황

(단위: 포인트, %, %p)

연도	코스피		배당법인 평균 주가등락률*(B)	초과수익률 (B-A)
	연말지수	지수등락률(A)		
2020	2,873.47	30.75	26.36	-4.39
2021	2,977.65	3.63	21.81	18.18
2022	2,236.40	-24.89	-14.60	10.29
2023	2,655.28	18.73	10.20	-8.53
2024	2,399.49	-9.63	-5.09	4.54

* (당해연도 말 종가 – 전년 말 종가) × 100
자료: 한국거래소(2025.4.17), 〈유가증권시장 현금배당 법인의 시가배당률, 배당성향 및 주가등락률 현황〉

이쯤에서 곽병열 작가의 이 책《배당투자 기적의 루틴》을 추천하는 이유를 짐작했으리라 믿는다. 필자는 연기금뿐만 아니라 개인투자자들도 배당투자의 세계에 진입함으로써 한국 증시가 보다 선진적인 시장으로 거듭나기를 희망하기 때문이다. 물론 배당투자가 손해만 입히는 게 아니라 짭짤한 초과 성과를 올릴 기회를 제공한다는 측면에서 보다 많은 독자들이 이 길에 함께하기를 바라는 마음이다. 부디 우리 정부도 배당 분리과세 등을 통해 기업들이 더 적극적으로 배당을 지급할 환경을 조성했으면 하는 바람을 가져본다.

시작하며

돈이 일하게 하고
행복한 삶을 누리는 방법

월급 없는 은퇴 후, 나는 어떤 삶을 살고 있을까요?

은퇴가 점점 가까워질수록 사람들은 이제까지 준비한 은퇴 준비 자산으로 과연 '매달 얼마를 받을 수 있을까?' 심각하게 고민하게 됩니다. 지금은 100세 시대. 60세에 은퇴해도 30~40년은 더 살아야 하는데, 매달 나오는 월급과 같은 정기적이고 안정적인 현금흐름이 없다면 삶의 질은 가파르게 무너질 수밖에 없습니다. 즉 불확실한 미래에 대비해 '확실한 현금흐름'을 만들어주는 투자 방식이 있다면, 그것은 분명 우리가 귀 기울여야 할 지혜일 것입니다.

그 해답이 바로 '배당투자'입니다.

하지만 '배당으로 월 500만 원을 받는다'는 말을 들으면, 대부분은 고개를 갸웃합니다. "그런 건 부자들이나 하는 투자 아닌가요?" "배당수익률이 겨우 몇 퍼센트인데 어떻게 월급이 되죠?" 혹은 "월 50만 원 배당투자로 그렇게 될까요?"라는 반응도 흔합니다.

그래서 이 책은 시작부터 그 물음에 답하고자 합니다. 50만 원으로 어떻게 월 500만 원을 벌 수 있냐고요? 바로 그 50만 원을 '꾸준히, 매달' 우량 배당주에 투자한다면 충분히 가능한 일입니다.

그렇다고 단기간에 10배, 100배 수익을 낼 수 있다는 황당한 이야기를 하려는 것이 아닙니다. 오히려 이 책은 '단숨에 부자 되는 법'이 아니라 '조금 느려도 확실히 부자 되는 길'을 안내하는 책입니다. 말하자면, 이 책이 제시하는 배당투자는 고속도로가 아닌 국도를 이용한 여행 같은 투자법입니다. 목적지로 가는 속도는 느릴 수 있지만, 목적지까지 큰 사고 없이 안정적으로, 경치 구경도 하며 확실하게 도달할 수 있게 도와주는 여정입니다.

실제로 이 책의 마지막 장에서 정리한 것처럼, **매달 50만 원씩 배당주에 적립투자하여 장기적으로 누적되는 평균적인 주가 상승과 배당금을 바탕으로, 30년 후에는 매달 500만 원 이상의 배당금이 자동으로 통장에 꽂히는 구조를 만들 수 있습니다.** 물론 그것은 단순한 통계 숫자의 마법만은 아닙니다. 수십 년간 쌓아온 배당주 기업의 이익, 업계에서 도드라지는 탁월한 성과, 그리고 배당주 투자자의 인내가 함께 만들어낼 합리적인 결과물이 될 것입니다.

그렇기에 이 책은 단지 '어떤 종목이 유망 배당주인지'를 찍어주지 않습니다. '왜 배당투자를 해야 하는지', '어떤 마인드로 접근해야 하는지', 그리고 '배당이란 무엇을 의미하는지'를 독자 스스로 체화하도록 돕는 모든 여정을 함께하고자 합니다. 이 책이 전하는 배당투자는 단순히 '돈을 많이 버는 방법'이 아니라, 돈을 통해 평생의 시간을 사고, 미래를 준비하고, 불안 없는 삶을 설계하는 데 도움을 드리고자 합니다.

배당은 현재의 시간을 투자해, 미래의 나에게 선물하는 '평생 월급'

매달 50만 원을 쓰는 대신, 그 돈을 '나의 배당기계'에 넣기 시작하는 순간, 우리는 과거의 자신에게 고마워질 것입니다. **배당은 긴 시간을 견딘 자에게만 보상해주는 화려하지는 않지만 정직한 자산입니다.** 시장의 소음에 휘둘리지 않고, 긴 호흡으로 우직하게 한 걸음씩 내딛는 자에게만 먼 미래의 나의 '진짜 월급'이 되어 돌아옵니다.

지금 우리는 수많은 재테크 정보와 유혹 속에 살아가고 있습니다. 하지만 결국 본질은 하나입니다.

'돈이 열심히 일하게 하고, 나는 내 삶을 누리는 것.'

그 단순하지만 강력한 진리를 가장 꾸준하고 현실적인 방법으로 실현할 수 있는 길, 바로 그 길을 매일 실천하는 힘이 이 책이 말하는 《배당투자 기적의 루틴》입니다. 이 책이 당신에게 '50만 원으로 평생 월급 500만 원을 만드는' 첫걸음이자, 내 인생을 바꾸는 배당투자의 루틴을 완성해가는 여정이 되기를 바랍니다.

- 지은이 곽병열

차례

추천사 시간이 흐를수록 커지는 배당투자의 매력 _ 홍춘욱　　　004
시작하며 돈이 일하게 하고 행복한 삶을 누리는 방법　　　009

Chapter 1
배당투자의 기본 개념 이해하기

01　배당투자란 무엇인가? 개념부터 시작하기　　　019
02　배당으로 돈 버는 구조: 어디서 수익이 나는가?　　　024
03　배당주와 일반 주식의 차이점: 당장의 수익 vs. 미래의 성장　　　029
04　배당수익률과 총주주수익률의 관계　　　033
05　배당투자가 보다 유리한 투자 환경은 무엇일까?　　　038
06　성장주 vs. 배당주: 둘 다 가져가야 할까?　　　044

Chapter 2
배당주를 고르는 실전 전략

07　초보자도 안심할 수 있는 '돈 되는 종목' 고르는 5가지 방법　　　049
08　배당수익률과 배당성향의 최적 궁합을 찾아라　　　059
09　배당성장률이 의미하는 것　　　063
10　연속 배당에 대한 무한신뢰　　　067
11　배당, 거기에 오래 머무를 수 있을까? 재무제표로 살펴보는 배당의 지속성　　　071
12　배당컷이란? 긴급한 배당 축소와 무배당이 발생하는 이유　　　078

Chapter 3
배당투자 전략별 접근법

13	배당투자의 두 얼굴: 안정적 전략 vs. 공격적 전략	085
14	기업도 나이가 있다: 수명주기로 읽는 고배당주 vs. 배당성장주	090
15	월배당 ETF와 고배당 ETF 활용법	096
16	성장형 배당주 포트폴리오를 위한 빅테크 커버드콜 ETF 활용하기	104
17	경기순환에 따라 최적의 배당주를 고르는 법	111
18	배당만 받고 떠난다? 실전에서 통하는 배당캡처 전략 활용법	118

Chapter 4
한국 배당주투자 실전 가이드

19	안정적인 현금흐름을 만드는 배당투자의 매력	127
20	코스피 배당주 vs. 코스닥 배당주: 차이점과 선택법	133
21	한국 배당주투자 시 반드시 고려해야 할 것들	139
22	한국을 대표하는 배당주 10선 분석	146
23	한국 시장에서 배당주 ETF를 활용하는 법	157
24	배당락일 전후 투자 전략: 배당을 노리는 똑똑한 투자 전략	165

Chapter 5
해외 배당주투자 실전 가이드

25	글로벌 배당의 시대: 스마트한 해외 배당주 투자법	173
26	미국 배당주투자 하기 전에 반드시 알아야 할 3가지 핵심 포인트	180
27	미국 배당귀족이란 무엇인가? 핵심 종목 정복하기	184
28	배당의 왕관을 쓴 기업들: 미국 배당왕을 말하다	190
29	미국 고배당 ETF: 안정성과 성장성이 장점	193
30	환율 리스크를 이기는 해외 배당투자 전략	200

Chapter 6
배당소득을 극대화하는 포트폴리오 전략

31	배당주 포트폴리오를 구축하는 3가지 원칙	207
32	배당 안정성을 위한 산업별 분산 투자법	212
33	배당주와 리츠 조합으로 현금흐름 늘리기	218
34	고배당주와 성장주를 조합하는 법: 수익성과 안정성, 두 마리 토끼를 잡는다	224
35	연금처럼 배당을 받을 수 있다? 노후의 또 다른 월급 만들기	229
36	배당 집중 포트폴리오의 위험과 대안: '많이 주는' 것보다 '오래 주는' 구조가 낫다	234

Chapter 7
배당 풍차돌리기로 복리 효과 극대화하기

37	배당 풍차돌리기란 무엇인가? 복리 효과를 극대화하라	243
38	배당금으로 포트폴리오 똑똑하게 리밸런싱하는 법	248

39 복리 효과를 지키는 배당금 유보 전략	253
40 배당 재투자 vs. 배당 생활비 인출: 선택의 기준을 명확히 하라	257
41 장기적인 복리 효과를 극대화하는 법	262
42 배당주투자에서 손절매는 필요한가?	267

Chapter 8
경제적 자유를 위한 배당투자 로드맵

43 배당투자로 경제적 자유를 이루는 단계별 계획	273
44 배당소득으로 생활비를 만든다? 실전 사례 알아보기	279
45 배당투자를 통한 조기 은퇴(FIRE) 전략	284
46 은퇴 후에도 지속적인 배당수익을 유지하는 법	289
47 인플레이션 시대에 강한 배당주 투자법	294
48 배당투자로 금융위기를 효과적으로 대비하는 방법	299
49 배당투자를 평생 동안 지속할 수 있는 마인드셋	303

Special Chapter
배당진단키트 2.0 활용법: 내 배당주는 내가 고른다

01 그래서 어떤 배당주에 투자하면 좋을까?	311
02 배당투자 핵심 변수 6가지: 왜 주목해야 할까?	313
03 6가지 핵심변수로 배당진단키트 2.0 만들기	320
04 배당진단키트 2.0의 배당성장주 5선	323

Chapter 1
배당투자의 기본 개념 이해하기

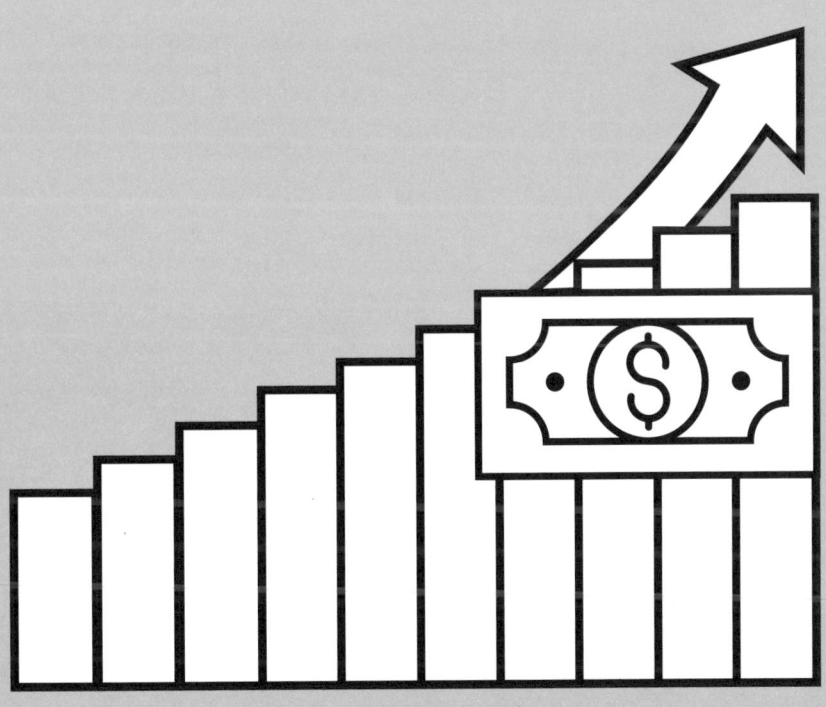

01
배당투자란 무엇인가?
개념부터 시작하기

배당투자란 폭풍우가 심한 날에는 항구에 정박하여 배당금이란 안전마진(safe margin)을 통해 투자의 안정성을 확보하고, 평온한 날에는 다시 바다로 나가 그물을 넓게 펼쳐 자본차익까지 누리는 적극적인 수익성을 추구하는 '꿩도 먹고 알도 먹는' 투자 방식입니다. 일반적인 주식 투자는 평온할 때 아주 먼 바다로 나가서 많은 고기를 잡기도 하지만, 높은 풍랑에는 빈손으로 돌아오거나 배가 파손되어 손해가 나기도 합니다. 이에 비해 배당투자는 가까운 바다에 나가서 물고기가 있을 자리를 선점하여 안정적인 수확을 거두고, 폭풍주의보가 예보되면 항구에 배를 묶고 쉬기도 하는 '중위험·중수익' 투자에 해당합니다.

부동산에 대입한다면, 배당투자는 전세금 한 번 받고 끝나는 집이 아니라 매달 월세를 꾸준히 받아 생활비로 쓰는 알토란 같은 집과도 같습니다. 집값이 오르면 자산가치도 덩달아 올라가니 '집값도 키우고 월세도 따박따박 받는' 방식으로 은퇴 후에도 집주인은 현금흐름(cash flow)을 안정적으로 챙길 수 있습니다.

즉 배당투자는 자산을 보유하면서 얻게 되는 꾸준한 현금흐름인 인컴이익(Income Gains)과 함께 자산가치 상승에 따른 매각가능이익인 자본차익(Capital Gains)을 동시에 누리는 투자 방식입니다. 지속가능한 인컴이익은 안전마진이란 측면에서 일정한 현금흐름을 확보한 것이고, 여기에 미래의 자산가치 상승까지 누릴 수 있다면 내 포트폴리오의 안정성과 성장성을 함께 누릴 수 있는 이상적인 투자 방식이라고 볼 수 있습니다.

자본차익을 추구한다는 것은?

자산을 낮은 가격에 매입한 후 가치가 상승했을 때 매각하여 차익을 얻는 방식입니다. 예를 들어 희귀 만화책을 1만 원에 구입한 후 몇 년이 지나 100만 원이 되었을 때 이를 매도하면 99만 원의 차익을 얻게 됩니다. 이처럼 가격이 상승할 가능성이 있는 자산에 투자하고, 적절한 시점에 매도하여 수익을 실현하는 것이 자본차익의 핵심입니다.

대표적인 자본차익을 추구하는 투자 대상으로는 주식, 부동산, 암호화폐, 금, 수집품(예: 미술품, 희귀한 운동화, 시계 등) 등이 있습니다. 주식이나 부동산의 경우, 저평가되었을 때 매수한 후 가격이 상승했을 때 매도하여 수익을 실현하는 전략을 통해 차익을 얻을 수 있습니다.

> **인컴이익을 추구한다는 것은?**
>
> 자산을 팔지 않고도 지속적으로 수익을 창출하는 방식을 의미합니다. 예를 들어 커피자판기를 소유하고 있다면, 이를 팔지 않더라도 사람들에게 커피를 판매하면서 지속적으로 수익이 발생합니다. 즉 보유한 자산이 자동으로 현금을 만들어주는 것이 인컴이익의 핵심입니다.
>
> 대표적인 인컴이익 투자 대상으로 현금배당금을 따박따박 주는 배당주가 속해 있고, 이외에도 부동산 임대, 채권 및 예금, 리츠(REITs) 및 배당 ETF(상장지수펀드) 등이 있습니다. 배당주는 기업이 발생한 이익을 주주들에게 배당금으로 지급하는 방식이며, 부동산 임대는 건물을 보유하고 매월 월세를 받는 구조입니다. 또한 채권에 투자하면 일정한 이자를 받을 수 있으며, 리츠와 ETF도 투자자들에게 정기적인 수익인 배당금과 분배금을 지급하는 형태가 일반적입니다.

앞서 넓은 의미의 배당투자를 살펴봤다면, 이번에는 세부적으로 하나의 기업이 어떻게 배당을 지급하는지를 살펴보겠습니다. 기본적으로 기업은 돈을 벌거나, 이미 벌어서 쌓인 현금의 일부를 기업의 주인인 주주들에게 나누어주는데, 이를 '배당금(dividend)'이라고 합니다. 배당가능이익이 충분하고 주주들에 대한 배려심이 진심인 기업들은 벌어둔 이익 중 일부를 꾸준히 현금배당으로 지급하기 때문에, 이런 기업에 대한 투자는 안정적인 인컴이익을 얻고자 하는 투자자에게는 딱 적합한 방법입니다.

코카콜라(KO)는 무려 63년 연속(2023년 기준)으로 배당금을 인상했고, 최근 5년간 배당성장률도 3.9%이니 전설적인 투자자인 워런 버핏의 사랑을 독차지할 수밖에 없습니다. 이렇게 배당금은 기업의 수익성에 따라 달라지며, 코카콜라처럼 이익의 안정성이 큰 기업일수록 배당 역시 오래도록 안정적으로 제공하는 경향이 있습니다. 이는 장기적으로 꾸준한 현금흐름 창출을 추구하는 투자자들에게 매력적인 투자안이 될 수 있습니다. 은행의 정기예금이자를 받는 것과 배당주로부터 정기적인 현금배당을 수령하는 것은 유사하지만, 배당주 투자자는 기업의 성장 가능성에 따른 주가 상승과 함께 배당금이 점차 증가하는 혜택도 동시에 누릴 수 있습니다.

다만 잊지 말아야 할 것은 배당주도 주식이란 점입니다. 시장 급락 시에는 배당주도 함께 하락할 수 있습니다. 이미 가입 시점에 약정된 은행 이자와는 달리 배당주의 배당금은 항상 일정하지 않다는 점인데, 기업의 경영 성과와 시장 상황에 따라 배당금은 달라질 수 있습니다. 배당주는 일반 주식에 비해 안정적이고 예측 가능한 수익을 가져다줄 수 있다는 점에서 유망하고 매력적이지만, 해당 기업의 실적과 배당정책이 이를 뒷받침할 만한지 면밀히 분석하는 것이 매우 중요합니다.

배당투자는 단순히 현재의 이익에만 의존하지 않고, 미래의 성장과 함께 안정적인 수익 창출을 도모하는 투자 전략으로서, 초보자도 체계적인 분석과 꾸준한 관심을 기울인다면 재테크의 든든한 버팀목이 될 수 있습니다. 이러한 점에서 배당투자는 단기적인 시세차익에 집착하기보다 장기적이고 안정적인 재테크를 꿈꾸는 투자자에게 딱 적합한 전략이라고 생각합니다.

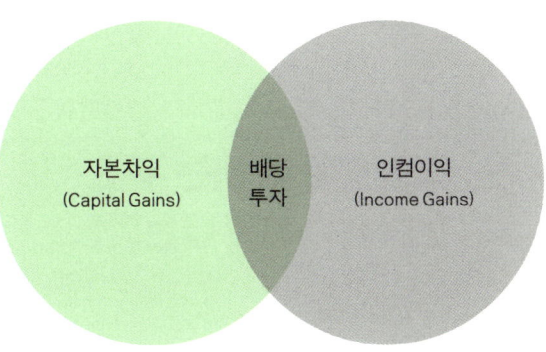

대표적인 인컴이익인 배당수익과 이자수익의 차이점은?

이자수익은 마치 '친구에게 돈을 빌려주고, 약속된 날짜에 이자까지 받아오는 것' 같습니다. 예를 들어 100만 원을 연 5% 이율로 예금에 넣으면 1년 뒤 5만 원을 받는 거죠. 확정된 수익입니다.

반면 배당수익은 '내가 치킨집 주식을 샀더니, 사장이 고맙다며 치킨 쿠폰을 주는 느낌'입니다. 예를 들어 A기업 주식 100만 원어치(주가 2만 원, 50주)를 샀는데, 회사가 잘 벌어서 주당 1,000원씩 배당을 줬다면 1년에 5만 원(배당수익률 5% = 1,000원 / 2만 원)을 받는 것과 동일합니다. 근데 치킨집이 장사가 안 되면 이 쿠폰을 안 줄 수도 있습니다. 즉 이자는 정해진 '이익', 배당은 회사 실적에 따라 달라지는 '보너스' 같은 것이라고 볼 수 있습니다.

02
배당으로 돈 버는 구조
어디서 수익이 나는가?

배당은 기업 이익의 함수입니다. 쉽게 말하면 애플은 아이폰과 아이패드를 많이 팔아서 이익을 많이 남겨야 그만큼 애플 주주들에게 나눠주는 배당금도 늘어나게 되는 것입니다. 다만 당해연도 이익뿐만 아니라 그동안 이익이 날 때마다 곳간에 쌓아둔 이익잉여금 수준이 배당의 재원들입니다.

그런데 장기적인 계속 기업의 관점에서 정상적인 기업의 이익잉여금은 감소할 확률보다는 증가할 확률이 큽니다. 정상적인 경기하에서는 일반적으로 완만한 물가 상승이 나타나는데, 그럴 경우 기업 매출은 '판매 단가와 판매 수량의 곱'이므로 함께 개선되는 것입니다. 즉 아이폰 가격이 완만하게 올라갈 경우 판매 수량이 일정하더라도

국내 기업의 매출액과 이익잉여금 추이

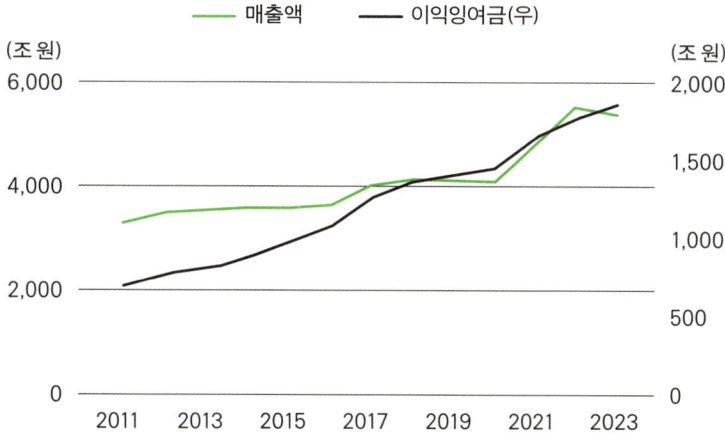

자료: 한국은행(제10차 한국표준산업분류 전수조사 기준)

매출은 올라가는 구조가 되는 것이죠. 매출 개선 시에는 자연스럽게 이익 개선이 뒤따를 것이고, 이런 이익들은 곳간에 '이익잉여금'이란 이름으로 해마다 차곡차곡 쌓이는 것입니다.

배당으로 돈 버는 구조의 의미

이는 기업이 열심히 번 돈을 기업의 주인인 주주들과 나누는 일종의 '이익 잔치'라고 할 수 있습니다. 먼저 기업은 상품이나 서비스를 판매해 매출을 올리고, 여기에 인건비, 재료비, 세금 등 여러 비용을 차감한 후 남은 금액이 바로 순이익입니다. 이 순이익은 기업이 한 해 동안 벌어들인 '부잣집의 금붙이'와 같은데, 이 중 일부는 주주들에게 배당금으로 지급되지만 상당 부분은 '이익잉여금'이라는 이름으로 회사의 돈 금고에 남겨집니다. 이익잉여금은 과거 누적 순이익에서 이미 배당 등으로 나간 돈을 제외한, 기업의 내부 자금으로서 미래의 투자나 위기 대비를 위한 비상금 역할을 합니다.

> A기업이 한 해에 100억 원의 순이익을 냈는데, 이 중 40억 원을 주주들에게 배당금으로 지급하고 나머지 60억 원은 이익잉여금에 쌓아두고 향후 사업 확장이나 연구개발에 투자하는 재원이 되는 것입니다. 초보 투자자라도 기업의 재무제표를 보면 연간 순이익이 얼마인지, 그리고 이익잉여금이 얼마나 쌓였는지를 확인할 수 있는데, 이는 향후 해당 기업이 얼마나 안정적으로 배당을 지급할 수 있는지를 판단하는 중요한 기준이 됩니다.
>
> 결국 배당으로 돈 버는 구조는 기업이 창출한 순이익이 일정 부분 주주와 공유되는 것으로, 투자자에게 정기적이고 예측 가능한 인컴이익을 제공하는 동시에 '우린 이 정도 배당할 만큼 금고에 현금이 꽉 차 있고, 미래에도 충분히 안정적인 현금 창출력이 있다'는 것을 주식시장에 과시하여 주가 상승을 통한 자본차익을 극대화시키는 전략이기도 합니다.

한편 배당의 재원을 대한민국으로만 한정한다면 그 근거는 상법에 따른 배당가능이익입니다. 대한민국 상법에서 규정한 배당가능이익은 기업의 재무상태표에서 확인할 수 있는 순이익 중 법적으로 배당으로 지급할 수 있는 부분을 의미합니다. 즉 기업이 벌어들인 이익 중 일부를 주주에게 나누어주기 위한 재원으로, 기업이 인식한 모든 이익이 배당으로 지급될 수 있는 것은 아닙니다. 예를 들어 A기업이 지난 한 해 동안 100억 원의 순이익을 올렸다면 그중 일부는 배당으로 지급될 수 있지만, 기업의 경영 전반에 필요한 자금을 확보해야 하므로 지급 가능한 금액은 제한적입니다. 즉 기업은 자본금을 비롯한 법적 의무를 고려하여 배당을 진행할 수 있습니다.

배당금을 어떻게 분배할지는 기업의 경영진과 이사회에서 결정하며, 모든 주주는 이와 관련된 사항을 정기적으로 확인할 수 있습니다. 이처럼 배당가능이익이라는 개념은 기업의 재무상태에 따라 달라지며, 기업의 성장 가능성과 재정 건전성에 중요한 영향을 미칩니다. 결국 배당은 기업의 이익을 주주와 나누는 과정이지만, 상법의 규정에 따라 기업의 재정 상태와 법적 의무 등을 고려해 적절한 범위 내에서 이루어지게 됩니다.

> **배당가능이익 = 이익잉여금 - (법정적립금 누계액 + 이월결손금)**
>
> 배당가능이익은 상법에 따라 기업이 배당할 수 있는 이익을 말합니다. 이는 기업이 벌어들인 순이익 중 주주에게 배당으로 지급할 수 있는 금액을 의미하는데, 기업의 자본금이나 법적으로 보호해야 할 예비금 등은 제외됩니다. 예를 들어 김 씨가 A회사의 주식을 구입했을 때, 만약 A회사가 연간 순이익 10억 원을 얻고, 상법에 따라 이익에서 예비금을 빼고 나머지 금액을 배당가능이익으로 계산하면, 김 씨에게 일정 비율의 배당금을 지급할 수 있게 됩니다. 배당가능이익은 기업의 재무 건전성과 지속 가능한 이익을 바탕으로 안정적인 수익원을 제공합니다.

미국 회사법, 특히 각 주의 법령에서는 한국 상법과 같이 명시적인 재무제표 공식을 통해 '배당가능이익'을 산출하도록 규정하지 않습니다. 미국에서는 배당금 지급이 회사의 잔여 이익, 즉 'Retained Earnings(이익잉여금)' 또는 세법상 'Earnings and Profits(E&P, 이익)'에 근거하여 이루어지며, 무엇보다도 배당 지급 후에도 회사가 채무를 이행할 수 있는 지급능력(Solvency)을 유지해야 한다는 원칙이 적용됩니다. 다시 말해 미국 법령은 이사회의 재량에 따라 회사의 재무 건전성과 잔여 이익을 종합적으로 고려하여 배당 지급 여부를 결정하도록 하고 있습니다.

따라서 미국에서는 경영진이 지급 후에도 회사가 정상적인 영업 활동을 계속할 수 있을 만큼 충분한 잉여 자금을 보유하고 있는지에 대한 '지급능력 테스트(Solvency Test)'를 적용하는 형태로 이루어집니다. 이처럼 미국에서는 배당가능이익을 단일 공식으로 산출하지 않고, 기업의 실질적인 재무상태와 이사회 판단에 따라 배당 지급 범위가 결정되므로 투자자와 경영진은 배당 지급 결정 시 회사의 재무 건전성 유지 여부를 신중하게 검토해야 합니다.

03
배당주와 일반 주식의 차이점
당장의 수익 vs. 미래의 성장

배당주와 일반 주식의 차이를 이해하기 위해 절친이 치킨집을 창업하면서 자본금이 부족하다고 통사정하는 바람에 내가 동업자로서 초기 자본금의 50% 지분으로 투자하는 상황을 가정해보겠습니다. 장사가 잘돼서 매달 수익이 꾸준히 발생한다면, 친구는 '순이익을 동업자인 나와 절반씩 나누자'고 결정할 수 있습니다. 즉 올해 장부를 정산하고 최종적으로 남긴 돈인 순이익의 일부를 나에게 배당금이라는 명목의 현금으로 지급하는 것입니다.

이것이 배당주와 같은 개념입니다. 이 방식은 내가 투자한 배당주 매입금액이라는 돈이 실제 배당금이라는 현금으로 회수되므로 안정적인 수익을 기대할 수 있습니다. 그리고 매년 배당을 받으면서도, 여전히 치킨집의 공동 소유자로 주주로서의 권리도 보유하고 있습니다. 이러한 배당 방식의 장점은 사업이 원만히 운영되는 한 나는 동업자로서 그 사업에서 창출되는 현금흐름을 내 지분만큼 안정적으로 확보할 수 있다는 것입니다. 그리고 버는 족족 동업자와 이익을 나누니, 내 친구가 딴맘을 품을지를 굳이 의심할 필요도 없고 동업자에 대한 배려가 큰, 좋은 책임감 있는 경영자라는 신뢰가 커질 수밖에 없습니다.

앞서 언급한 치킨집은 배당주의 조건을 충족합니다. 이렇게 배당주란 말 그대로 기업이 이익을 낸 뒤, 그 일부를 현금이나 주식의 형태로 주주에게 분배하는 종목입니다. 이는 마치 건물을 소유하고 매달 월세를 받는 것처럼, 보유만 해도 일정한 '현금흐름'을 기대할 수 있다는 뜻입니다. 대표적으로 은행, 통신, 에너지 업종처럼 현금 창출력이 양호하고 안정적인 업종이 주로 해당됩니다. 이런 기업들은 급격한 성장을 추구하기보다 꾸준한 이익을 실현하고 이를 주주에게 돌려주는 데 초점을 맞춥니다. 특히 장기투자자나 은퇴자에게 매우 매력적인 옵션이 될 수 있습니다.

이와 반대로, 친구가 '우리가 번 돈을 당장 나누기보다 더 크게 성장하기 위해 재투자하자'고 결정할 수도 있습니다. 예를 들어 벌어들인 수익을 모아서 2호점 치킨 매장을 하나 더 내거나, 배달 서비스를 강화하기 위해 오토바이를 1대 더 구입하는 식입니다. 이렇게 되면 당장은 내가 현금으로 받는 돈이 없지만, 시간이 지나 치킨집이 더욱 성장하면 내 지분 가치(주가)도 상승할 가능성이 커질 것입니다. 이것이 배당을 지급하지 않는 일반 주식과 유사한 개념입니다. 즉 사업이 성장할수록 내 지분의 가치가 올라가고, 나중에 지분을 매각할 때 더 큰 이익(자본차익)을 얻을 수 있습니다. 하지만 사업이 잘되지 않으면 내 투자금 회수는 어려울 수도 있고, 최악의 경우 치킨집과는 별 상관없는 것 같은 친구 녀석의 외제차 리스료에 내 몫의 예상 배당금이 투여될지도 모릅니다.

이렇게 배당을 하지 않는 일반 주식(무배당주)은 이익이 생겨도 이를 주주에게 나누기보다는, 재투자하거나 신사업 확장에 사용하는 기업들입니다. 예를 들어 기술주나 성장주들이 대표적입니다. 이들은 미래의 더 큰 성장을 위해 현재의 이익을 아끼고 축적합니다. 그래서 단기 현금수익은 없지만, 주가 상승을 통한 자본차익을 노리는 투자자들에게 어울립니다.

어떤 선택이 좋을까요? 나는 따박따박 배당금이 꽂히는 안정적인 수익을 원할까요, 아니면 미래의 더 큰 이익을 위해 당장의 배당금을 희생하더라도 크게 사업을 성장시켜놓을 것으로 기다리면서 장기적으로 투자할까요? 정답은 물론 여러분의 취존(취향 존중)입니다. 이를 투자 성향(investment preference)으로 설명할 수도 있는데, 배당주(이익 분배 방식)는 당장의 수익을 나누면서 안정적인 현금흐름을 확보하고 싶은 투자자에게 적합합니다. 그리고 배당을 하지 않는 일반 주식(재투자 방식)은 사업의 장기적인 성장을 기대하며, 미래에 더 큰 이익을 보고 싶은 투자자에게 적합하다고 판단합니다. 결국 내 투자 목표에 따라 선택이 달라져야 합니다. 은퇴한 투자자라면 매달 생활비를 위해 현금배당을 받는 것이 좋을 수도 있고, 반대로 아직 젊고 기업의 미래 성장 가능성을 신뢰한다면 배당을 받지 않고 재투자하는 방식도 매력적일 수 있습니다.

이처럼 배당주와 일반 주식의 차이는 '당장의 수익을 나누는가 vs. 미래 성장을 위한 재투자를 선택하는가'라는 동업 방식의 차이에서 비롯되는 것이고, 내가 처한 재무적인 상황이나 내 성격에 맞게 선택을 하는 것이 바람직합니다. 일반적으로 안정적인 인컴이익을 선호하는 초보 투자자라면 배당주를, 높은 수익률과 성장 잠재력을 기대하는 투자자라면 일반 주식을 선택하는 것이 유리할 수 있습니다. 결국 두 유형의 주식 모두 각각의 매력과 리스크를 가지고 있으므로, 투자 전 자신만의 목표와 위험 감내 수준을 충분히 고려한 후, 포트폴리오 내에서 적절한 비중으로 배분하는 전략이 성공적인 재테크의 열쇠라고 할 수 있습니다.

04
배당수익률과
총주주수익률의 관계

•••• 　배당수익률(Dividend Yield)과 총주주수익률(Total Shareholder Return, TSR)은 투자자 관점에서 각각 앞서 자세히 설명했던 인컴이익과 자본차익을 측정하는 주요 지표로 활용됩니다. 배당수익률은 투자자가 받은 배당금이 주가 대비 어느 정도의 수익을 제공하는지를 나타내는 비율로, 현재 주가로 매입 시에 어느 정도의 인컴이익(배당금)을 확보할 수 있을지를 추정할 수 있습니다. 특히 배당과 기업가치(주가)를 비교함으로써 배당 매력이 주가에 충분히 반영되었는가를 측정하는 데 유용합니다.

　반면 총주주수익률은 배당뿐만 아니라 주식의 가격 변동까지 포함하여 투자자의 총수익을 측정하는 지표로, 배당 외에도 주가 상승으로 인한 차익 실현을 고려한 개념입니다. 예를 들어 A라는 기업이 연간 주당배당금(DPS)으로 2,000원을 지급하고 현재 주가가 10만 원이라면 배당수익률은 2%(= 2,000원 / 10만 원)입니다. 그러나 만약 이 기업의 주가가 1년 동안 11만 원으로 상승했다면 주가 상승으로 인한 자본차익은 10%이며, 배당수익률을 포함한 총주주수익률은 12%(= 배당수익률 2% + 자본차익 10%)가 됩니다.

> 배당수익률 = 주당배당금 / 주가
> = 최근 결산기 보통주 DPS(현금, 무상조정) / 보통주 주가
> 총주주수익률 = (최종 주가 - 초기 주가 + 배당금) / 초기 주가

배당수익률이 높은 기업에 투자하는 것은 안정적인 현금흐름을 원하는 투자자에게 적합합니다. 특히 연금 투자자나 은퇴자는 배당주투자를 통해 정기예금보다 높은 수익을 기대할 수 있습니다. 배당수익률은 기업이 배당을 얼마나 지급하는지를 나타내며, 주가수익비율(PER)이나 주가순자산비율(PBR)처럼 투자 적기를 판단하는 지표로 활용됩니다. 배당수익률 공식은 '주당배당금 ÷ 주가'인데, 주가는 매일 변동하는 반면 배당금은 비교적 안정적이므로 주가가 하락할수록 배당수익률은 높아지는 경향이 있습니다. 또한 기업은 배당을 지급할 때 단기적인 이익뿐만 아니라 오랜 기간 쌓인 이익잉여금을 재원으로 삼기 때문에 배당이 쉽게 줄어들지 않습니다. 특히 주주들의 권한이 강해지면서 배당을 유지하려는 경향이 커지고 있어, 배

당수익률이 높아질 때는 배당가치 대비 저평가된 기업을 찾을 좋은 기회로 활용할 수 있습니다.

총주주수익률(TSR)은 투자자가 얻는 총수익을 나타내는 지표로, 주가 상승(자본차익)과 배당수익(인컴이익)을 합산하여 측정합니다. 이는 단순한 배당수익률보다 기업의 장기적인 주주가치 창출을 평가하는 지표로 활용됩니다. TSR은 주주환원정책(배당 및 자사주 매입)과 주가 성과를 종합적으로 반영하기 때문에 투자자가 기업의 실제 수익성을 파악하는 데 유용합니다. 예를 들어 배당수익률이 낮더라도 주가 상승폭이 크다면 높은 TSR을 기록할 수 있으며, 반대로 주가가 정체되었더라도 꾸준한 배당 지급이 이루어지면 안정적인 TSR을 유지할 수 있습니다. TSR을 분석할 때는 기업이 지속적으로 배당을 늘려가고 있는지, 주가 상승 여력이 있는지, 자사주 매입을 통해 주주가치를 제고하는지 등을 함께 고려해야 합니다. 특히 기업이 적극적으로 주주환원정책을 펼치는 경우 TSR이 높은 수준에서 유지될 가능성이 크므로 장기투자자들에게 유리한 지표가 될 수 있습니다.

한편 TSR은 글로벌 기업에서 CEO 평가 기준으로도 폭넓게 활용됩니다. 대표적으로 보스턴컨설팅그룹(BCG)은 매년 TSR 기준으로 '가장 많은 가치를 창출한 기업 100곳'을 발표하는데, 이는 단기 성과보다는 장기적이고 지속 가능한 주주환원 능력을 보여주며, 장기투자자의 신뢰를 얻는 핵심 지표로 자리 잡고 있다는 것을 잘 나타냅니다. 실제로 애플의 팀 쿡 CEO는 일정 기간의 TSR 성과에 따라 주식 보상 규모가 달라지는 구조를 채택하고 있습니다. 애플의 주주가 시장 평균보다 더 많은 수익을 거둘 경우 팀 쿡이 수령하는 성과급도 커지는 방식입니다. 이는 단순한 숫자가 아니라 경영자의 이해관계를

왜 배당수익률을 배당투자에서 매우 중요한 판단 기준으로 봐야 할까?

배당수익률은 배당가치 측면에서 저평가 정도를 측정해주는 것으로서, 배당투자의 적정 시기에 좋은 가이드 역할을 합니다. 만약 주주친화적인 배당정책의 신뢰도가 높아서 분자인 주당배당금이 안정적이라면 지나친 주가 하락은 배당금 대비 저평가 현상을 반영하는 것으로 총주주수익률도 개선시킬 수 있는 좋은 진입 기회가 될 수 있습니다.

현대차의 경우 코로나 팬데믹 국면의 주가 급락으로 배당수익률은 역사적으로 가장 높은 5% 중반까지 확대되었는데, 당시 배당수익률 5%는 추가적인 5%의 주가 하락도 버틸 수 있게 하는 투자자들의 안전마진으로 해석되면서 주가 바닥 형성에 기여했습니다. 시장지배력과 주주환원 의지가 강한 기업의 역사적인 고배당수익률은 이렇게 배당가치 저평가 여부를 판단할 수 있는 근거가 될 수 있습니다.

| 현대차 주가와 배당수익률 추이

자료: DataGuide(IFRS 회계 기준 배당수익률 추이임)

주주와 일치시키려는 강력한 장치라고 생각됩니다.

    이러한 추세는 미국을 비롯한 글로벌 상장사들의 장기 인센티브 제도에도 깊이 스며들고 있습니다. TSR은 이제 단순한 보조지표가 아니라 기업의 진정한 주주친화성을 측정하는 핵심 기준이라고 해석할 수 있습니다. 결국 TSR은 숫자로 말하는 기업의 약속으로 일회성 실적이 아니라 꾸준한 성장과 지속적인 보상을 통해 주주와 함께 가겠다는 의지를 보여주는 지표라고 평가할 수 있습니다.

05
배당투자가 보다 유리한 투자 환경은 무엇일까?

•••• 자본주의 세상에서 합리적인 인간에 대한 기본 가정은 이익 극대화(profit maximization)를 추구한다는 것입니다. 이익 극대화를 추구하는 합리적인 인간은 금리 하락으로 향후 이자소득이 줄어든다고 가정할 때 이를 만회할 만한 대안을 찾게 됩니다. 예적금을 기준으로 본다면 1년 만기보다 조금 더 이자율이 높은 2~3년 만기 상품, 이것저것 실적 조건을 맞추면 조금 더 금리를 주는 특판 예적금으로 가입자들이 이동하게 됩니다.

채권 중에서도 만기가 긴 중장기채, 신용등급은 낮지만 이자율이 높은 하이일드(high-yield)의 수요가 늘어나는 현상도 마찬가지입니다. 이를 일드헌팅(yield hunting, 직역하면 수익률 사냥)이라고 부릅니다. 같은 맥락에서 정기적인 인컴(income)이란 측면에서 이자소득과 주기상 유사성을 지닌 배당소득을 가져다주는 배당주도 일드헌팅의 좋은 먹잇감이 되는 것입니다. 예를 들어 1년 만기 정기예금 금리 3%, 삼성전자 우선주의 배당수익률 3%라고 한다면, 합리적인 사람이라면 정기예금을 선택할 것입니다. 주식은 매일의 가격 변동에 따른 등락을 겪는 반면, 은행 정기예금은 예금자 보호 한도 내에서는 안전하게 보장된 것이므로 같은 수익률 조건이라면 당연히 정기예금을 선호하는 것이 당연합니다.

그런데 은행 정기예금 금리가 절반 수준인 1.5%, 삼성전자 우선주의 배당수익률 3%라면 어떤 선택을 하시겠습니까? 이제는 정기예금만 좋아하던 사람들도 수익률 격차가 2배가 된 상황에서는 '삼성전자 우선주도 주가가 더 하락하지 않는다면 매수해야 하나?' 하고 고민하게 됩니다. 즉 저금리하에서 보통의 사람들은 조금 더 수익률을 확보하려는 일드헌팅 욕망이 타오르게 되는 것입니다. 이를 전문적으로 살펴보면 "실질배당수익률(= 배당수익률 – 시장금리)이 상승하

기 때문에 배당주의 상대적 투자 매력이 커진다"라고 언급할 수 있습니다.

지난 20년간 배당 상대지수와 국고채 1년물 금리 추이를 살펴보면 대체로 시장금리 하향세는 배당투자의 매력을 높였던 것을 알 수 있습니다. 시장금리가 내려가면 조금 더 수익률이 높은 곳을 기웃거리며 대체재인 배당주로 자금이 이동하는 것으로 추정할 수 있습니다. 이런 현상은 2024년 이후 시장금리 하향세가 지속 중인 구간에서도 관찰되고 있습니다.

배당투자가 유리한 투자 환경은 마치 잔치에서 안정적인 간식을 즐기는 것과도 같습니다. 예를 들어 경제가 비교적 안정되고 금리가 낮은 시기에는 은행 예금의 이자율보다 주식시장에서 배당으로 받는 수익률이 더욱 매력적으로 다가옵니다. 이런 상황에서는 기업들

| 배당 상대지수와 국고채 1년물 금리 추이

자료: DataGuide

이 꾸준히 영업활동을 통해 순이익을 창출하고, 그 이익을 배당금이라는 '현금 용돈'으로 주주에게 돌려주는 경우가 많아지기 때문입니다. 초보 투자자 김 씨가 A기업에 투자했다고 가정해보면, A기업은 경기 변동에 크게 흔들리지 않는 성숙한 산업에 속해 있어 매년 일정한 이익을 기록하고, 그 결과 안정적인 배당금을 지급합니다.

이처럼 시장의 불확실성이 커서 단기 시세차익을 노리기 어려운 시기에는 정기적으로 들어오는 배당금이 마치 정기적인 월급처럼 투자자에게 안정을 제공합니다. 더불어 저금리 환경에서는 다른 투자 수단이 상대적으로 낮은 수익률을 보이기 때문에 배당주는 투자 포트폴리오의 핵심 자산으로 자리 잡을 수 있습니다. 결국 배당투자가 유리한 환경은 경제가 큰 충격 없이 성장하고, 기업들이 안정적인 수익을 기록해 배당금을 지속적으로 지급할 수 있는 상황일 때 나타나며, 이러한 조건하에서는 투자자들이 보다 예측 가능한 현금흐름과 함께 장기적인 자산 증식을 기대할 수 있어 재테크의 든든한 버팀목이 될 수 있습니다.

다만 배당투자는 경제 불안이 커져도 여전히 유효한 투자 전략, 즉 상대적으로 여타 투자보다는 안정적인 투자 방식이 될 수 있습니다. 안정적인 기업들의 경우, 경제적인 어려움 속에서도 지속적으로 배당금을 지급하는 경향이 있기 때문입니다. 예를 들어 경제위기나 저성장 시기에는 많은 기업이 미래 성장을 위한 대규모 투자보다는 안정적인 수익 창출에 집중하면서 그 수익의 일부를 주주들에게 배당으로 돌립니다. 이렇게 경제가 불안정할 때 배당투자는 다른 투자 방법에 비해 더 예측 가능한 현금흐름을 제공하며, 주식 가격이 크게 요동치는 가운데서도 일정한 수익을 기대할 수 있습니다.

또한 일부 기업은 위기 속에서도 강력한 경쟁력을 가지고 있어 불황을 견디며 안정적인 배당을 계속 지급할 수 있습니다. 예를 들어 필수소비재나 공공서비스를 제공하는 기업들은 경기 불황에도 지속적으로 수익을 내는 경향이 있어 배당을 이어갈 수 있습니다. 초보 투자자라면 경제 불안 속에서도 배당을 지급하는 기업에 주목하여, 배당투자를 통해 안정적인 수익을 유지하며 장기적인 자산 증식의 기회를 가질 수 있습니다. 경제 불확실성 속에서 현금을 꾸준히 얻을 수 있는 배당투자는 결국 포트폴리오를 균형 있게 구성하고, 불확실한 시장에서도 안정적인 수익을 추구하는 데 매우 효과적인 전략이 될 수 있습니다.

경제 불안의 물결 속에서도 배당투자는 마치 어두운 터널 끝에 보이는 한 줄기 빛처럼 투자자에게 안정적인 수익을 선사할 수 있습니다. 경제가 불확실할 때 주가의 변동성이 커지고 투자 심리가 위축되더라도, 안정적인 배당금을 지급하는 기업들은 꾸준한 영업활동과 내실 있는 경영을 통해 일정한 현금흐름을 유지하는 경우가 많습니다. 예를 들어 생활필수품을 생산하는 대기업은 경기 침체 시에도 소비가 크게 줄어들지 않아 지속적으로 이익을 창출하고, 그 결과 안정적인 배당금을 지급할 가능성이 높습니다. 초보 투자자 김 씨가 이러한 기업에 투자한다면, 단기적인 주가 하락에도 불구하고 정기적으로 들어오는 배당금이 마치 안전벨트와 같이 포트폴리오를 보호해

주며, 불안한 경제 상황에서도 꾸준한 수익을 기대할 수 있습니다.

게다가 배당금을 재투자하는 전략을 활용하면 복리 효과로 시간이 지날수록 자산이 점차 증식되어 장기적인 재테크 수단으로서의 매력을 한층 더해줍니다. 결국 경제 불안에도 불구하고, 안정적인 기업의 배당투자는 예측 가능한 현금흐름과 함께 미래의 성장 가능성을 함께 누릴 수 있는 효과적인 투자 전략임을 알 수 있습니다.

06
성장주 vs. 배당주
둘 다 가져가야 할까?

•••• 주식 투자에서 '성장주 vs. 가치주'는 밸류에이션 수준이나 스타일 배분 관점에서 대립적인 개념으로 인식되지만 '성장주 vs. 배당주'는 서로를 배척하는 개념은 아닙니다. 사실 성장주이면서도 배당을 지급하는 기업은 생각보다 많으며, 오히려 이러한 기업이 장기적으로 강력한 투자 대안이 될 수 있습니다.

일반적으로 성장주(growth stock)는 기업의 이익이 빠르게 증가하며 주가 상승을 통해 투자 수익을 제공하는 종목군입니다. 반면 배당주(dividend stock)는 비교적 안정적인 기업 이익의 일부를 주주들에게 배당으로 환원하는 종목군입니다. 성장주가 주가 상승을 통한 자본차익을 목표로 한다면, 배당주는 안정적인 현금흐름을 제공한다는 점에서 성격이 다를 뿐입니다. 하지만 이러한 차이가 성장주와 배당주의 공존을 불가능하게 만들지는 않습니다. 기업이 충분한 성장을 이루면서도 배당을 지속적으로 지급할 수 있다면, 이는 성장주이면서도 배당주로서의 매력을 동시에 갖춘 이상적인 투자 대상이 될 것입니다.

실제 성장주와 배당주로서의 매력을 모두 갖춘 대표적인 예로 존슨앤드존슨(J&J, JNJ)을 들 수 있습니다. J&J는 꾸준한 연구개발(R&D) 투자와 강력한 브랜드 파워를 바탕으로 성장을 지속하는 동시에 60년 이상 배당을 지속적으로 늘려온 배당귀족 기업입니다. 또 다른 사례로는 마이크로소프트(MSFT)와 브로드컴(AVGO)을 꼽을 수 있습니다. 마이크로소프트는 한때 순수 성장주로 분류되었으나, 최근 클라우드 컴퓨팅과 AI 사업에서 강력한 성장을 이루면서도 주주환원정책을 강화하며 배당을 지속적으로 늘려가고 있습니다. 브로드컴 역시 반도체 및 네트워크 솔루션 분야에서 꾸준한 성장을 이루면서도 안정적인 배당 지급을 지속하며 배당성장주로 자리 잡고 있습니다.

즉 성장주와 배당주의 장점을 모두 고려할 때 배당성장주가 유망한 대안이 될 수 있습니다. 배당성장주(dividend growth stock)는 꾸준히 배당을 지급하면서도 기업 이익의 성장이 지속되는 기업을 의미합니다. 대표적으로 애플(AAPL), 유나이티드헬스(UNH) 같은 기업들이 여기에 속합니다. 이러한 기업들은 단순한 고배당주와 달리 기업 실적이 성장함에 따라 배당금도 점진적으로 증가하는 특징이 있습니다.

성장주와 배당주는 포트폴리오 관점에서도 서로 보완적인 역할을 할 수 있습니다. 성장주는 주가 상승을 통해 장기적인 부를 창출하는 데 도움을 주고, 배당주는 시장 변동성이 높을 때 안정적인 수익을 제공하는 역할을 할 수 있기 때문입니다. 따라서 2가지 요소를 균형 있게 조합하면 보다 효과적인 분산투자 전략을 구축할 수 있습니다. 특히 경기순환에 따른 변동성을 감안할 때 경기 확장기에는 성장주의 비중을 높이고, 경기 둔화기에는 배당주의 비중을 늘리는 방식으로 대응할 수도 있습니다. 이를 통해 시장 상황에 유연하게 대처하면서도 꾸준한 자산 증식을 이룰 수 있습니다.

결론적으로 성장주와 배당주는 반드시 선택의 문제가 아닙니다. 성장성과 배당의 균형을 맞춘 기업을 중심으로 포트폴리오를 구성하면 장기적으로 더욱 안정적인 투자 성과를 기대할 수 있습니다. 투자자는 단순히 주가 상승만을 좇기보다 성장성과 배당을 겸비한 기업을 선별하고, 장기적인 자산 배분 전략을 수립하는 것이 중요할 것입니다.

| 배당주-성장주-가치주 관계도

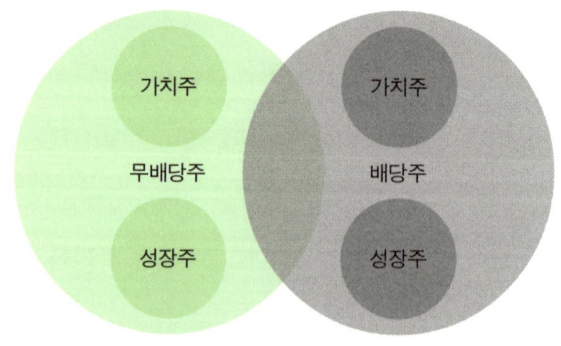

Chapter 2
배당주를 고르는 실전 전략

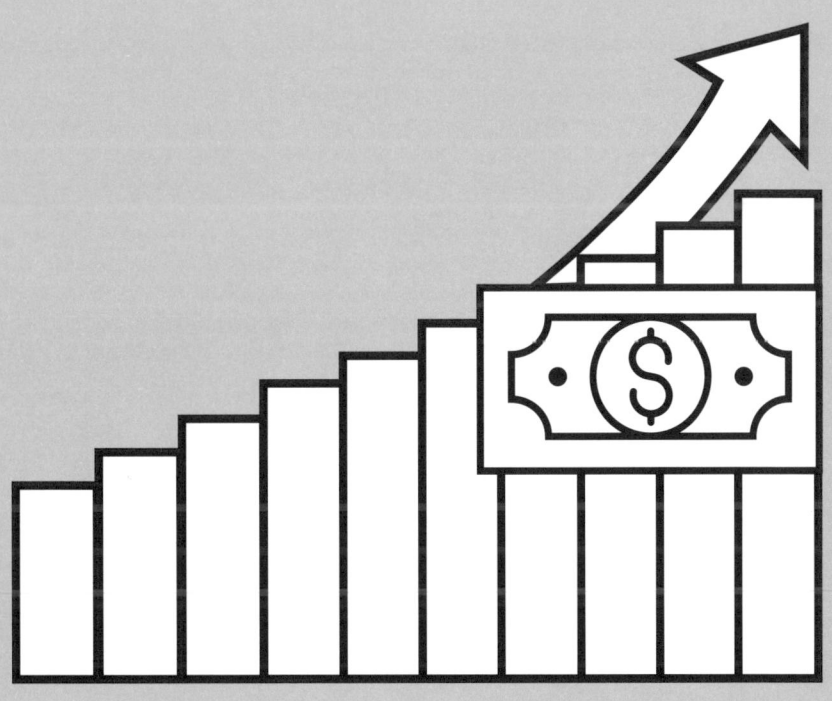

07
초보자도 안심할 수 있는 '돈 되는 종목' 고르는 5가지 방법

　　　'은행 이자도 쥐꼬리인데… 차라리 장기로 묵혀두고 배당 잘 주는 주식이나 하나 사볼까?'

　이런 고민 해보신 적 있으시죠? 요즘처럼 시중 금리는 낮아지고 물가는 오르는데 은행 이자는 말 그대로 '티끌' 수준일 때, 자꾸 배당주로 눈길이 가게 됩니다. 매년 현금으로 '수익'을 안겨주는 데다 주가가 오르면 자본차익(시세차익)까지 챙길 수 있으니까요. 그런데 문제는 배당주도 아무거나 사면 낭패를 볼 수 있다는 사실입니다. "이 주식 배당수익률이 무려 8%!" 같은 말에 혹해서 들어갔다가, 다음 해에 배당이 끊겨버리거나 주가가 뚝 떨어지는 경험을 한 분들이 있을 겁니다.

그러면 도대체 어떤 배당주를 사야 '믿고 오래 들고 갈 수 있는' 투자가 될까요? 주식 초보도 이해할 수 있도록 배당주를 고를 때 꼭 확인해야 할 5가지 핵심 기준을 뽑아봤습니다.

◊◊◊◊ 우물물은 마르지 않고 퍼낼 만큼 충분해야 한다: 배당은 현금에서 나오는 법

기업의 배당금은 말 그대로 회사가 벌어들인 돈 중 일부를 주주에게 나눠주는 겁니다. 즉 현금배당은 회계장부상의 이익에서 나오는 게 아니라 실제 손에 쥘 수 있는 현금에서 나옵니다. 쉽게 비유하면, 어떤 사람이 월급은 많아 보여도 카드값, 대출이자 다 갚고 나면 남는 돈이 0원이면 아이들 용돈도 못 주겠죠? 회사도 마찬가지입니다. 아무리 손익계산서에 이익이 많다고 기재되어도, 실제 가용현금이 바닥나면 현금배당은 줄 수 없습니다. 그래서 가장 중요한 지표가 바로

잉여현금흐름(FCF) = 영업활동현금흐름 - 자본적 지출

- **영업활동현금흐름(Cash from Operating Activities)**
  → 본업으로 실제 들어온 현금
  "물건 팔아서 받은 돈, 서비스하고 받은 돈"
- **자본적 지출(Capital Expenditures)**
  → 기계를 사거나, 공장을 짓거나, 장기적인 투자를 위한 지출
  "앞으로 더 많이 벌기 위해 미리 쓰는 큰돈"

네이버증권에서 '삼성전자'의 FCF 찾는 법

네이버증권 접속(https://finance.naver.com) → 종목명에 삼성전자 입력 → 종목분석 탭 → 기업현황 → 중하단에서 'Financial Summary' 찾기 → 최종 FCF 찾기

주요재무정보	연간				분기			
	2022/12 (IFRS연결)	2023/12 (IFRS연결)	2024/12 (IFRS연결)	2025/12(E) (IFRS연결)	2024/06 (IFRS연결)	2024/09 (IFRS연결)	2024/12 (IFRS연결)	2025/03(E) (IFRS연결)
매출액	3,022,314	2,589,355	3,008,709	3,193,708	740,683	790,987	757,883	770,540
영업이익	433,766	65,670	327,260	312,455	104,439	91,834	64,927	51,628
영업이익(발표기준)	433,766	65,670	327,260		104,439	91,834	64,927	
세전계속사업이익	464,405	110,063	375,297	362,515	115,953	103,204	79,073	66,977
당기순이익	556,541	154,871	344,514	302,950	98,413	101,009	77,544	56,958
당기순이익(지배)	547,300	144,734	336,214	295,073	96,427	97,815	75,761	52,422
당기순이익(비지배)	9,241	10,137	8,300		1,987	3,194	1,783	
자산총계	4,484,245	4,559,060	5,145,319	5,227,343	4,857,577	4,913,073	5,145,319	
부채총계	936,749	922,281	1,123,399	1,101,523	1,022,310	1,050,260	1,123,399	
자본총계	3,547,496	3,636,779	4,021,921	4,125,817	3,835,267	3,862,814	4,021,921	
자본총계(지배)	3,451,861	3,532,338	3,916,876	4,013,812	3,736,696	3,761,522	3,916,876	
자본총계(비지배)	95,635	104,441	105,045		98,571	101,292	105,045	
자본금	8,975	8,975	8,975	8,969	8,975	8,975	8,975	
영업활동현금흐름	621,813	441,374	729,826	681,182	168,954	221,986	220,223	
투자활동현금흐름	-316,028	-169,228	-853,817	-583,333	-261,202	-253,828	-118,679	
재무활동현금흐름	-193,900	-85,931	-77,972	-102,279	-40,993	-21,785	-27,811	
CAPEX	494,304	576,113	514,064	533,893	119,406	109,585	150,855	
FCF	127,509	-134,739	215,763	150,032	49,548	112,401	69,367	

잉여현금흐름(Free Cash Flow, FCF)입니다. 이는 회사가 벌어들인 현금에서 필요한 투자비용 등을 빼고 남는 '순현금'으로 이 FCF가 꾸준히 플러스인 기업이라면 배당금 줄 돈이 있다는 것으로 해석할 수 있습니다.

장사 잘해야 남는 게 있다: 수익성은 배당의 씨앗

당신이 만약 과일가게 주인이라면, 매출은 많지만 남는 게 없는 가게랑 매출은 적어도 마진이 높아 남는 돈이 많은 가게 중 어디를 선택하시겠습니까? 당연히 후자입니다. 이건 회사도 마찬가지입니다. 매출이 아무리 많아도 비용이 너무 많아 남는 이익이 적다면 배당 줄 여력이 없습니다. 따라서 참고할 만한 수익성 지표를 통해 배당할 만한 기업인지를 확인할 필요가 있습니다.

첫째, 영업이익률(=영업이익/매출)입니다. 이건 '본업으로 벌어들인 매출 중 얼마나 남겼는가'를 보여주는 지표입니다. 예를 들어 매출이 100억이고 영업이익이 10억이면 영업이익률은 10%가 됩니다. 이 수치는 기업이 효율적으로 사업을 운영하고 있는지를 나타냅니다.

둘째, 자기자본이익률(Return on Equity, ROE)입니다. 이는 내가 투자한 돈, 즉 자기자본을 얼마나 잘 굴려 이익을 냈는지를 보여주는 비율입니다. 자본금이 100억인데 순이익이 10억이라면 ROE는 10%입니다. ROE는 특히 주주 입장에서 중요한 지표인데, 내가 낸 돈으로 얼마의 수익을 돌려주는지를 알 수 있습니다.

셋째, 총자산이익률(Return on Assets, ROA)도 함께 봐야 합니다. 이는 '이 회사가 가진 자산 전체로 얼마나 이익을 내고 있는가'를 보여주는 지표입니다. 만약 총자산이 1,000억이고 순이익이 20억이라면 ROA는 2%인데, ROA는 ROE보다 좀 더 보수적인 시각에서 회사 전체의 '덩치 대비 수익력'을 평가할 수 있습니다.

위에서 언급한 3가지 수익성 지표가 고르게 양호한 기업은 경기 불황이 와도 이익을 방어할 가능성이 크고, 그만큼 안정적인 배당도 기대할 수 있습니다.

일반적으로 '수익성 좋다'의 기준은?

- 영업이익률: 8~10% 이상이면 우수
- ROE: 10% 이상이면 안정적인 수익 창출 기업
- ROA: 5% 이상이면 건전한 수익성 기업

네이버증권에서 '삼성전자'의 수익성 지표 찾는 법

네이버증권 접속(https://finance.naver.com) → 종목명에 삼성전자 입력 → 종목분석 탭 → 기업현황 → 중하단에서 'Financial Summary' 찾기 → 최종 수익성 지표 찾기

*단위 : 억원, %, %p, 배 *분기 : 순액기준

항목	2020/12 (IFRS연결)	2021/12 (IFRS연결)	2022/12 (IFRS연결)	2023/12 (IFRS연결)	2024/12 (IFRS연결)	전년대비 (YoY)
매출총이익률	38.98	40.48	37.12	30.34	37.99	7.66
영업이익률	15.20	18.47	14.35	2.54	10.88	8.34
순이익률	11.15	14.27	18.41	5.98	11.45	5.47
EBITDA마진율	28.01	30.71	27.29	17.47	25.05	7.58
ROE	9.98	13.92	17.07	4.15	9.03	4.88
ROA	7.23	9.92	12.72	3.43	7.10	3.67
ROIC	15.91	20.33	13.70	-0.13	8.73	8.86

금고 속 현금 전부를 한꺼번에 꺼내 쓰는 사람은 없다: 배당성향도 적당해야

"이 회사, 올해 순이익 100억인데 95억이나 배당했대!" 내가 투자한 기업이 이렇다면 처음엔 기분이 좋겠지만, 길게 보면 과연 이게 좋은 걸까요? 마치 벌어온 월급 전부를 써버리고 저축 하나도 안 하는 사람 같지는 않나요? 만약 다음 달에 무슨 일이라도 생기면? 비상금은 없습니다. 기업도 마찬가지입니다. 이익의 거의 전부를 배당해버리는 회사는 불황이나 예상치 못한 손실에 대비하기 어렵습니다.

여기서 중요한 지표가 '배당성향(Payout Ratio)'입니다. 이는 '순이익 중 배당금으로 얼마나 줬는가'를 퍼센트로 보여줍니다. 만약 순이익 100억, 배당금 50억이면 이 기업의 배당성향은 50%, 즉 이익의 절반은 현금배당한 것입니다. 일반적으로 이상적인 배당성향은 30~60% 사이입니다. 너무 적으면 배당이 인색한 것이고, 너무 높으면 '배당 무리수'일 수 있습니다. 특히 배당성향이 70% 이상이라면 혹시 향후에도 배당이 계속 이어질 수 있을지 꼭 따져봐야 합니다. 배당성향은 매우 중요한 기준이라 추후 다시 한번 자세히 살펴보도록 하겠습니다.

> **네이버증권에서 '삼성전자'의 배당성향 찾는 법**
>
> 네이버증권 접속(https://finance.naver.com) → 종목명에 삼성전자 입력 → 종목분석 탭 → 투자지표 → 활동성 → 하단에서 가치분석 → 최종 현금배당성향 찾기

항목	2020/12 (IFRS연결)	2021/12 (IFRS연결)	2022/12 (IFRS연결)	2023/12 (IFRS연결)	2024/12 (IFRS연결)	전년대비 (YoY)
EPS	3,841	5,777	8,057	2,131	4,950	132
BPS	39,406	43,611	50,817	52,002	57,981	12
CPS	9,611	9,585	9,154	6,498	10,744	65
SPS	34,862	41,163	44,494	38,120	44,293	16
PER	21.09	13.55	6.86	36.84	10.75	-70.83
PBR	2.06	1.80	1.09	1.51	0.92	-39.22
PCR	8.43	8.17	6.04	12.08	4.95	-59.01
PSR	2.32	1.90	1.24	2.06	1.20	-41.68
EV/EBITDA	6.63	4.89	3.23	9.73	3.46	-64.46
DPS	2,994	1,444	1,444	1,444	1,446	0
현금배당수익률	3.70	1.84	2.61	1.84	2.72	0.88
현금배당성향(%)	77.95	25.00	17.92	67.78	29.18	-38.60

· 단위: 억원, %, %p, 배 · 분기: 순액기준

◊◊◊◊ 빚 많은 친구한테 선물을 바라긴 어렵다: 재무상태가 튼튼해야 배당도 가능

배당은 결국 여유가 있어야 가능한 행동입니다. 근데 이 회사가 빚에 허덕이고 있다면? 그 배당, 오래 못 갈 수 있습니다. 재무 건전성은 회사의 체력입니다. 체력이 약한 회사는 외부 충격이 오면 먼저 쓰러지고, 배당부터 줄이게 됩니다.

재무상태 확인할 때 쓸 만한 2가지!

- 부채비율 = 부채총계 / 자본총계 × 100
  : 자본 대비 빚의 비율. 100% 이하이면 건강한 편.

- 이자보상배율 = 영업이익 / 영업외이자비용

  : 벌어들인 돈으로 이자 갚을 능력. 5배 이상이면 안심.

예를 들어 A회사는 영업이익이 500억인데 이자비용이 100억이면 이자보상배율은 5배. 이 정도면 이자를 내고도 여유 있게 배당할 수 있습니다.

네이버증권에서 '삼성전자'의 배당성향 찾는 법

네이버증권 접속(https://finance.naver.com) → 종목명에 삼성전자 입력 → 종목분석 탭 → 투자지표 → 안정성 → 중단에서 부채비율, 이자보상배율 찾기

· 단위: 억원, %, %p, 배 · 분기: 순액기준

항목	2020/12 (IFRS연결)	2021/12 (IFRS연결)	2022/12 (IFRS연결)	2023/12 (IFRS연결)	2024/12 (IFRS연결)	전년대비 (YoY)
부채비율	37.07	39.92	26.41	25.36	27.93	2.57
부채총계	1,022,877.0	1,217,212.3	936,749.0	922,281.2	1,123,398.8	
자본총계	2,759,480.2	3,048,999.3	3,547,496.0	3,636,778.7	4,021,920.7	
유동부채비율	27.40	28.90	22.09	20.82	23.20	2.38
비유동부채비율	9.67	11.02	4.32	4.54	4.73	0.19
순부채비율	-37.85	-34.69	-29.57	-21.92	-23.20	-1.28
유동비율	262.18	247.58	278.86	258.77	243.30	-15.47
당좌비율	214.82	196.75	211.68	189.46	187.80	-1.66
이자보상배율	61.74	119.65	56.85	7.06	36.20	29.15
영업이익	359,938.8	516,338.6	433,766.3	65,669.8	327,259.6	
영업외이자비용	5,830.1	4,315.4	7,630.2	9,302.5	9,039.2	
금융비용부담률	0.25	0.15	0.25	0.36	0.30	-0.06
자본유보율	30,692.79	33,143.62	38,144.29	39,114.28	41,772.84	2,658.56

▮▮▮▮ 작년에도 줬고, 재작년에도 줬고…: 배당이력은 신뢰의 증표

어떤 가게에서 치킨을 주문하시겠습니까? 이벤트로 오늘만 깜짝 세일 반값 vs. 5년째 똑같은 알뜰가격, 똑같은 품질로 꾸준히 맛있게 만들어온 단골가게? 저는 후자입니다. 투자자도 마찬가지입니다. 한

번 배당 크게 줬다고 무조건 좋은 게 아니라 오랜 시간 꾸준히 배당을 이어온 기업이 더 믿을 만하죠. 이걸 우리는 배당의 연속성이라고 부릅니다. 3년, 5년, 10년 동안 한 번도 배당을 끊지 않은 회사, 혹은 매년 배당을 조금씩이라도 늘려온 회사라면, 그 기업은 배당에 대한 진심과 철학이 있다고 볼 수 있습니다.

또 하나! 요즘 기업들은 단순히 배당뿐 아니라 주주친화정책도 강화하고 있습니다. 회사가 자사주를 사들이거나, 기존에 연간 단위로 주던 배당금을 분기마다 주는 제도로 변경하는 등 '주주를 주인님, 파트너로서 진심으로 존중하겠다'는 태도를 보여줍니다. 이러한

전자공시시스템(DART)이나 기업 홈페이지 IR 자료에서 과거 3~5년간 배당금 추이를 반드시 확인해보세요. 한 번도 거르지 않았는지, 해마다 오르고 있는지도 체크!

금융감독원 전자공시시스템에서 '삼성전자'의 배당이력 찾는 법

삼성전자 사업보고서(https://dart.fss.or.kr/dsaf001/main.do?rcpNo=20250311001085) → III. 재무에 관한 사항 → 6. 배당에 관한 사항 → 하단 배당이력

[배당 이력]
(단위: 회, %)

연속 배당횟수		평균 배당수익률	
분기(중간)배당	결산배당	최근 3년간	최근 5년간
42	44	2.4	2.6

※ 연속 배당횟수는 당기 분기배당 및 최근사업연도 결산배당을 포함하고 있습니다.
※ 중간배당은 1999년(제31기)부터 연속 배당 시작하였고, 분기배당은 2017년(제49기)부터 연속 배당중이며, 결산배당은 1981년(제13기)부터 연속 배당 중입니다.
※ 평균 배당수익률은 보통주 배당수익률입니다. 우선주에 대한 최근 3년간 평균 배당수익률은 2.8%, 최근 5년간 평균 배당수익률은 2.9%입니다.
※ 최근 3년간은 2021년(제53기)부터 2023년(제55기)까지 기간이며, 최근 5년간은 2019년(제51기)부터 2023년(제55기)까지 기간입니다. 2024년(제56기) 배당수익률은 상기 '주요 배당지표'를 참고하시기 바랍니다(보통주 2.7%, 우선주 3.3%).

배당이력은 배당주에겐 대단히 중요한 요인이므로 역시 이후에 더 자세히 살펴볼 예정입니다.

08
배당수익률과 배당성향의 최적 궁합을 찾아라

"배당수익률이 높으면 무조건 좋은 거 아닌가요?"

배당투자를 처음 시작한 많은 분들이 이렇게 묻곤 합니다. 실제로 포털 사이트에서 고배당주를 검색해보면, 배당수익률이 6%, 8%, 심지어 10%에 달하는 종목들도 등장합니다. 겉보기엔 정말 매력적으로 보입니다. 하지만 그중 상당수는 일시적 착시에 불과하거나, 지속 불가능한 배당일 수도 있다는 사실… 알고 계셨나요?

배당투자에서 중요한 것은 단순히 '높은 수익률'이 아니라 지속 가능하고, 시장 상황에 따라서도 흔들리지 않는 배당의 질입니다. 특히 배당투자 수익률을 극대화하기 위해 꼭 알아야 할 개념인 '배당수익률'과 '배당성향'의 최적 조합에 대해 자세히 살펴보겠습니다.

용어	정의	해석
배당 수익률	주가 대비 배당금의 비율 (= 배당금 / 주가)	지금 이 주식을 사면 '몇 퍼센트 수익'을 배당으로 받는지
배당 성향	당기순이익 중 배당으로 지급한 비율 (= 배당금 / 순이익)	회사가 번 돈 중 '얼마나'를 배당금으로 나눠줬는지

먼저 개념 정의를 복습하겠습니다. 쉽게 말해 배당수익률은 '투자자 입장'에서 보는 수익률이고, 배당성향은 '회사 입장'에서 배당여력과 철학을 보여주는 지표입니다. 배당수익률이 높을수록 투자자 입장에선 수익률 사냥(yield hunting) 관점에서 일단 유리해 보입니다. A회사는 주가가 1만 원인데 1주당 1,000원을 배당한다면 배당수익률은 무려 10%입니다. 대단히 높은 수익률입니다. 그런데 정말 좋은 걸까요? 꼭 그렇지는 않습니다. 이유는 3가지입니다.

주가가 급락해서 높아진 착시 효과

배당금은 그대로인데 주가가 50% 떨어지면 배당수익률은 2배로 올라갑니다. 하지만 주가가 왜 그렇게 빠졌는지를 면밀히 봐야 합니다. 실적 악화, 부채 급증, 사업 구조 문제 등 '배당 지속가능성'을 떨어뜨릴 수 있는 요인이 있을 수 있습니다. 대개 배당수익률은 이전 배당금이 지속될 것이란 가정하에 추정하는 경향이 있지만, 그 배당금이 앞선 이유로 축소된다면 지금의 배당수익률은 과대 계상된 것일 수 있습니다.

지속성이 없는 일회성 배당

특정 해에만 부동산 처분 등으로 갑자기 특별이익이 발생해서 일시적으로 배당이 높아졌을 수 있습니다. 이런 경우 다음 해 배당은 확 줄어들거나 사라질 수 있죠.

지나치게 높은 배당성향으로 인한 재무 부담

회사 입장에서는 무리해서 배당을 하다 보면 미래 투자 여력이 줄어듭니다. 이는 중장기적으로 기업가치와 주가 하락으로 이어질 수 있습니다.

이러한 3가지와 같은 특이사항이 아닌 장기 순환적인 움직임을 통해 비교하여 상대적으로 높은 배당수익률은 배당가치 대비 저평가 국면을 나타낸다는 점에서 투자의 적기 관점에서는 긍정적입니다. 만약 배당수익률 5%에 진입한다는 것은 주가가 5% 하락하더라도 본전은 유지된다는 것이니 안전마진 5%는 확보하고 투자 개시하다고 생각할 수 있기 때문입니다. 그런데 배당가치 대비 저평가 국면인 고배당수익률은 대체로 수익가치 대비 저평가 국면인 저PER 국면과 중첩된다는 이론상 낮은 배당성향과 연결됩니다. 이를 정리하면 다음과 같습니다.

① 높은 배당수익률(배당금/주가)은 '낮은 주가 수준(저평가) + 높은 배당금'의 결합이라는 측면에서 배당투자에 있어 가장 중요한 의미를 담고 있습니다.
② 고든의 배당평가 모형으로 주가수익비율(PER)을 재구성한다면,
   주가수익비율 = 배당성향 / 기대수익률(r) - 성장률(g)
   즉 주가수익비율과 배당성향은 비례관계를 가지고 있음을 알 수 있습니다(어려우시면 넘어가셔도 됩니다).

따라서 역사적인 저PER 배당주를 선호하는 것은 저배당성향 종목을 선호하는 것과 이론상 일치합니다.

- 배당수익률과 배당성향의 최적 궁합을 공통적으로 만족시키려면 '고배당수익률(High Dividend Yield) & 저배당성향(Low Payout Ratio)'이 될 것입니다. 이를 풀어서 설명한다면 배당가치 대비 저평가된 상태이며, 아직 이익 대비 과도한 배당 수준은 아니므로 향후 배당성장 가능성은 활짝 열린 종목군이라고 해석할 수 있습니다.

- 저배당성향은 추후 배당의 성장잠재력을 반영한다는 측면에서,
   성장률(g) = (1 - 배당성향) × ROE
   고배당수익률 & 미래의 고배당성장주 선호 현상으로 판단할 수 있습니다.

09
배당성장률이 의미하는 것

•••• 주식 투자에서 배당주는 크게 2가지, '고배당주'와 '배당성장주'로 양분할 수 있습니다. 두 유형 모두 주주들에게 배당을 지급하지만, 각각의 상이한 투자 전략과 목적을 지니고 있습니다. 특히 배당성장률(Dividend Growth Rate, DGR)은 배당성장주를 구분하는 핵심 기준이 되며, 장기적으로 안정적인 배당성장을 제공하는 기업을 식별하는 중요한 지표입니다.

먼저 고배당주와 배당성장주의 차이점과 특징을 살펴보겠습니다.

다음처럼 배당성장주는 단순히 일시적으로 배당을 지급하는 것이 아니라 배당을 지속적으로 증가시키는 것이 중요합니다. 이를 평

고 배당주	• 일반적으로 배당수익률이 높음. • 기업의 성장성은 둔화되었지만, 안정적인 현금흐름을 바탕으로 높은 배당을 지급. • 대표적으로 유틸리티, 통신, 부동산(REITs), 에너지 섹터에서 많이 발견됨. • 예시: 버라이즌(VZ), 엑슨모빌(XOM), 리얼티인컴(O) • 장점: 안정적인 현금흐름 제공, 경기 침체 시 방어적 역할 수행. • 단점: 배당이 기업 성장보다 우선시되어 장기적인 주가 상승이 제한적일 가능성, 일부 기업은 배당 삭감 위험이 있음.
배당 성장주	• 배당을 꾸준히 늘려온 기업으로, 배당성장률이 중요한 지표. • 주가 상승과 배당성장의 복리 효과를 동시에 기대할 수 있음. • 일반적으로 IT, 헬스케어, 소비재 섹터에서 발견됨. • 예시: 마이크로소프트(MSFT), 애플(AAPL), J&J(JNJ), 유나이티드헬스(UNH) • 장점: 주가 상승과 배당 증가로 장기적인 자산 증식 가능. • 단점: 초기 배당수익률이 낮을 수 있으며, 경기 침체 시 배당 증가 속도 둔화 가능.

가하는 주요 지표가 바로 배당성장률입니다. 배당성장률이 높을수록 주주들에게 꾸준히 더 많은 배당이 지급될 가능성이 크다고 평가할 수 있습니다. 배당성장률은 크게 2가지 방식으로 구할 수 있는데, 이 중 간단한 단순평균 배당성장률(Simple Average DGR)은 단기간(예: 1년, 3년, 5년)의 배당성장률을 단순평균으로 계산할 때 사용됩니다.

$$DGR = \frac{D_t - D_{t-n}}{D_{t-n}} \times 100$$

- D_t = 현재 연도의 배당금
- D_{t-n} = n년 전의 배당금
- n = 기간(예: 5년이면 n = 5)

그리고 기하평균 배당성장률(CAGR DGR)은 장기적인 배당성장률을 보다 정확하게 반영하기 위해 복리 성장률(CAGR, 연평균 성장률) 방식을 활용하는 공식입니다.

$$DGR = \left(\frac{D_t}{D_{t-n}}\right)^{\frac{1}{n}} - 1$$

- D_t = 현재 연도의 배당금
- D_{t-n} = n년 전의 배당금
- n = 기간(예: 5년이면 n = 5)

배당성장주를 평가할 때 배당성장률이 0 이상이고, 연속적으로 배당을 증가시켜온 기간을 중시합니다. 그 이유는 기업의 재무 건전성과 주주친화정책을 판단하는 핵심 지표이기 때문입니다. 연속적인 배당 증가 여부는 기업이 꾸준한 이익 성장을 이루고 있는지를 보여줍니다. 배당을 매년 늘릴 수 있다는 것은 안정적인 수익 창출 능력을 갖추고 있으며, 현금흐름이 탄탄하다는 증거입니다. 반대로 배당이 줄거나 중단되는 기업은 경영 상황이 악화되었거나, 배당정책이 불안정할 가능성이 높습니다.

또한 배당을 지속적으로 성장시키는 기업은 주주 가치를 중시하는 경향이 강합니다. 기업이 배당을 꾸준히 늘리면 장기투자자들에게 신뢰를 주고, 주가의 하락 변동성을 줄이는 역할을 합니다. 특히 경기침체기에도 배당을 유지하는 기업은 경기방어주 역할을 하며, 시장 변동성 속에서도 안정적인 현금흐름을 제공할 가능성이 큽니다. 결국 배당성장률과 연속 배당 증가 기록을 확인하는 것은 기업의 장기적인 성장 가능성과 주주환원정책의 일관성을 평가하는 중요한 기준이 되며, 장기투자자들에게 신뢰할 수 있는 투자 기회를 제공합니다.

배당성장 관련 주요 지수 사례

배당성장 지수명	배당성장 기준	선정 대상	가중 방식	관련 ETF
S&P500 배당귀족	25년 이상 연속 배당 증가	S&P500 종목	동일 비중	NOBL
나스닥 배당성장	10년 이상 연속 배당 증가	나스닥 종목	시가총액 가중	VIG
S&P 글로벌 배당귀족	10년 이상 연속 배당 증가	S&P 글로벌 종목	동일 비중	WDIV
MSCI 미국 배당 마스터	10년 이상 연속 배당 증가	MSCI US 종목	시가총액 가중	PFM
KRX 배당성장	5~10년 이상 연속 배당 증가	KRX 종목	시가총액 가중	TIGER 배당성장

10
연속 배당에 대한 무한신뢰

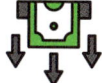

•••• 투자자들에게 있어 안정적이고 지속적인 수익 창출은 언제나 매력적인 요소입니다. 정기적인 이자수입과 만기에는 원금까지 돌려주는 채권이야말로 이러한 특징을 잘 보여주는데, 주식시장에서 가장 채권과 유사한 성질을 지니고 있는 주식을 찾는다면 단연코 꾸준히 배당금을 지급하는 기업들이라고 판단합니다. 물론 채권도 이자 지급과 만기 상환이라는 본연의 의무를 충분히 수행할 만한 안정적인 재무구조, 현금 창출력 등의 기초체력이 중요하고 신용평가회사들은 이를 바탕으로 신용등급을 부여합니다. 그렇다면 채권의 신용등급에 해당하는 주식시장의 배당주를 판가름하는 기준은 무엇일까요?

배당정책의 신뢰성을 가늠하는 핵심 요소는 무엇보다도 '연속 배당'이라고 생각합니다. 연속 배당은 곧 '동업자인 우리 주주들에게 우리가 번 돈의 일부 혹은 그동안 현금 잔고에 쌓아뒀던 현금을 반드시 나눌 거야'라는 강력한 의지의 표현입니다. 물론 경영진의 주주에 대한 선의만으로 연속 배당이 가능한 것은 아닙니다. 배당금을 꾸준히 지급하고, 더 나아가 매년 배당을 증가시켜온 기업은 단순히 일시적인 수익 창출에 그치지 않고, 장기적으로 안정적인 현금흐름을 창출할 수 있는 능력이 있어야 가능한 것입니다. 특히 경기 침체나 불확실한 경제 환경 속에서도 일정한 수익을 배당으로 제공할 수 있다는 점은 투자자들에게 대단히 안도할 수 있는 믿을 만한 기업인 것입니다. 특히 학계에서는 '배당 신호 가설'을 통해 기업의 배당 발표는 주식시장에 그 기업의 미래 전망과 재무 건전성에 관한 중요한 정보를 전달한다고 여겨집니다.

배당 신호 가설의 주요 내용

① 정보 비대칭

기업의 경영진과 투자자 사이에는 정보 비대칭이 존재합니다. 경영진은 기업의 현재 성과와 미래 전망에 대해 더 잘 알고 있습니다.

② 배당 발표를 통한 신호

경영진은 배당 발표를 통해 시장에 정보를 전달합니다. 배당 증가가 있으면, 이는 일반적으로 경영진이 기업의 미래 수익성과 현금흐름에 대해 자신감을 가지고 있다는 긍정적인 신호로 해석됩니다. 반대로 배당 감소는 잠재적인 문제나 예상되는 미래 수익 감소를 나타내는 부정적인 신호로 받아들여질 수 있습니다.

③ 배당의 비용
배당은 기업에게 비용이 듭니다. 따라서 기업이 배당을 증가시키기로 결정하면, 이는 시장에 신뢰할 수 있는 신호를 제공하는 것으로 여겨집니다. 이는 실제 현금흐름을 수반하기 때문에 다른 형태의 커뮤니케이션보다 더 신뢰할 수 있다고 간주됩니다.

④ 시장 반응
투자자들은 배당 변화에 반응하여 기업의 미래 성과에 대한 기대를 업데이트합니다. 일반적으로 배당 증가가 있으면 기업의 주가가 상승하고, 배당 감소는 주가 하락으로 이어질 수 있습니다.

즉 배당 신호 가설의 관점에서 '연속 배당'은 곧 긍정적인 배당 신호를 계속 강화시키는 것이므로, 장기투자자들에게는 매우 선호될 만한 신뢰도가 높은 긍정적인 요인인 것입니다. ① 배당의 재원이 되는 기업의 자원(기업 이익 및 이익잉여금)이 넉넉하다는 증거이고, ② 해당 기업의 비즈니스가 안정적(높은 ROE)이고 외부 변동성에도 훼손되지 않을 만한 좋은 재무구조(낮은 부채비율)를 지녔다는 의미도 찾을 수 있으며, ③ 회사 측이 주주에 대한 의리, 즉 주인에게 뭔가를 주고 싶어 하는 강력한 주주환원 의지로 해석할 수 있기 때문입니다.

기업이나 정부 부문의 기초체력에 따라 채권의 신용등급을 평가하는 것처럼, 배당 신호의 연속성을 바탕으로 미국 배당주의 등급도 다음과 같이 분류하고 있습니다. 흥미롭게도 등급을 계급으로 호칭하여 왕, 귀족이라고 부르고 있습니다.

- 배당왕(Dividend King): 50년 이상 배당금을 증가시킨 기업(약 30개)
- 배당귀족(Dividend Aristocrats): 25년 이상 배당금을 증가시킨 기업(약 60개)
- 배당챔피언(Dividend Champions): 10년 이상 배당금을 증가시킨 기업(약 300개)
- 배당블루칩(Dividend Bluechips): 5년 이상 배당금을 증가시킨 기업(약 600개)

이 중에서도 현실적으로 주목하는 계급은 바로 25년 이상 배당금을 증가시킨 기업군의 모임인 '배당귀족'입니다. 물론 더 좋은 건 50년 이상인 배당왕이지만, 50년 이상을 충족시킬 해당 기업군이 많지는 않아서 인덱스펀드 투자로서 현실적인 대안이 배당귀족이라고 판단합니다. 이에 맞춰 기초지수로 S&P 500 Dividend Aristocrats 지수를 추종하는 'ProShares S&P 500 Dividend Aristocrats ETF(NOBL)'가 대표적입니다. 해당 ETF 출시(2013년 10월) 이후 연평균 수익률 11.47%, 연초 대비 수익률(2024년 9월 26일, 배당 포함 기준) 13%로 안정적인 성과를 기록하며 순항 중입니다.

| NOBL ETF의 주가 추이

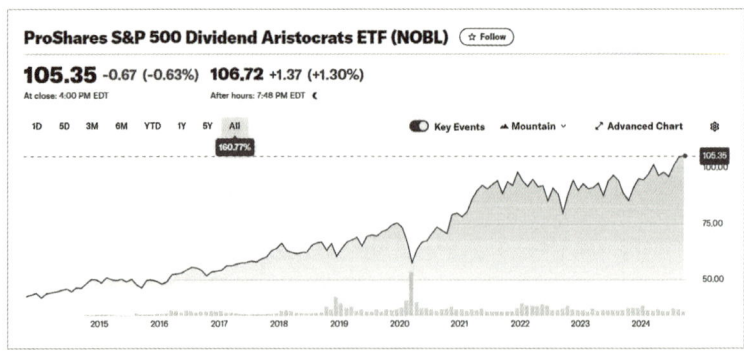

자료: 야후 파이낸스

11
배당, 거기에 오래 머무를 수 있을까?
재무제표로 살펴보는 배당의 지속성

•••• 김 여사는 요즘 배당주식에 푹 빠졌습니다. 이유는 단순했습니다. 은행 예금이자는 여전히 2% 언저리, 그런데 어떤 주식은 1년에 6%씩 '배당'을 준다니. 이자보다 무려 3배! 귀가 솔깃해진 김 여사는 포털에 '고배당주'라고 쳐보고는 시가배당률 8%짜리 회사 A를 샀습니다. 그런데… 6개월 후, 그 회사가 배당을 끊었다는 뉴스가 떴습니다. 김 여사는 망연자실했습니다. "아니, 이럴 거면 왜 줬대?"

고배당은 달콤합니다. 다만 더 중요한 건 '이 회사가 앞으로도 이런 배당금을 계속 줄 수 있을까?'입니다. 그런데 투자자들이 흔히 범하는 실수는 단지 작년 배당이 높았다는 이유로 주식을 사는 것입니다. 그러나 배당은 회사의 '결정(주주에 대한 의리와 신뢰)'이자 '여력(배당할 만한 여유 자원)'에서 나옵니다. 즉 '주고 싶고, 줄 수 있어야' 가능한 것입니다. 그렇다면 투자자는 무엇으로 그 '줄 수 있음'을 판단해야 할까요? 그 답은 바로 재무제표입니다. 재무제표는 기업의 건강검진표입니다. 이 안에 배당의 '지속가능성'이 숨어 있습니다.

> **재무제표란?**
>
> 재무제표(financial statement)는 기업의 '건강검진표' 같은 문서입니다. 회사가 돈을 얼마나 벌고 쓰는지, 지금 자산은 얼마나 있고 빚은 얼마나 되는지를 보여줍니다. 크게 3가지로 나뉘는데, ① 손익계산서는 '얼마 벌고, 얼마 썼는지', ② 재무상태표는 '무엇을 가지고 있고, 빚은 얼마나 있는지', ③ 현금흐름표는 '돈이 실제로 어떻게 들어오고 나갔는지'를 나타냅니다. 이걸 보면 회사가 안정적인지, 앞으로도 돈을 잘 벌 수 있을지를 판단할 수 있으니 투자자에겐 꼭 필요한 기본 자료입니다.

'배당의 안정성'을 평가할 수 있는 재무제표에서 찾아본 핵심 재무지표 5가지를 살펴보겠습니다.

현금흐름표: 진짜 돈이 돌고 있나?

[사례] "회사 B는 작년에 1주당 1,000원 배당했지만, 정작 현금흐름표엔 마이너스가 찍혀 있었다." 그러면 올해 배당은 정상대로 지급될 수 있을까요?

영업활동현금흐름(OCF)이 배당보다 훨씬 적거나 마이너스라면 위험 신호입니다. 일시적인 적자일 수도 있겠지만, 반복된다면 현금이 부족한데 무리하게 배당하는 것일 수 있습니다. 즉 영업현금흐름

금융감독원 전자공시시스템에서 '삼성전자'의 영업활동현금흐름 찾는 법

삼성전자 사업보고서(https://dart.fss.or.kr/dsaf001/main.do?rcpNo=20250311001085)
→ Ⅲ. 재무에 관한 사항 → 2-5. 연결 현금흐름표 → 상단 영업활동현금흐름

2-5. 연결 현금흐름표

연결 현금흐름표

제 56 기 2024.01.01 부터 2024.12.31 까지
제 55 기 2023.01.01 부터 2023.12.31 까지
제 54 기 2022.01.01 부터 2022.12.31 까지

(단위: 백만원)

	제 56 기	제 55 기	제 54 기
영업활동현금흐름	72,982,621	44,137,427	62,181,346
영업에서 창출된 현금흐름	75,830,873	46,547,889	71,728,568
당기순이익	34,451,351	15,487,100	55,654,077

금융감독원 전자공시시스템에서 '삼성전자'의 현금배당금 총액 찾는 법

삼성전자 사업보고서(https://dart.fss.or.kr/dsaf001/main.do?rcpNo=20250311001085) → Ⅲ. 재무에 관한 사항 → 6. 배당에 관한 사항 → 6-3. 기타 참고사항 → 중단 현금배당금 총액

[주요 배당지표]

(단위: 원, 백만원, %, 주)

구 분	주식의 종류	당기 제56기	전기 제55기	전전기 제54기
주당액면가액(원)		100	100	100
(연결)당기순이익(백만원)		33,621,363	14,473,401	54,730,018
(별도)당기순이익(백만원)		23,582,565	25,397,099	25,418,778
(연결)주당순이익(원)		4,950	2,131	8,057
현금배당금총액(백만원)		9,810,767	9,809,438	9,809,438
주식배당금총액(백만원)		-	-	-
(연결)현금배당성향(%)		29.2	67.8	17.9
현금배당수익률(%)	보통주	2.7	1.9	2.5
	우선주	3.3	2.4	2.7
주식배당수익률(%)	보통주	-	-	-
	우선주	-	-	-
주당 현금배당금(원)	보통주	1,446	1,444	1,444
	우선주	1,447	1,445	1,445
주당 주식배당(주)	보통주	-	-	-
	우선주	-	-	-

> **제56기 영업활동현금흐름과 현금배당금 총액 비교**
>
> 영업활동현금흐름 72.98조 원 > 현금배당금 총액 9.81조 원
>
> **생성형 AI를 활용한 영업활동현금흐름과 현금배당금 찾는 과정의 예**
>
> : 생성형 AI로 추출한 데이터를 팩트 체크하기 위해 위의 방법도 알아두시길 권함
>
> > 삼성전자의 2024년 회계연도의 '영업활동으로 인한 현금흐름'과 '배당금 총액'을 각각 알려줘.
>
> 삼성전자의 2024년 회계연도 재무 정보를 요약하면 다음과 같습니다:
> 1. **영업활동으로 인한 현금흐름**: 2024년 한 해 동안 약 72조 9,826억 원을 기록했습니다. [네이버 블로그]
> 2. **배당금 총액**: 2024년 배당 총액은 약 9조 8,107억 원으로 집계되었습니다.
> [SBS 8뉴 의견 있는 경제저널 +2]

100억 원, 배당금 총액 150억 원이라면 배당의 안정성에는 위험 시그널이 울린 것입니다. 따라서 현금흐름표를 통해 '영업활동현금흐름 > 배당금 총액'이어야 기본 합격입니다.

배당성향: 얼마나 벌어서 얼마나 나누어주는가?

앞서 여러 차례 배당성향에 대해 언급한 바 있으므로 간략하게 복습하겠습니다.

> 배당성향 = 현금배당금 / 순이익

배당성향이 100%를 넘으면? 벌어들인 것보다 더 준다는 뜻입니다. 당연히 배당여력은 소진된 것이니 지속성에는 빨간불이죠. 따라서 배당성향은 일반적으로 30~60% 수준이 안정적입니다. 물론 너무 낮아도 배당여력뿐만 아니라 배당 의지, 즉 '줄 마음이 없는 것 아냐'라고 의심해야 하니 배당 안정성의 신뢰도는 매우 낮다고 볼 수 있습니다.

현금배당성향을 찾는 방법은 바로 직전에서 다뤘던 현금배당총액 찾는 법을 참고하기 바랍니다.

이익잉여금: 쌓아놓은 쿠션이 있는가?

배당은 순이익으로 주는 것처럼 보이지만, 실제로는 회사가 '쌓아둔 이익'에서 주기도 합니다. 이익잉여금은 과거의 흑자에서 남겨둔 '배당 예비탄약'으로 그동안 이익이 날 때마다 곳간에 쌓아둔 소중한 잉여 자원들입니다. 이게 꾸준히 쌓여가고 있다면, 어느 해 수익이 일시적으로 줄어도 배당을 유지할 수 있습니다. 예를 들어 회사 C는 1년 적자에도 배당을 유지했는데, 그 이유는 10년간 쌓아둔 이익잉여금 3,000억 원이라는 재원이 있었기 때문입니다. 따라서 재무상태표에서 이익잉여금 항목이 꾸준히 증가하는지 확인하는 것이 배당의 안정성을 추정할 수 있는 좋은 방법입니다.

> **금융감독원 전자공시시스템에서 '삼성전자'의 이익잉여금 찾는 법**
>
> 삼성전자 사업보고서(https://dart.fss.or.kr/dsaf001/main.do?rcpNo=20250311
> 001085) → III. 재무에 관한 사항 → 2. 연결재무상태표 → 하단의 자본항목에서 이
> 익잉여금 찾기
>
> (단위: 백만 원)
>
> | 자본 | | | |
> |---|---|---|---|
> | 지배기업 소유주지분 | 391,687,603 | 353,233,775 | 345,186,142 |
> | 자본금 (주18) | 897,514 | 897,514 | 897,514 |
> | 우선주자본금 | 119,467 | 119,467 | 119,467 |
> | 보통주자본금 | 778,047 | 778,047 | 778,047 |
> | 주식발행초과금 | 4,403,893 | 4,403,893 | 4,403,893 |
> | 이익잉여금 (주19) | 370,513,188 | 346,652,238 | 337,946,407 |
> | 기타자본항목 (주20,33) | 15,873,008 | 1,280,130 | 1,938,328 |
> | 비지배지분 (주31) | 10,504,467 | 10,444,090 | 9,563,462 |
> | 자본총계 | 402,192,070 | 363,677,865 | 354,749,604 |
> | 부채와자본총계 | 514,531,948 | 455,905,980 | 448,424,507 |

부채비율: 빚에 쪼들려 배당 못 할 수도

　배당은 결국 해당 기업의 '여유 자금'에서 지급됩니다. 부채비율이 높으면 빚쟁이들(채권자)에게 이자 내기도 빠듯한 기업이니 주주들에게 줄 배당은 후순위로 밀릴 수밖에 없습니다. 특히 은행 대출이 많은 회사일수록 금리 인상기에는 더욱 배당여력이 위축될 수 있습니다. 따라서 부채비율 100% 이하, 동종업계 평균보다 낮거나 또는 유보율이 높은 기업이 배당 안정성 측면에서 선호될 것입니다. 부채비율은 앞서 다뤘으니 더 자세한 사항은 〈07 초보자도 안심할 수 있는 '돈 되는 종목' 고르는 5가지 방법〉 편을 참고하기 바랍니다.

배당의 연속성: 과거는 미래를 비춘다

앞서 몇 번이나 강조했습니다. 연속 배당은 정말 중요한 기준입니다. 우리나라에서 5년 연속 배당 혹은 5년 연속 배당 증액 기업은 참으로 신뢰할 만하다고 판단합니다. 미국 기업 중 배당귀족주(25년 이상 배당 증가) 같은 기업은 투자자 우선 기업문화가 뿌리내린 것으로 평가하여 존경받고 있습니다. 한국은 10년 이상 배당 유지 기업도 많지 않으나, 최근 3~5년 꾸준한 기업들이 늘어나고 있으니 앞으로 눈여겨볼 일입니다. 즉 배당 히스토리를 꼭 확인하기 바랍니다. 결국 꾸준함은 최고의 배당 리스크 방어막으로 판단됩니다.

5가지 배당 안정성을 따져볼 재무제표와 그 항목을 다음과 같이 다시 정리합니다.

항목	확인 방법	안정 배당 기준
영업현금흐름	현금흐름표	배당보다 크면 OK
배당성향	IR 자료, 사업보고서	30~70%
이익잉여금	재무상태표	우상향 추세
부채비율	재무상태표	100% 이하 선호
배당연속성	네이버금융, DART	3년 이상 유지 or 증액

12
배당컷이란?
긴급한 배당 축소와 무배당이 발생하는 이유

•••• "배당 잘 주는 주식 사두면 매달 월세 받듯 돈 들어온다더니… 이게 웬 날벼락이야?"

배당주 투자자라면 한 번쯤 들어봤거나 직접 경험했을 수도 있는 '배당컷(Dividend Cut)'이란 회사가 주주에게 주던 배당금을 줄이거나(축소), 아예 지급하지 않겠다고 선언하는 것을 말합니다. 예를 들어 작년까지 주당 1,000원을 배당하던 기업이 올해는 500원만 준다거나, 혹은 "어려운 시국이라 올해는 배당을 하지 않겠습니다"라고 발표하는 상황입니다. 이럴 때 주가가 어떻게 될까요? 거의 대부분의 경우 주가는 급락합니다. 이유는 간단합니다. 배당을 받고 싶어 주식을 샀던 사람들 입장에서는 주요 투자 이유가 사라진 것이니까요.

이러한 배당컷은 왜 발생할까요? 크게 보면 3가지 이유 때문입니다.

첫째, 실적 악화로 회사에 돈이 없다면 배당여력이 없으므로 배당컷으로 연결될 확률이 커집니다. '곳간에서 인심 난다'고 배당은 기본적으로 이익에서 나옵니다. 한마디로 돈을 벌어야 나눠줄 수 있는 것인데 이익이 줄거나, 심지어 적자까지 난다면 배당할 여유가 없습니다.

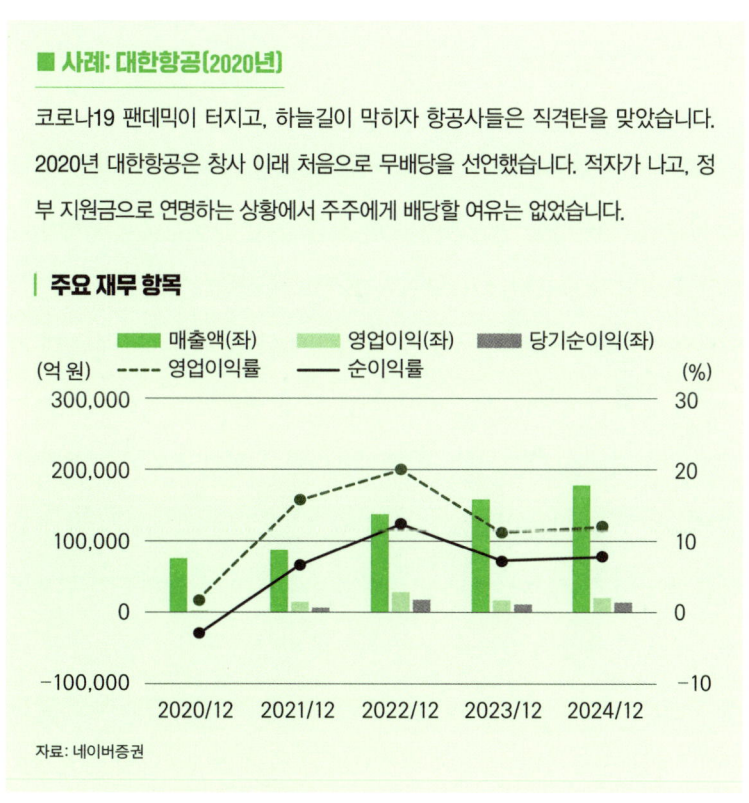

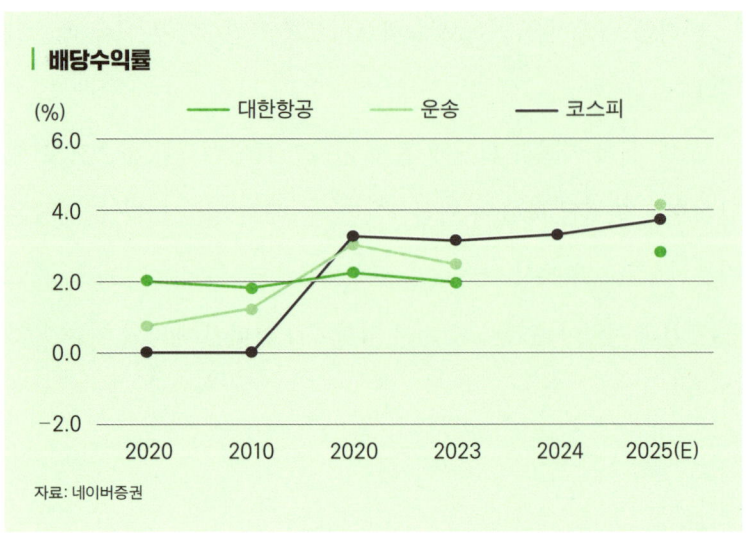

자료: 네이버증권

둘째, 회계상으로는 이익이 나더라도 실제 회사의 현금흐름이 나쁜 경우가 있습니다. 이런 회사는 당장 돈이 없어 배당금을 줄이거나 보류할 수밖에 없습니다. 극단적인 경우가 흑자도산입니다. 흑자도산이란 장부상으로는 이익이 나는 '흑자'인데도 실제 현금이 부족해 기업이 도산하는 상황을 말합니다. 예를 들어 햄버거 가게를 운영하는 사장님이 매출은 많고 장부상 매달 1,000만 원의 이익이 찍히지만, 원재료비 몇 달 치를 선급으로 내고 광고비도 할부로 내면서 현금 관리를 소홀히 했습니다. 어느 날 외상값과 직원 월급, 임대료가 한꺼번에 몰려오면 통장에 있는 현금이 부족해 버티지 못하고 가게 문을 닫을 수 있는 것입니다. 이처럼 흑자도산은 '돈을 벌고 있음에도 망하는' 모순된 현상으로, 기업의 수익성만이 아닌 현금흐름의 중요성을 일깨워줍니다.

■ 사례: GE(2017~2018년)

한때 세계 최대의 시가총액을 자랑하던 제너럴일렉트릭(GE)은 대규모 투자 실패와 부채 부담으로 현금흐름에 문제가 생기면서, 2017년과 2018년에 두 차례의 배당금 삭감을 단행하였습니다. 2017년 11월 13일, GE는 분기 배당금을 주당 0.24달러에서 0.12달러로 50% 삭감한다고 발표하였으며, 2018년 10월 30일에는 분기 배당금을 0.12달러에서 0.01달러로 추가 삭감한다고 발표하였습니다. 이러한 배당금 삭감은 GE의 재무적 어려움을 반영하며, 투자자들에게 중요한 부정적인 신호로 작용하였습니다.

| GE의 2017~2018년 주가 추이

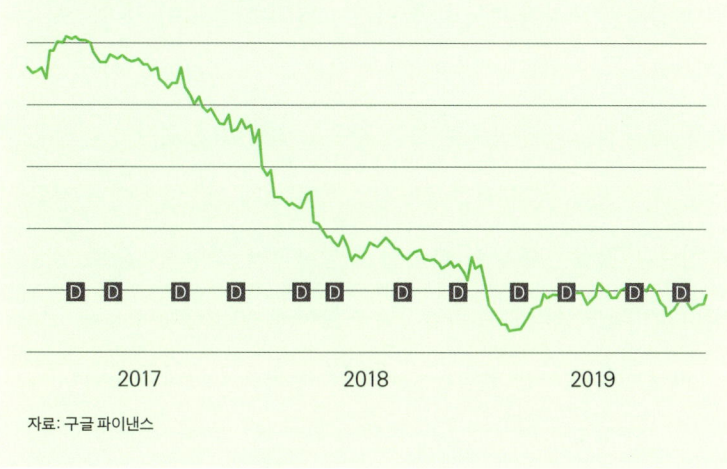

자료: 구글 파이낸스

셋째, 배당보다 더 중요한 일에 돈을 써야 할 때는 배당컷을 피할 수 없게 됩니다. 배당은 이익 중 일부를 나눠주는 겁니다. 그런데 회사가 갑자기 대규모 투자가 필요하다든가, 빚을 갚아야 하는 상황이라면 어떻게 될까요? 배당보다 급한 불을 끄기 위해 배당을 줄일 수 있습니다.

> **■ 사례: 디즈니(2020년)**
> 코로나19로 테마파크가 멈춰 섰던 시절, 디즈니는 오히려 디즈니+ 같은 스트리밍 사업에 대규모 투자를 하겠다고 발표하며, 기존에 주던 배당을 아예 끊었습니다. 경영진의 전략적 판단이었던 셈이죠.

이러한 배당컷이 일어나면 주가는 왜 급락할까요? 주가는 회사의 가치뿐만 아니라 투자자들의 기대를 반영합니다. 많은 투자자들이 '이 회사는 배당을 꾸준히 줄 거야'라는 전제를 깔고 투자합니다. 그런데 갑자기 회사가 배당을 줄이거나 끊어버리면, 이 기대는 무너지고 주가는 일반적으로 급락하게 됩니다. 물론 놀랍게도 일부 투자자들은 배당컷을 긍정적으로 보는 경우도 있습니다. 회사가 배당을 줄이고 그 돈으로 재무 건전성을 높이거나 미래 성장동력에 투자할 경우입니다. 당장은 배당이 줄어서 속상하지만, 중장기적으로 성장 프리미엄이라는 동력으로 기업가치는 높아질 수 있습니다.

배당컷을 피하는 방법은 앞의 11번 섹션을 참고하기 바랍니다.

Chapter 3
배당투자 전략별 접근법

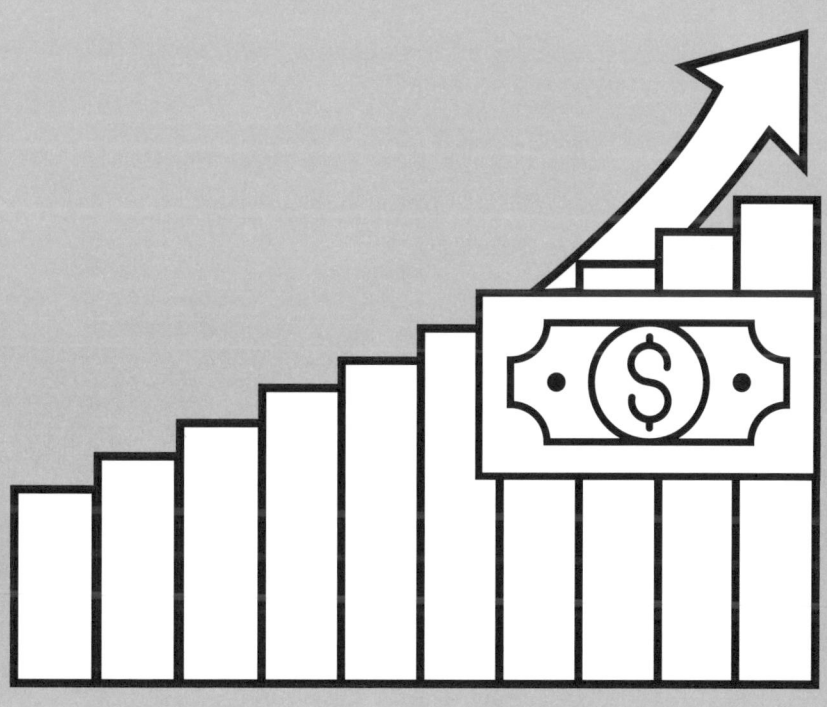

13
배당투자의 두 얼굴
안정적 전략 vs. 공격적 전략

•••• 투자의 세계에서 '안정적 전략'은 투자위험은 낮은 대신 투자수익률도 낮은(Low Risk & Low Return), '공격적 전략'은 투자위험은 높은 대신 투자수익률도 높은(High Risk & High Return) 것을 의미합니다. 이러한 투자위험과 투자수익률의 비례관계는 배당투자에도 마찬가지로 적용됩니다. 마치 안정적 전략은 유동인구가 많은 1층 상가를 매입해 매달 월세를 받는 것과 비슷하죠. 입주자는 꾸준하고, 수익은 예측 가능하며 마음이 편합니다. 반면 공격적 전략은 낡은 주택을 싸게 경매로 사서 리모델링해 고가에 되파는 투자와 닮았습니다. 잘되면 큰 수익이지만, 리스크도 큽니다.

안정적인 배당투자 전략: 든든한 월세 받는 집 같은 존재

안정적인 배당투자 전략은 이름 그대로 '안정성'에 초점을 맞춥니다. 이 전략의 대표적인 대상은 앞서 설명한 바 있는 배당귀족 종목군입니다. 이들은 25년 이상 연속으로 배당을 늘려온 기업들로, 미국의 J&J(JNJ), 코카콜라(KO), 프록터앤드갬블(P&G, PG) 같은 회사들이 그 대표 주자입니다.

이들 기업의 특징은 무엇일까요? 사업 모델이 굳건하고, 현금흐름이 꾸준하며, 경기변동에 크게 흔들리지 않는 성향이 있습니다. 예를 들어 코카콜라는 불황에도 여전히 팔리고, P&G의 치약이나 기저귀는 경기와 무관하게 필요한 제품입니다. 이런 기업은 주가가 크게 오르지 않더라도 꾸준한 배당성장이 가능합니다.

이 전략의 장점은 명확합니다. 예측 가능한 수익, 변동성 낮은 포

| 국내 배당귀족 ETF: TIGER MKF배당귀족

자료: 네이버증권

트폴리오, 재투자를 통한 복리 효과 등은 장기적으로 강력한 무기가 됩니다. 그러나 단점도 있습니다. 배당수익률은 일반적으로 2~3% 수준으로 높지 않으며, 성장주는 배제되는 경우가 많아 자본차익 기회를 일부 놓칠 수 있습니다. 또 장기 보유가 전제되기 때문에 단기 수익에 민감한 투자자에게는 다소 지루하게 느껴질 수도 있습니다.

공격적인 배당투자 전략: 높은 배당, 그 속의 스릴과 기회

반면 공격적인 배당투자 전략은 높은 배당수익률을 제공하는 종목에 투자해 단기간에 수익을 극대화하는 것을 목표로 합니다. 대표적인 예로 고배당주 ETF인 JEPI, QYLD, SDIV 같은 상품이나 리츠, LP(에너지 인프라), 혹은 침체된 산업에 속하지만 배당은 높은 일부 고배당주들이 있습니다.

| 국내 고배당 ETF: PLUS 고배당주

자료: 네이버증권

이 전략은 매달 혹은 분기마다 5~10%에 이르는 배당수익률을 제공할 수 있어 마치 급여처럼 느껴질 정도입니다. 특히 은퇴자나 현금흐름이 필요한 투자자에게는 큰 매력이 됩니다. 그러나 명심해야 할 것은 '고배당=고위험'이라는 점입니다. 많은 경우 높은 배당은 기업의 주가가 크게 하락했기 때문에 나타나기도 하며, 배당이 유지되지 못하고 배당컷으로 이어질 경우 '자본손실+배당손실'이라는 이중고를 겪을 수 있습니다.

공격적인 배당 전략의 장점으로는 고수익의 기회, 현금흐름 확보, 시장 변동기에도 일부 방어력 제공한다는 점을 꼽을 수 있습니다. 하지만 단점도 명확합니다. 배당 지속성과 관련한 리스크가 있고, 배당 지속성이 낮으며, 포트폴리오가 경기민감 섹터에 집중될 가능성이 있습니다.

활용법: 성향과 목적에 따라 믹스하라

결국 핵심은 '나의 투자 성향과 목적에 맞는 전략을 구성하는 것'입니다. 안정적인 전략은 연금처럼 꾸준한 수익을 원하는 장기투자자에게, 공격적인 전략은 현금흐름이 절실하거나 리스크를 감수하고 고수익을 추구하는 투자자에게 적합합니다. 하지만 더 현명한 방법은 이 둘을 조화롭게 믹스하는 것입니다. 예를 들어 포트폴리오를 다음처럼 구성할 수 있습니다.

- 60%: 안정적 배당주(NOBL, SCHD, 배당귀족주)
- 30%: 고배당 ETF 혹은 개별 종목(JEPI, QYLD, 에너지주 등)
- 10%: 미래 성장을 고려한 무배당성장주(AI, 반도체 등)

이런 방식은 안정성과 성장, 수익성과 리스크 완화를 동시에 추구할 수 있는 중위험·중수익 전략이 됩니다. 또한 경기 상황에 따라 비중을 조절하면서 유연하게 대응하는 것도 중요합니다. 따라서 이 전략은 보다 세심한 기업 분석과 모니터링이 필수이며, 결국 분산투자 없이는 큰 리스크로 이어질 수 있습니다.

결국 안정적인 배당투자와 공격적인 배당투자 중 무엇이 더 낫다고 말하기는 어렵습니다. 그러나 분명한 건 배당은 단순한 현금이 아니라 전략의 중심이 될 수 있다는 것입니다. 그리고 그 전략을 세울 때 나의 투자 성향과 투자 목표가 무엇인지 분명히 아는 것이야말로 진정한 배당투자의 출발점이 될 것입니다.

14
기업도 나이가 있다
수명주기로 읽는 고배당주 vs. 배당성장주

사람에게도 인생의 흐름이 있듯, 기업에게도 수명주기(Life Cycle)가 존재합니다. 창업 이후 아이디어로 시작한 회사는 성장과 성숙, 쇠퇴의 단계를 거치며 생존하고, 때로는 퇴장하기도 합니다. 이 수명주기 안에서 우리가 배당투자를 어떻게 접근해야 할지를 생각해보면, 고배당주와 배당성장주의 차이가 선명하게 드러납니다.

기업 수명주기란 무엇인가?

기업 수명주기는 보통 4가지 단계로 구분됩니다.

- 도입기(Start-up): 제품이나 서비스를 처음 출시하고 시장 진입을 시도하는 단계
- 성장기(Growth): 매출과 이익이 빠르게 늘고 시장점유율을 확장하는 시기
- 성숙기(Maturity): 성장세가 완만해지고 안정적인 현금흐름을 창출하는 시기
- 쇠퇴기(Decline): 경쟁 심화, 기술 변화 등으로 실적이 둔화되는 단계

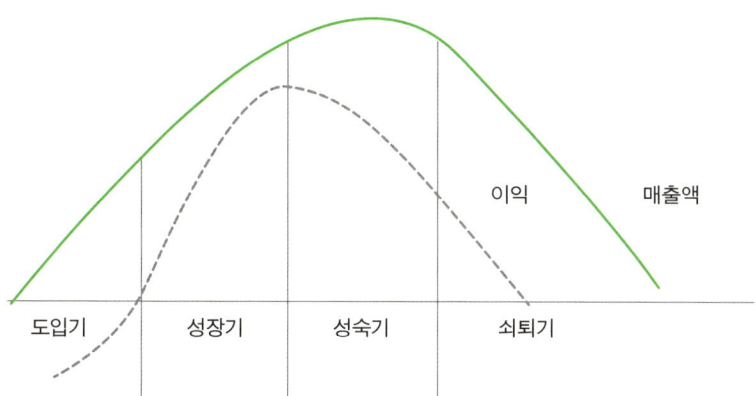

이 각각의 단계에서 기업이 배당을 지급하는 방식은 크게 달라집니다. 바로 여기에서 배당투자의 두 축인 '배당성장주'와 '고배당주'가 갈라지게 됩니다.

♦♦♦♦ 배당성장주: 성장기~성숙기 국면의 주인공

배당성장주는 주로 성장기에서 성숙기로 접어드는 기업들이 속합니다. 이들은 여전히 이익이 빠르게 늘어나고 있으며, 잉여현금흐름도 증가하고 있어 배당 지급 여력이 점차 커지고 있는 상황입니다. 그러나 모든 이익을 배당으로 돌리지는 않습니다. 대부분은 사업 확장,

R&D, 인수합병 등에 재투자하고, 일부를 배당으로 지급하죠. 대표적인 예로는 애플이나 마이크로소프트가 있습니다. 이들 기업은 과거에는 무배당성장주였지만, 이제는 배당을 시작하고 꾸준히 증가시키고 있습니다. 이는 경영진이 더 이상 고성장만을 추구하기보다는 주주환원정책을 병행하겠다는 신호이기도 합니다.

배당성장주의 장점은 다음과 같습니다.

- 배당금이 매년 꾸준히 증가할 가능성이 높아 장기 보유에 유리
- 기업의 실적도 함께 성장하므로 자본차익(시세차익)도 노릴 수 있음
- 인플레이션 방어에 효과적(배당도 오르기 때문)

하지만 단점도 있습니다.

| 배당성장주의 예시: 애플

자료: 구글 파이낸스

- 초기 배당수익률이 낮다는 점
- 성장 궤도에서 벗어날 경우 배당성장도 멈출 수 있다는 리스크가 존재

고배당주: 성숙기~쇠퇴기 국면의 대표 주자

고배당주는 말 그대로 높은 배당수익률을 제공하는 기업입니다. 일반적으로는 성숙기 후반 또는 쇠퇴기에 진입한 기업에서 많이 나타납니다. 이들 기업은 더 이상 성장에 투자할 곳이 부족하거나 투자 대비 수익률이 낮기 때문에, 발생한 이익을 대부분 주주에게 배당 형태로 환원합니다. 예를 들어 통신주(AT&T), 에너지 기업(엑손모빌), 금융주(JP모건), 담배회사(알트리아) 등은 대표적인 고배당주입니다. 이들은 매년 4~8% 이상의 배당수익률을 제공하는 경우도 많습니다.

이 전략의 장점은 명확합니다.

- 즉각적인 현금흐름 확보
- 은퇴자나 현금이 필요한 투자자에게 적합
- 시장이 불안할 때도 비교적 방어적인 성격을 띠는 경우가 많음.

하지만 주의할 점도 분명합니다.

| 고성장주의 예시: 담배회사 알트리아

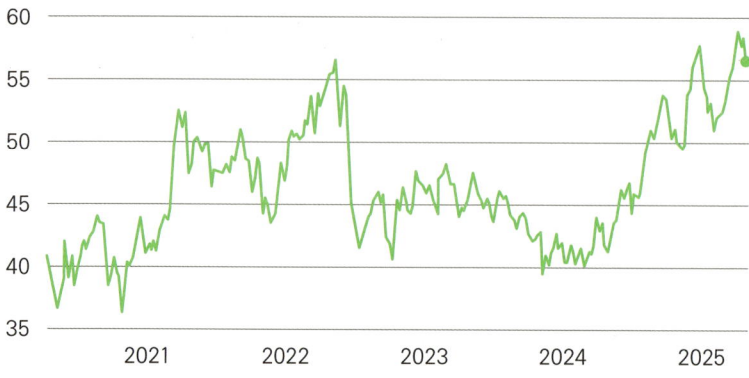

자료: 구글 파이낸스

- 성장이 멈춘 기업이 많아 자본차익 기대는 낮고,
- 이익이 줄거나 산업 자체가 흔들릴 경우 배당컷 위험도 있음.
- 고배당이라는 껍데기 속에 재무위기 기업이 숨겨져 있을 수도 있음(예: 2017~2018년 GE의 배당컷 사례).

활용 전략: 수명주기를 이해하고 포트폴리오에 녹이자

배당성장주와 고배당주는 마치 '청년'과 '중년'의 차이 같습니다. 배당성장주는 아직 꿈이 많은 청년, 미래가 기대되는 회사입니다. 지금 당장 큰돈은 안 되지만 10년 뒤, 20년 뒤의 복리 효과는 매우 강력하죠. 반면 고배당주는 월세 수익을 당장 받는 안정적인 부동산처럼, 지금의 현금흐름이 중요할 때 강력한 무기가 됩니다. 그래서 두 전략은 서로 대체재가 아니라 보완재입니다. 젊은 투자자라면 배당성장주 비중을 높여 배당의 복리 성장을 누리고, 중장년 혹은 은퇴를 앞둔 투자자라면 고배당주의 현금흐름 안정성에 집중하는 것이 현명합니다.

특히 앞서 살펴본 바 있는 혼합 전략(예: 60% 배당성장주 + 40% 고배당주)은 리스크 분산과 수익 안정성 모두를 추구할 수 있는 유연한 방식이자 '중위험·중수익'을 추구할 수 있는 전략이기도 합니다.

15
월배당 ETF와 고배당 ETF 활용법

•••• 좋은 자산관리란 결국 원활한 현금흐름 창출과 자산가치의 안정성 사이에서 적정한 균형을 잡는 일입니다. 그런 점에서 최근 투자자 사이에서 급속도로 주목받는 2가지 투자 수단이 있습니다. 바로 월배당 ETF와 고배당 ETF입니다. 이 2가지 상품은 비슷한 듯 보이지만, 실은 성격과 활용 목적이 다릅니다. 자산관리와 재무설계 관점에서 각각 어떤 역할을 할 수 있을지, 그리고 어떻게 조합하여 활용할 수 있을지를 살펴보겠습니다.

월배당 ETF: 매달 들어오는 '제2의 월급'

ETF는 펀드를 주식처럼 사고팔 수 있는 상품으로, 기본적으로 분산투자의 장점을 갖고 있습니다. 그중에서도 월배당 ETF는 매월 배당금을 지급한다는 특징이 있어, 현금흐름 중심의 재무설계에서 매우 유용합니다. 대표적인 월배당 ETF로는 JEPI, QYLD, RYLD, JEPQ 등이 있습니다. 이들은 고배당주에 옵션 전략(커버드콜 등)을 결합하

JEPI(JPMorgan Equity Premium Income ETF)는 월배당 ETF 중 가장 주목받는 상품으로, 시가총액 기준 월배당 ETF 1위 자리를 지키고 있습니다. S&P500 종목 중 배당이 우수한 대형주에 투자하면서 동시에 커버드콜(Covered Call) 옵션 전략을 활용해 매월 꾸준한 수익을 창출합니다. 상대적으로 낮은 변동성과 연 7~10% 수준의 안정적인 배당수익률을 제공해, 은퇴자나 안정적 현금흐름을 선호하는 투자자에게 매력적입니다. 출시 이후 총수익률(Total Return)도 우수해 월배당 ETF 중 대표격으로 자리 잡았습니다.

| JEPI ETF 주가 추이

자료: 구글 파이낸스

여 수익을 극대화하고 이를 매달 배당금 형태로 지급합니다. 예를 들어 JEPI는 연 9~11%의 배당률을 기록하면서도 S&P500 대비 변동성이 낮아, 은퇴자나 안정적인 수익을 선호하는 투자자에게 인기가 많습니다. 이 같은 월배당 구조는 생활비로 매달 일정한 돈이 필요한 사람들에게 이상적입니다. 은퇴한 부부의 노후 생활비, 자녀 학비, 대출이자 상환, 경제적 자유를 준비하는 파이어족(FIRE)의 생활자금 등 다양한 용도에 맞춰 현금흐름을 설계할 수 있습니다.

고배당 ETF: 장기 성장성과 배당수익의 조화

한편 고배당 ETF는 주로 월별·분기별·반기별 등으로 배당을 지급하며, 배당수익과 자산가치 상승을 동시에 노리는 전략에 적합합니다. 월배당 ETF와 고배당 ETF는 상당한 공통분모를 가지는데, 조금 더 일반화한다면 월배당 ETF는 고배당 ETF의 부분집합이라고도 볼 수 있습니다. 고배당주 위주의 포트폴리오를 갖춘 ETF로는 SCHD, VYM, DVY, 국내 ETF로는 TIGER 미국고배당S&P, KODEX 배당가치 등이 있습니다. 고배당 ETF는 구성종목들이 상대적으로 실적이 안정적이고 현금흐름이 우수한 기업들입니다. 예를 들어 SCHD는 배당성장력이 높은 기업만을 선별하여 꾸준한 배당과 함께 주가 상승의 기대감까지 안겨줍니다. 자산가치의 증가와 배당수익률 간의 밸런스를 중요하게 여긴다면, 고배당 ETF는 더 적합할 수 있습니다.

SCHD(Schwab U.S. Dividend Equity ETF)는 미국 고배당 ETF 시장에서 대표적인 상품으로, 총자산 약 656억 달러를 운용하며, 낮은 비용(총보수율 0.06%)과 안정적인 배당 전략으로 투자자들의 주목을 받고 있습니다. 이 ETF는 Dow Jones U.S. Dividend 100 Index를 추종하며, 배당 지속성과 재무 건전성이 우수한 미국 대형주에 집중투자합니다. 성과 측면에서 SCHD는 최근 5년간 연평균 총수익률이 약 14.6%에 달하며, 10년 기준으로는 연평균 10.8%의 수익률을 기록했습니다. 또한 2025년 4월 말 기준 배당수익률은 4.03%로, 안정적인 배당수익을 제공합니다. 이러한 성과는 장기투자자들에게 매력적인 선택지로 작용하며, 배당성장과 자본차익을 동시에 추구하는 전략에 적합합니다.

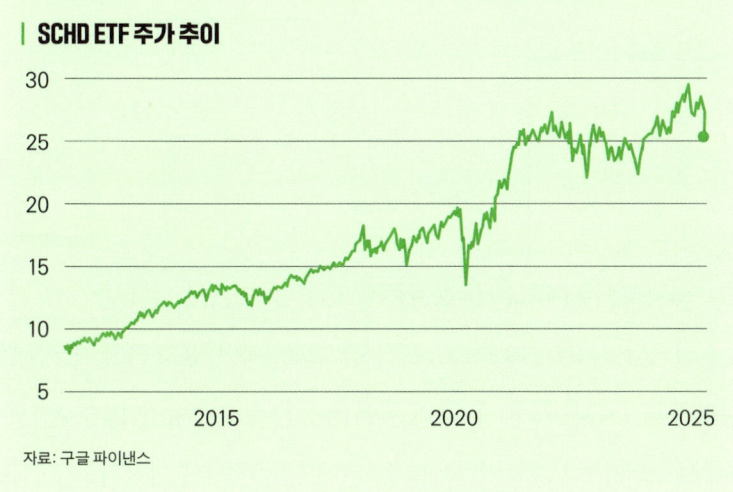

| SCHD ETF 주가 추이

자료: 구글 파이낸스

재무설계 관점에서 두 ETF의 차이와 조합 전략

월배당 ETF와 고배당 ETF의 가장 큰 차이는 배당 시점과 수익 구성 방식에 있습니다. 월배당 ETF는 배당금의 꾸준한 흐름에 초점을 맞추고, 고배당 ETF는 장기적 자산 증식에 초점을 둡니다. 자산관리의 단계에 따라 이 두 ETF의 활용 방식은 달라집니다.

- **은퇴 직전 혹은 은퇴 후**

  월배당 ETF 중심의 포트폴리오를 구성하여 정기적인 현금흐름을 창출하고, 일부 고배당 ETF로 인플레이션 헤지를 위한 자산성장 여지를 확보합니다.

- **30~40대의 자산 형성기**

  고배당 ETF 중심의 장기투자를 통해 복리 효과를 추구하면서 일부 월배당 ETF를 통해 심리적 만족감과 투자 동기부여를 얻는 방식이 가능합니다.

- **중위험·중수익을 원하는 투자자**

  월배당 ETF와 고배당 ETF를 5:5 혹은 4:6 비율로 조합해 현금흐름과 자산성장이라는 두 마리 토끼를 동시에 추구할 수 있습니다.

실전 사례로 보는 자산관리 전략

■ 사례 1: 은퇴한 60대 부부의 생활비 설계

B씨 부부는 퇴직 후 국민연금 외에 월 150만 원의 추가 생활비가 필요했습니다. 은퇴자금 3억 원 중 1.5억 원은 JEPI와 QYLD 같은 월배당 ETF에, 나머지는 SCHD와 VYM 같은 고배당 ETF에 분산투자

했습니다. 매달 배당금으로 약 80만~100만 원을 받고, 분기마다 들어오는 배당금은 의료비나 여행비로 활용하고 있습니다.

■ 사례 2: 30대 직장인의 파이어(FIRE) 계획

C씨는 월급의 50%를 저축해 매달 JEPI, QYLD 등 월배당 ETF에 투자하고, 분기마다는 SCHD로 리밸런싱합니다. 그는 배당금 재투자 전략을 통해 45세 이전 경제적 자유를 달성하는 것을 목표로 하고 있습니다. 매달 들어오는 소액의 배당금이 심리적 만족감을 주며, 꾸준한 투자습관 유지에도 도움이 된다고 말합니다.

주의점: 높은 배당률의 함정과 환헤지

배당률이 높다고 해서 무조건 좋은 ETF는 아닙니다. 일부 월배당 ETF는 배당금을 유지하기 위해 자산을 매각하거나, 옵션 프리미엄에 과도하게 의존하는 구조를 가지고 있어 장기적으로 원금손실 위험이 존재합니다. 배당금의 원천이 무엇인지 반드시 확인해야 하며, ETF의 구성종목, 수익구조, 비용 비율(Expense Ratio) 등을 꼼꼼히 살펴야 합니다. 또한 대부분의 유명 월배당·고배당 ETF는 미국 시장에 상장되어 있어 달러 자산입니다. 환율 변동에 따라 실제 수익률이 크게 달라질 수 있으며, 환헤지형 ETF나 국내 상장 상품(예: KBSTAR 미국고배당커버드콜, TIGER 미국MSCI리츠 등)을 병행해서 고려할 필요도 있습니다.

월배당 ETF의 진실: '매달 받는 행복' 뒤에 숨은 원금 잠식의 그림자

월배당 ETF는 이름만 들어도 매력적입니다. 마치 월급처럼 꼬박꼬박 현금이 들어온다는 점에서 투자자들에게 심리적 안정감과 현금흐름의 유연성을 줍니다. 특히 은퇴자나 생활비를 배당으로 충당하려는 투자자들 사이에서는 '금융판 월급통장'으로 불리기도 합니다. 그러나 겉으로 보기엔 '꾸준한 수익'처럼 보이지만, 그 배당의 진실을 들여다보면 생각보다 복잡한 점이 있습니다.

많은 투자자들이 간과하는 점은, 월배당 ETF가 항상 순이익이나 운용수익만으로 배당금을 지급하는 것이 아니라는 사실입니다. 때로는 운용수익이 충분하지 않거나 시장 여건이 좋지 않은 경우 자본차익이나, 심지어 ETF의 원금(즉, 자산의 일부 매도)을 재원으로 배당이 이뤄질 수 있습니다. 이는 결국 투자자가 자신의 원금을 조금씩 회수받고 있는 셈이며, 이런 구조가 반복되면 ETF의 순자산가치(NAV)는 서서히 줄어들 수 있습니다. 다시 말해 '배당'이라 믿고 받은 돈이 사실은 내 돈에서 나온 것일 수 있다는 점입니다.

특히 커버드콜 전략을 활용하는 일부 월배당 ETF는 콜옵션 프리미엄을 통해 배당처럼 보이는 수익을 만들지만, 주가 상승 시 수익을 제한받는 구조적 약점을 안고 있습니다. 즉 하방 방어도 아니고 상방 기대도 제한되며, 그 가운데서 매월 배당금을 꾸준히 주는 구조는 매력보다는 착시일 수 있습니다.

결국 월배당 ETF는 안정적인 수익원을 추구하는 데는 유용하지만, 원금의 보전이 절대적인 목표라면 반드시 그 배당 재원의 구조와 ETF의 운용 방식, 그리고 NAV 변화를 꼼꼼히 살펴야 합니다. '매달 받는 배당이 나의 노후를 책임진다'는 믿음이 오히려 내 자산을 갚아먹는 결과로 이어지지 않으려면, 수익의 출처가 어디인지부터 먼저 따져보는 것이 진짜 월배당투자의 출발점입니다.

자산관리와 재무설계의 핵심은 자산의 흐름을 통제하는 능력입니다. 월배당 ETF와 고배당 ETF는 단순히 배당을 받기 위한 수단이

아니라 인생 단계에 맞춘 자산 포트폴리오를 구성하는 도구가 될 수 있습니다. 따라서 월배당 ETF는 현재의 나에게 필요한 현금흐름을 설계하는 데, 고배당 ETF는 미래의 나에게 자산성장을 선물하는 데 유리합니다. 이 둘을 상황과 목적에 맞게 조합하는 전략이야말로 진정한 내 자산관리의 선택일 것입니다.

16
성장형 배당주 포트폴리오를 위한 빅테크 커버드콜 ETF 활용하기

••• 성장형 배당주 포트폴리오를 구축하고자 하는 투자자들에게 최근 주목받는 전략이 하나 있습니다. 그것은 바로 '빅테크 커버드콜 ETF'를 활용하는 것입니다. 이 전략은 고정적인 배당수익을 확보하면서도, 미국 빅테크 기업들의 성장 잠재력을 일부 포착할 수 있는 방식으로 최근 관심을 끌고 있습니다. 특히 금리가 불안정하고 주식시장 변동성이 커지는 시기에는 이처럼 현금흐름과 성장성을 동시에 고려한 ETF 전략이 더욱 매력적으로 다가옵니다.

▌▌▌▌ '성장형 배당'의 의미와 커버드콜의 접점

'성장형 배당주'는 단순히 지금 배당이 높은 종목이 아니라 향후 배당금을 지속적으로 늘릴 가능성이 높은 기업에 투자하는 방식입

**관련 ETF:
누빈의 QQQX**

QQQX(Nuveen Nasdaq 100 Dynamic Overwrite Fund)는 나스닥100 지수를 기반으로 하면서, 일부 콜옵션 매도(커버드콜) 전략을 활용해 배당수익과 자본성장의 균형을 추구하는 ETF입니다. 주로 애플, 마이크로소프트, 엔비디아 등 빅테크 중심의 포트폴리오를 구성하며, 포지션의 약 55~65% 수준에서 옵션 매도를 수행합니다. 분기배당을 제공하며, 최근 연 배당수익률은 6~8% 수준입니다. 장기 수익률은 커버드콜 전략 특성상 시장 상승기에는 제한되지만, 완만한 상승장과 횡보장세에서는 안정적인 성과를 기록하고 있습니다.

│ QQQX ETF 주가 추이

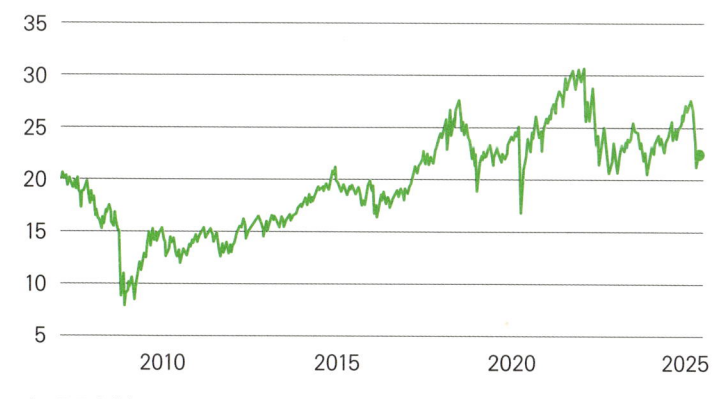

자료: 구글 파이낸스

니다. 대표적으로 애플, 마이크로소프트처럼 안정된 현금흐름을 바탕으로 자사주 매입과 배당 확대를 지속하는 기업들이 이에 해당합니다. 문제는 이들 종목은 개별적으로 사기엔 주가가 비싸고, 배당수익률은 낮다는 점입니다.

여기서 커버드콜 ETF 전략이 등장합니다. 특히 빅테크 커버드콜 ETF는 애플, 마이크로소프트, 엔비디아, 아마존 등 미국의 대형 기술주들을 기초자산으로 하면서, 해당 주식에 대한 콜옵션을 매도해 매월 일정한 수익(프리미엄)을 창출합니다. 이 옵션 수익이 배당처럼 매월 투자자에게 지급되며, 마치 '배당 강화형 성장주 투자'처럼 작동하는 셈이죠.

성장형 배당 포트폴리오 강화 효과

- **현금흐름 확보**

성장형 배당주의 한계는 초기 배당수익률이 낮다는 점입니다. 하지만 커버드콜 전략을 활용하면, 옵션 프리미엄이라는 형태로 매월 현금흐름이 들어옵니다. 이는 기존 성장주 중심 포트폴리오에 현금의 숨통을 틔워주는 역할을 할 수 있습니다.

- **주가 급락에 대한 일정 방어 효과**

커버드콜 전략은 주가가 급등할 경우 수익이 제한되지만, 반대로 완만한 상승이나 횡보장세에선 수익률이 뛰어난 구조입니다. 성장주는 본래 변동성이 크기 때문에 일정 부분 이 전략을 섞으면 수익 곡선을 더 부드럽게 만드는 효과도 있습니다.

• **심리적 안정감 부여**

매달 혹은 분기마다 일정 금액이 계좌에 들어오면 투자자의 심리적 만족도가 높아집니다. 이는 장기투자에서 매우 중요한 요소입니다. 특히 20~40대 투자자 중 파이어(FIRE)를 목표로 하는 이들에게는 일정한 수입원이 있다는 안정감이 장기 포트폴리오 유지에 큰 도움이 됩니다.

유의할 점: 커버드콜 ETF의 '그늘'도 분명하다

• **상승장에서 수익 제한**

가장 명확한 단점은 주가가 급등할 경우 그 수익을 온전히 누리지 못한다는 점입니다. 콜옵션을 미리 매도한 상태이기 때문에 시장이 폭발적으로 상승하면 해당 수익은 옵션 매수자에게 넘어갑니다. 따라서 '급등장'을 기대하는 투자자라면 전체 포트폴리오에 100% 커버드콜을 적용하는 것은 적합하지 않을 수 있습니다.

• **원금손실 가능성 존재**

커버드콜 전략이 있다고 해서 주가 하락을 막을 수 있는 것은 아닙니다. 기초자산이 하락하면 ETF 가격도 하락합니다. 다만 옵션 프리미엄 덕분에 하락 폭을 일부 줄일 수 있을 뿐, 원금 보호 상품은 아니라는 점은 명확히 이해해야 합니다.

- **과도한 배당률 유혹 주의**

일부 커버드콜 ETF는 배당수익률이 12~20%로 매우 높게 나타납니다. 하지만 이 배당은 '수익률이 아닌 분배금'일 뿐이며, 일부는 자본손실일 수도 있습니다. 즉 배당의 출처가 어디인지 확인하지 않으면 고배당의 함정에 빠질 수 있습니다.

활용 전략: 성장주 포트폴리오의 '현금 엔진'으로 설계하라

빅테크 커버드콜 ETF는 기존 성장형 배당주 포트폴리오의 수익 흐름을 더욱 현실적으로 만들어주는 엔진 역할을 할 수 있습니다. 예를 들어 포트폴리오의 70%는 애플, 마이크로소프트, 엔비디아, 구글 같은 실제 성장형 배당주로 구성하고, 30%는 QQQX나 JEPQ 같은 커버드콜 ETF로 구성하면 매달 혹은 분기마다 들어오는 수익으로 현금흐름을 유지할 수 있습니다. 또는 역으로 커버드콜 ETF를 중심으로 배당 기반 포트폴리오를 짜고, 일정 부분만 개별 성장주에 투자하는 것도 방법입니다. 특히 시장 타이밍을 잡기 어려운 초보 투자자에겐 이런 방식이 더 안정적일 수 있습니다.

다만 이 전략은 만능은 아니며, 투자 목적과 시장 상황에 맞게 비중과 구성을 조절해야 합니다. 커버드콜 ETF는 당신의 포트폴리오 국내의 경우도 유사한 상품들이 활발히 출시 중입니다. KODEX 테슬라커버드콜채권혼합액티브 ETF(475080)는 삼성자산운용이 2024년 1월 23일에 상장한 상품으로, 테슬라 주식과 국내 우량 채권을 결합한 독특한 구조를 가지고 있습니다. 이 ETF는 테슬라 주식에 투자하면서 동시에 콜옵션을 매도하는 커버드콜 전략을 적용하고, 이를 국내 AA-등급 이상의 2~3년 만기 채권과 3:7 비율로 혼합하여 안정적인 수익을 추구합니다. 기초지수는 'KEDI 테슬라 인컴 프리미엄 밸런스드 지수(Total Return)'를 추종하며, 총보수는 연 0.39%입니다. 최근 1개월 수익률은 약 0.92%로 나타났으며, 3개월 수익률은 -9.31%로 변동성이 존재합니다. 이 ETF는 월 분배금(110~124원)을 제공하며, 연금 계좌에서도 100% 편입이 가능하여 과세 이연 효과를 누릴 수 있습니다. 테슬라의 높은 변동성을 활용한 커버드콜 전략과 안정적인 채권 투자를 결합한 이 ETF는 월별 인컴을 추구하는 투자자들에게 매력적인 선택지가 될 수 있습니다.

| KODEX 테슬라커버드콜채권혼합액티브 ETF 주가 추이

자료: 네이버증권

에서 '성장'과 '수익'을 연결해주는 다리가 될 수 있습니다. 중요한 것은 이 다리를 건너는 순서와 방법을 명확히 정해두는 것입니다. 그렇게 한다면 당신의 투자 여정은 한결 안정적이고 지속 가능해질 것입니다.

17
경기순환에 따라 최적의 배당주를 고르는 법

•••• "파도를 만드는 것은 바람입니다." 즉 경제주체의 일부인 개별 기업의 현금흐름이란 파도는 경제라는 큰 기류의 움직임, 다시 말해 경기순환에 따라서 같이 춤을 추게 되는 것입니다. 이렇게 배당의 원천인 기업의 현금흐름이 경기순환의 영향을 받게 되는 것을 감안하면 배당주투자도 경기순환(경기 사이클)의 국면을 읽을 수 있어야 수익성도, 안정성도 함께 챙길 수 있습니다. 지금부터는 경기순환 4단계에 따라 어떤 종류의 배당주가 좋은 대안이 될 수 있는지를 살펴보겠습니다.

참고로 경기순환 국면을 판단하는 기준은 다양한 방법론이 적용될 수 있겠으나, 국내의 경우 매월 말 발표되는 통계청 산업활동동향의 경기선행지수와 경기동행지수의 흐름을 통해 가늠할 수 있겠습니다.

| 국내 선행지수·동행지수와 배당지수 추이

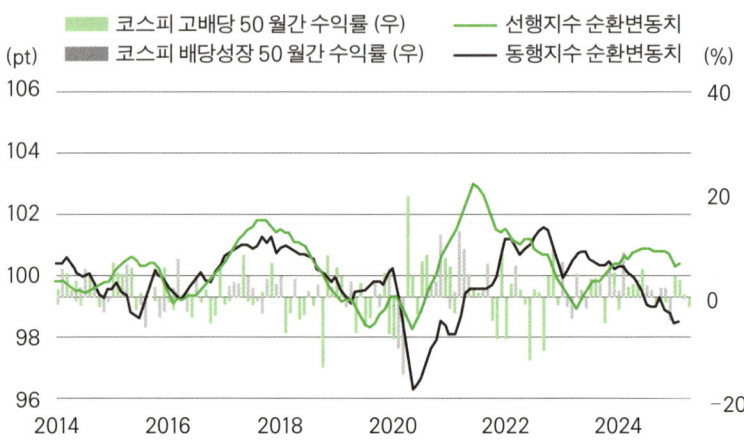

자료: 통계청, DataGuide

| 경기순환 4개 국면

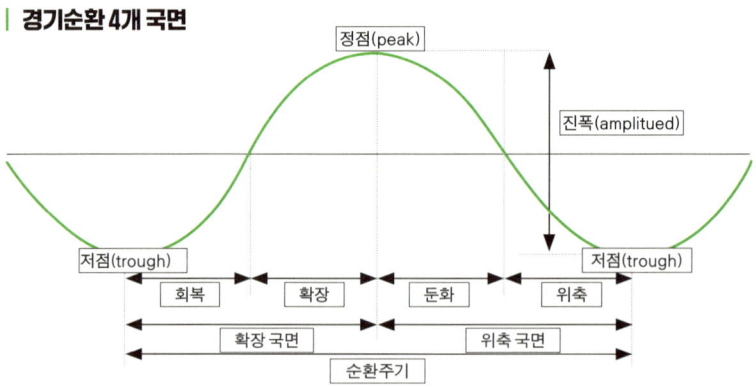

자료: 한국은행, KB금융연구소

경기 위축기: 생존이 먼저, 안정성이 답이다

경기가 꺾이고, 소비가 얼어붙고, 기업의 실적도 하락세를 타기 시작합니다. 이 시기엔 배당을 줄 수 있는 기업 자체가 줄어듭니다. 일부 경기민감주들은 현금배당은커녕 버티는 게 이기는 것인 힘든 시기이므로, 상대적으로 배당안정성과 현금흐름이 뛰어난 '경기방어형 고배당주'가 선방할 수 있습니다. 여기에 해당하는 대표 업종으로는 유틸리티(전기·가스), 필수소비재(음식료, 생활용품), 통신을 꼽을 수 있는데, 이러한 업종들은 경기와 상관없이 소비되는 필수재적인 성격이 강해 비교적 안정적인 현금흐름을 보이기 때문입니다. 따라서 꾸준한 현금배당을 유지할 가능성이 큽니다.

대표적인 예가 필수소비재인 담배 제조사 KT&G입니다. 경기 침

| KT&G 배당성향 추이

체와는 무관하게 담배는 팔리고, 이를 바탕으로 안정적인 현금흐름을 바탕으로 배당성향도 높아지는 추세는 유지 중입니다.

미국의 P&G 역시 대표적인 필수소비재 기업으로 치약, 세제, 기저귀를 파는 회사입니다. 불황에도 매출 변동은 제한적이고 안정적인 현금흐름을 창출하는 대표적인 기업입니다. 워런 버핏의 버크셔해서웨이가 이러한 필수소비재 기업들을 선호하는 이유도 경기 흐름에 좌우되지 않는 안정적인 현금흐름 때문입니다.

경기 회복기: 경기 바닥 확인 후 반등, 지금은 씨 뿌릴 시기

이제 하나둘 경제지표가 살아나고, 기업 실적도 바닥권을 지나서 점차 회복세를 보입니다. 하지만 시장은 여전히 회복의 지속성을 의심하면서 조심스럽습니다. 이럴 때는 성장성과 안정적인 현금배당을 겸비한 배당주가 빛을 발하므로 배당성장주 중심의 포트폴리오 전환이 유리한 시기입니다. 대표적인 유망 업종은 IT 인프라, 산업재, 헬스케어, 우량 리츠 등인데 실적 성장성이 재부각되면서 향후 현금배당 증액 여력이 풍부해지는 호기입니다.

경기 회복기에 유망한 배당성장주로서 마이크로소프트를 꼽을 수 있습니다. 클라우드 및 AI 성장동력을 기반으로 연평균 10% 이상의 꾸준한 배당성장률을 기록하고 있습니다. 미국의 리얼티인컴(O)도 미국 리츠의 대표 종목 중 하나이자 무려 110회 넘는 배당 인상을 단행한 배당성장주입니다. 리얼티인컴의 포트폴리오는 약 1만

| **리얼티인컴 주가 추이**

자료: Google

3,000개 이상의 부동산 자산으로 구성되며, 주요 임차인은 월마트, 세븐일레븐, CVS, 페덱스, 홈디포 등 미국의 대형 소비기업으로 경기 회복기에 배당성장 가능성이 부각될 수 있습니다.

경기 확장기: 기업 실적 고공행진, 배당도 펑펑

경제는 활활 타오르고, 고용과 소비가 살아나고, 주가도 신고가를 경신합니다. 이때는 배당 및 다양한 주주환원정책도 크게 늘어납니다. 특히 일부 기업들은 풍부해진 이익잉여금을 활용해 일회성 특별배당을 하기도 합니다. 따라서 순이익 증가에 따라 배당을 키우는 '경기민감형 배당주'에 주목할 시기입니다. 대표 업종은 에너지, 금융, 소재, 자동차, 해운 등인데 경기 좋을 때의 현금 창출 역량이 극대화되는 캐시카우(cash cow) 산업이기도 합니다. 특히 주가 상승과 더

| 포스코홀딩스 현금배당 추이

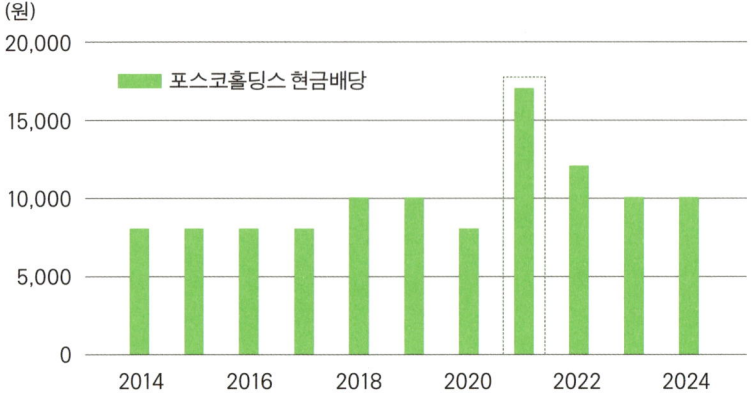

자료: DataGuide

불어 배당수익도 동시에 확보 가능한 장점을 가지고 있습니다. 단, 이 시기엔 배당수익률보다 총주주수익률(TSR) 중심으로 배당주를 평가하는 것이 더 적절합니다.

이에 해당되는 종목이 미국의 셰브론(CVX)입니다. 경기 호황으로 유가가 오를 때 배당도 동반 상승하는 경향을 보이고, 36년 연속 배당성장을 하는 등 주주환원에도 적극적입니다. 포스코홀딩스 역시 철강업 호황기였던 2021년 사상 최초로 영업이익 9조 원을 돌파하며 주당 총 1만 원의 배당을 실시했고, 이 중 3,000원은 특별배당이었습니다. 이는 경기민감 업종에서 실적 호조를 주주와 공유한 대표 사례로, 포스코홀딩스는 정기배당 외 초과이익을 탄력적으로 배분해 총주주수익률 제고에 힘쓴 것으로 평가됩니다.

경기 둔화기: 긴축 신호와 함께 꺾이는 흐름

금리가 오르고, 물가는 부담스럽고, 기업 실적도 정체되기 시작합니다. 투자자들이 다시 '수익'보다 '안정'을 찾는 시기입니다. 이때는 '고배당'이라는 배당주 현금흐름의 매력이 다시 주목받습니다. 따라서 리스크가 낮은 고배당주 또는 고배당 ETF로 전환이 대안으로 자리 잡게 됩니다. 대표 상품으로 고배당 ETF(SCHD, VYM, SPYD), 인프라 리츠, 통신주 등이 주목받게 되는데, 주가가 떨어져도 배당수익으로 손실 방어가 가능한, 이른바 '배당의 안전마진' 효과에 대한 관심이 커지는 시기입니다.

구체적인 고배당 ETF로 미국의 SCHD를 꼽을 수 있는데, 배당의 지속가능성과 안정성을 바탕으로 3%대 후반의 배당수익률과 연간 배당성장률 16.7% 수준을 나타내고 있습니다. 주요 보유 종목으로 버라이즌(VZ), 코카콜라(KO), 알트리아(MO) 등이 속해 있습니다. 우리나라의 KT, SKT 등 통신주도 경기 영향이 적고, 고배당+현금흐름이 안정되는 장점을 보유하고 있습니다.

> **그렇다면 미국과 한국의 경기순환 국면은 어디쯤에 있는 것일까요?**
>
> (2025년 4월 기준)
> 경기선행지수와 경기동행지수 기준으로 미국은 경기 둔화기에서 경기 위축기로, 한국은 경기 위축기에서 탈출을 시도하려는 국면으로 판단합니다. 이러한 경기순환도 감안하여 적절한 배당 포트폴리오를 구성하기 바랍니다.

18
배당만 받고 떠난다?
실전에서 통하는 배당캡처 전략 활용법

〈박수칠 때 떠나라〉라는 영화가 있습니다. 이를 배당투자에 적용한다면, "배당만 받고 떠나라." 이 말은 단순한 농담처럼 들리지만, 실제 투자 전략으로서의 이름도 있습니다. 바로 '배당캡처(Dividend Capture)' 전략입니다. 배당주에 투자하는 방식은 다양하지만, 배당캡처 전략은 단기 집중형이라는 점에서 색다른 매력을 가지고 있습니다. 여기서는 이 전략이 어떤 구조로 작동하는지, 실제 사례는 어떤지, 그리고 투자 시 유의할 점은 무엇인지 살펴보겠습니다.

배당캡처 전략이란?

배당캡처 전략은 말 그대로 배당을 받기 위한 목적으로 주식을 매수하고, 배당을 받을 권리가 생긴 이후(배당락일 이후)에 매도하는 전략, 이른바 '배당먹튀' 전략입니다. 배당을 받기 위한 요건은 간단합니다. '배당기준일에 주식을 보유하고 있어야' 합니다. 그래서 많은 투자자들이 배당기준일 전날까지 주식을 매수한 뒤, 권리가 생긴 다음 날 바로 매도하는 방식으로 '배당만 받고 떠나는' 전략을 펼칩니다. 이론적으로는 짧은 기간 동안 주식을 보유하면서 배당수익을 얻을 수 있으니 매력적입니다. 예를 들어 어떤 주식의 1주당 배당금이 1,000원이라면 배당기준일 하루 전에 사서 배당을 받고 그 주식의 매수가격 정도로 팔기만 해도 연환산 수익률이 상당할 수 있습니다.

■ 실전 사례

• 대한항공, 배당 재개 기대감과 함께한 단기 상승

2022년 12월, 대한항공은 배당 재개 소식과 함께 주가가 상승세를 보였습니다. 이를 노리고 일부 투자자들은 배당기준일 전날 매수, 배당금 확보 후 주가가 급락하기 전 단기 매도로 수익을 실현했습니다. 물론 주가가 배당락일에 얼마나 빠지느냐에 따라 수익은 천차만별이었지만, 배당보다 주가 낙폭이 작을 경우 실익이 생깁니다.

- **삼성전자 연말 배당 시즌**

삼성전자는 배당 시즌마다 개인투자자들의 대거 유입이 있는 경제주체입니다. 특히 12월에는 특별배당 기대감으로 배당락 이후에도 주가가 빠지지 않거나, 오히려 반등하는 경우도 있었습니다. 이러한 흐름을 노리고, 일부 투자자들은 단기매매 전략으로 배당과 주가 상승 두 마리 토끼를 잡는 데 성공하기도 했습니다.

- **미국 고배당주 예시: AT&T**

미국 시장에서도 AT&T처럼 연 배당수익률이 7%에 육박하는 종목은 배당캡처 전략 대상이 됩니다. 단기적으로 매수한 뒤 배당금 수령 후 매도하더라도 주가 하락이 미미하거나 회복이 빠른 경우 수익 실현이 가능합니다.

이 전략이 항상 통하는 것은 아니다

배당캡처 전략은 듣기엔 쉬워 보이지만 실제 수익을 남기기란 쉽지 않습니다. 그 이유는 다음과 같습니다.

첫째, 배당락 당일 주가 하락 때문입니다. 주식은 배당금만큼 주가가 빠지는 '배당락'을 겪습니다. 예를 들어 1,000원의 배당을 주는 주식이 배당기준일 다음 날 1,000원 이상 떨어질 수 있죠. 이 경우 배당은 받았지만 주가 손실로 실익이 없는 상황이 벌어집니다.

둘째, 거래 비용과 세금 문제를 고려해야 합니다. 단기매매이기 때문에 수수료, 거래세, 그리고 배당소득세(15.4%) 등을 고려하면 실질 수익은 줄어듭니다. 특히 국내보다 세금이 높은 해외 주식 배당(미국 15%, 이중과세 우려)의 경우엔 실익이 더 낮아질 수 있습니다.

셋째, 시장 상황에 따른 예측 불가능성도 생각해야 합니다. 때로는 배당락 이후 주가가 회복되기도 하지만, 하락세가 길어지는 경우도 많습니다. 이 경우 배당금보다 주가 손실이 커서 오히려 마이너스 수익이 발생하기도 합니다. 특히 고배당주가 아니면, 짧은 보유 기간으로는 변동성의 영향을 피하기 어렵습니다.

어떻게 써야 효과적인가?

① 고배당주에 집중하라

배당캡처 전략은 배당수익률이 높은 종목일수록 수익 가능성이 커집니다. 예를 들어 연 배당수익률이 6% 이상인 주식은 분기당 약 1.5% 이상의 수익률을 단기간에 기대할 수 있습니다. 단, 주가 방어력이 있는 종목을 선별하는 것이 중요합니다. 재무 구조가 탄탄하거나 배당 지속력이 입증된 기업이 적합합니다.

② 배당락 이후 반등 가능성까지 고려하라

단순히 배당만 보고 매수할 게 아니라 배당락 이후 주가가 빠르게 회복될 가능성까지 분석해야 합니다. 과거 3~5년간 배당락 이후 주가 흐름을 보는 것도 전략 수립에 도움이 됩니다. 예를 들어 KT는 배당락 직후 낙폭이 크지 않고, 오히려 반등 흐름을 보이는 경우가 많아 캡처 전략에 유리하다는 평가를 받습니다.

③ **ETF를 적극적으로 고려해보자**

개별 주식보다 배당주 ETF, 특히 월배당 ETF나 고배당 ETF는 시장 평균 이상의 배당을 제공하면서도 분산투자의 장점이 있어, 배당캡처의 대안 전략이 될 수 있습니다. 그 예로 JEPI, QYLD 같은 월배당 ETF는 배당기준일이 매월이고, 옵션 수익을 통해 배당락 리스크를 완화하는 구조도 갖고 있어 매력적입니다.

언제 사용하면 좋을까?

① 단기 현금흐름이 필요한 경우,
② 연말정산 등 절세 전략과 병행할 수 있는 경우(예: 배당소득 이연),
③ 단기 트레이딩이 익숙한 투자자라면 제한적으로 활용 가능할 것입니다.

단, 장기적인 자산 증식 수단으로는 부적절할 수 있으므로 보조적인 전략으로 활용하는 것이 현명합니다.

배당은 '잡는 것'이 아니라 '쌓는 것'입니다. "배당만 받고 떠난다"는 말이 매력적으로 들릴 수는 있지만, 실전에서는 배당보다 중요한 것이 배당 이후의 주가 흐름입니다. 단기적으로 배당을 노리는 전략은 리스크가 존재하며, 전반적인 시장 흐름과 해당 기업의 펀더멘털 분석이 병행돼야 실익을 얻을 수 있습니다. 배당캡처 전략은 잘 사용하면 짧은 수익을 실현할 수 있는 도구이지만, 장기투자와 병행할 때 더 빛을 발합니다. 결국 좋은 배당주는 시간을 들여 배당을 '캡처'하는 게 아니라 '축적'하는 것이니까요.

월배당 ETF의 배당 주기를 활용한 배당캡처 전략

- **월중반 배당 지급 ETF**

KODEX 200타켓위클리커버드콜(분배율 1.4%)
KODEX 미국30년국채타켓커버드콜(1%)
TIGER 미국AI빅테크10타켓데일리커버드콜(1.28%)
TIGER 미국배당다우존스타켓데일리커버드콜(1%)

- **월말 배당 지급 ETF**

KODEX 미국나스닥100데일리커버드콜OTM(1.58%)
KODEX 금융고배당TOP10타켓위클리커버드콜(1.24%)
KODEX 테슬라커버드콜채권혼합액티브(1.23%)
KODEX 미국S&P500데일리커버드콜OTM(1.2%)
KODEX 미국AI테크TOP10타겟커버드콜(1.18%)
TIGER 미국나스닥100타켓데일리커버드콜(1.24%)
TIGER 엔비디아미국채커버드콜밸런스(1%)

- 분배금(배당)을 노리고, ETF 가격이 소폭 플러스권일 때 차익 실현하여 1%대의 월 분배금을 쌓아가는 전략입니다. 특히 월 중반 분배금을 수취하고 플러스권에서 차익 실현할 경우, 다시 월말 배당 지급 ETF로 재진입하여 대략 월 2~3%의 배당수익률을 쌓아간다면 연간 10% 정도의 수익률 달성은 가능할 수 있습니다.

- 물론 시장 급변동 시에는 해당 ETF 가격 하락은 감안해야 하나, 배당수익률을 안전마진으로 생각하면 -10% 수준까지도 감당할 수 있을 것으로 판단합니다.

Chapter 4
한국 배당주투자 실전 가이드

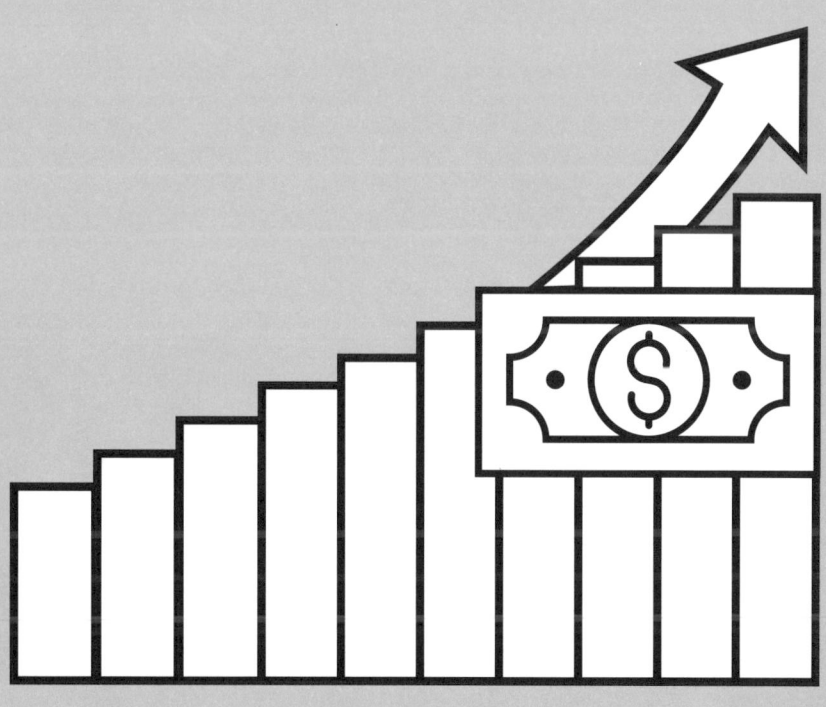

19
안정적인 현금흐름을 만드는
배당투자의 매력

•••• 투자 하면 사람들은 보통 '싸게 사서 비싸게 파는 것'을 주로 떠올립니다. 성공한 투자자의 이미지는 언제나 변동성 높은 시장을 완벽히 읽어내고, 타이밍 좋게 팔아 막대한 차익을 얻는 모습이 그려집니다. 하지만 이런 이상적인 모습은 투자의 세계에서 상위 1%에게나 가능할 것입니다. 실제 시장에서 '언제 사고 언제 팔아야 할까'를 고민하는 일은 해운대 해변 모래사장에서 금반지를 찾는 것만큼이나 어렵습니다. 그래서 우리가 고려할 대안이 바로 '배당투자'입니다.

배당투자는 주가의 변동성에 일희일비하기보다 기업이 벌어들인 이익의 일부를 꾸준히 나누어주는 배당금, 배당 ETF의 분배금에 집중하는 전략입니다. 더 쉽게 말하면, 주식시장에서 매일매일 복잡한 출렁임을 신경 쓰지 않고도 '이자처럼 꾸준히 돈을 받는 방식'이라고 이해할 수 있습니다. 하지만 왜 지금, 특히 우리가 살고 있는 한국에서 배당투자가 필요할까요? 이 질문에 대한 답을 찾아가는 여정은 꽤 흥미롭고도 우리에게 많은 생각할 거리를 던져줍니다.

배당금이야말로 '현금흐름'의 왕이다

모든 투자는 결국 '현금흐름'으로 귀결됩니다. 주식도, 부동산도, 채권도 마찬가지입니다. 아무리 자산가격이 오르더라도 실제 필요할 때 내 손에 떨어지는 돈이 없다면 그림의 떡일 뿐입니다. 그런데 배당투자는 매년(혹은 월별, 분기별로) 실제로 '내 계좌에 꽂히는 돈'을 만들어냅니다. 이것이 투자자에게 심리적 안정감을 줍니다. 시장이 출렁여도, '그래도 이번 분기에도 배당금은 들어오겠지'라는 믿음이 투자자의 마음을 진정시켜줍니다.

> 2008년 글로벌 금융위기 기간 동안 배당금을 지급하는 기업에 투자한 투자자들이 그렇지 않은 투자자보다 훨씬 낮은 매도 행동을 보였다는 것을 입증했습니다. 즉 배당금을 꾸준히 받는 투자자들은 시장 공포에도 덜 흔들리고, 장기 보유 성향이 강했다는 사실이 데이터로 검증되었습니다.
> Michael J. Cooper, Huseyin Gulen, Michael J. Schill (2010). "Dividend Policy and Investor Behavior: Evidence from the 2008 Financial Crisis".

> 배당소득을 실제로 받는 투자자는 '보상 심리(reward psychology)'로 인해 시장가격 변동에 대해 덜 민감하게 반응하는 경향이 있다고 밝혔습니다. 즉 배당금을 받는 것 자체가 일종의 심리적 쿠션이 되어 주가 변동에 민감하지 않게 만들고 장기투자로 이어진다는 연구입니다.
> Hartzmark and Solomon (2013). "The Dividend Disconnect".

실제 연구에 따르면, 배당금을 받는 투자자는 비배당 투자자에 비해 시장 변동성에 덜 민감하고, 투자 기간도 훨씬 긴 것으로 보고됩니다.

이런 '꾸준한 현금흐름'은 특히 은퇴 준비나 장기 재무설계를 고민하는 사람들에게 중요한 솔루션을 제공합니다. 한 예로 미국에서는 은퇴자들의 포트폴리오가 흔히 채권+배당주로 구성되는데, 매달 연금처럼 들어오는 배당금 덕분에 생활비를 따로 걱정하지 않고 은퇴생활을 즐길 수 있게 됩니다.

한국에서는 더욱 절실해진 이유: 저성장, 저금리, 그리고 노후 불안

그렇다면 한국 투자자들에게 왜 배당투자가 필요할까요?

첫째, 한국의 미래는 저성장 시대이기 때문입니다. 한국 경제는 이미 고성장 국면을 벗어났습니다. 매년 3~5%씩 성장하던 시대는 지났고, 이제는 2% 성장률도 버거워하고 있습니다. 성장이 둔화되면 주가 상승만으로 자산을 불리기 사실상 어렵습니다. 이제는 '주가 상승 + 배당수익'이라는 복합적인 수익원이 필요한 것입니다.

둘째, 금리 전환기의 불확실성입니다. 코로나 이후 초저금리 시대를 거치면서 예금 금리는 말 그대로 바닥을 쳤습니다. 물론 금리는 코로나 펜데믹 이전에 비해 다소 반등했지만, 장기적으로 보면 '예적금 이자수입만으로 자산을 불리는 시대'는 끝났습니다. 배당주는 이런 금리 환경에서 '이자 이상의 역할'을 해줄 수 있습니다. 실제 삼성전자, KB금융 같은 기업들은 연 3~6%대 배당수익률을 꾸준히 제공하고 있는데, 예적금 이자수입보다도 훨씬 낫습니다.

셋째, 노후 준비의 절박함입니다. 국민연금 고갈 이슈, 기대수명 증가로 인한 '100세 시대'는 이제 상식이 되었습니다. 그런데 은퇴 이후 필요한 돈은 상상 이상입니다. 은퇴자 1명이 매달 200만 원을 쓰려면, 아무런 추가 소득 없이 30년을 버티기 위해 약 7억 원 이상의 자산이 필요한데 이 돈을 다 모아두는 건 현실적으로 어렵습니다. 결국 필요한 건 '노후에도 계속 현금을 만들어줄' 자산이 필수적이고, 배당주는 그 해결책 중 하나일 수 있습니다.

재미있는 사례: 배당주로 은퇴한 사람들

여기 두 명의 가상 인물이 있습니다. A씨는 주식만 사고팔면서 수익을 노렸습니다. B씨는 30대 초반부터 알짜 배당주를 모아나갔습니다. 20년 후 A씨는 '매도 타이밍을 놓쳐' 생각보다 수익이 크지 않았습니다. 하지만 B씨는 '살 때마다 쌓인 배당금' 덕분에 매년 2,000만 원 이상의 현금흐름을 만들어냈습니다. B씨는 그 배당금만으로 은퇴 후 매달 여유롭게 생활하며 세계 여행을 다니고 있습니다. 배당투자는 이렇게 '조용하지만 확실한 부자'를 만들 수 있습니다. 물론 초대박은 없지만, 대신 지속 가능한 현금흐름을 창출합니다. 실제로 유명한 배당귀족 기업인 코카콜라나 P&G에 투자한 미국 투자자들 중 상당수는 단순히 '배당 재투자'만으로 수십억 자산을 만든 경우도 흔하게 찾을 수 있습니다.

재무설계 측면에서 본 배당투자

전문적인 PB(Private Banker) 및 재무설계사(Financial Planner)들은 다음과 같이 말합니다.

"은퇴 후 정말 필요한 건 자산총액이 아니라 '현금흐름' 창출력입니다."

즉 아무리 10억 원의 현금이 있어도 그걸 어떻게 운용하느냐가 더 중요하다는 뜻입니다. 10억 원을 가지고 예금통장에만 두면, 실제로 쓸 수 있는 돈은 시간이 지날수록 물가 상승, 즉 인플레이션 때문에 줄어듭니다. 하지만 그 10억을 5% 배당을 주는 주식에 투자하면 매년 5,000만 원, 매달 약 400만 원의 현금을 창출할 수 있습니다. 게다가 배당은 대부분 기업 실적과 연동되는데, 물가가 오를 때 기업 매출 증가로 인해 배당도 같이 오르는 경향이 있어서 인플레이션 대응력은 고정 이자만 주는 채권이나 은행 이자보다 더 뛰어난 편입니다. 특히 요즘처럼 금리 변동이 심한 시대에는 이자보다 배당이 더 안정적인 '연금'이 될 수 있습니다.

배당투자에 대한 현실적인 조언

물론 모든 배당주가 만능은 아닙니다. 당장의 배당수익률만 높고 지속가능성이 없는 기업, 예를 들어 실적이 악화 중인데 억지로 배당하는 경우나 배당성향이 지나치게 높아 미래 성장이 막힌 기업은 장기적으로는 오히려 위험할 수 있습니다. 그래서 '꾸준히 이익을 내고, 배당을 안정적으로 늘려온' 기업을 고르는 것이 핵심입니다.

또한 배당을 다시 재투자하는 습관도 중요합니다. 배당금을 바로 쓰지 않고, 다시 배당주를 사들이는 것입니다. 이렇게 하면 복리 효과로 시간이 갈수록 배당금 자체가 눈덩이처럼 불어납니다.

배당투자는 빠르게 부자가 되는 길은 절대 아닙니다. 그러나 확실하게 부자가 되는 길이기도 합니다. 한국처럼 저성장, 저금리, 불확실성의 시대에는 '단기차익'을 좇는 것보다 '꾸준한 현금흐름'을 만드는 것이 훨씬 지혜롭다고 생각합니다. 당신이 매달 통장에 꽂히는 배당금을 보며 '아, 돈이 나를 위해 일하고 있구나'라고 느끼는 순간, 당신은 이미 '진짜 투자자', '미래의 현금 부자'가 되어 있을 것입니다.

20
코스피 배당주 vs. 코스닥 배당주
차이점과 선택법

•••• 투자의 세계에는 다양한 선택지가 있습니다. '주식을 살까, 채권을 살까'에서부터 시작해 '국내를 살까, 해외를 살까', '대형주를 살까, 중소형주를 살까' 같은 고민까지 끝이 없습니다. 특히 국내 배당투자를 고려하는 투자자에게는 흥미로운 선택지가 있는데, 바로 '코스피 배당주를 살까, 코스닥 배당주를 살까?'라는 질문입니다. 처음 투자에 입문한 사람이라면 '배당주' 하면 왠지 안정적이고 든든한 코스피 대형주만 떠올릴 수 있습니다. 하지만 조금만 시야를 넓히면 코스닥에도 짜임새 있는 배당주들이 존재하고, 오히려 성장성과 배당수익률을 함께 노릴 기회도 있음을 알게 됩니다.

기본 구조부터 다르다: 코스피와 코스닥의 태생 차이

먼저 코스피와 코스닥은 탄생 배경부터 다릅니다. 코스피(KOSPI)는 한국을 대표하는 전통적인 주식시장입니다. 삼성전자, 현대차, SK하이닉스 같은 '국민기업'들이 포진해 있습니다. 대체로 안정적이고 덩치가 큰 대형주 중심입니다. 한편 코스닥(KOSDAQ)은 미국의 나스닥(NASDAQ)을 벤치마크로 만들어진 벤처·성장 기업 중심 시장입니다. 바이오, 2차전지, IT, 콘텐츠 기업 같은 중소형 성장주가 주류입니다. 즉 처음부터 성격 자체가 안정 vs. 성장으로 나뉘어 있습니다. 배당으로 관점을 전환해도 이 차이는 그대로 이어집니다. 코스피 배당주는 대개 '성숙 기업'이, 코스닥 배당주는 '성장 중인 기업 중 일부'가 해당됩니다.

배당 스타일: 안정적인 코스피 vs. 기회가 있는 코스닥

- **코스피 배당주의 특징(코스닥 대비)**
- 배당수익률이 비교적 높다(일반적으로 3~6%대).
- 이익 변동성이 낮다.
- 배당금 지급이 꾸준하고 예측 가능하다.
- 주가의 변동성이 낮은 편이다.

코스피 연도별 평균 시가배당률 현황

연도	국고채 수익률*(A)	보통주		우선주	
		평균 시가배당률(B)	수익률 차이(B-A)	평균 시가배당률(C)	수익률 차이(C-A)
2020	0.84%	2.28%	1.44%p	2.62%	1.78%p
2021	0.92%	2.32%	1.40%p	2.65%	1.73%p
2022	2.65%	2.70%	0.05%p	3.01%	0.36%p
2023	3.53%	2.72%	−0.81%p	3.43%	−0.10%p
2024	3.17%	3.05%	−0.12%p	3.70%	0.53%p

* 국고채 수익률: 1년 만기 국고채의 일별 시장금리 평균
자료: 한국거래소

코스피 주요 고배당주 현황(2025년 4월 기준)

전체 | **코스피** | 코스닥

종목명	현재가	기준월	배당금	수익률(%)	배당성향(%)	ROE(%)	PER(배)	PBR(배)	과거 3년 배당금		
									1년전	2년전	3년전
한국쉘석유	347,500	24.12	27,000	7.77	95.76	28.93	11.30	3.25	25,000	18,000	19,000
삼성화재우	278,000	25.03	19,005	6.84	38.95	13.11	8.74	0.98	16,005	13,805	12,005
삼성화재	360,500	25.03	19,000	5.27	38.95	13.11	8.74	0.98	16,000	13,800	12,000
고려아연	714,000	24.12	17,500	2.45	179.00	2.28	109.46	2.49	15,000	20,000	20,000
현대차2우B	148,300	25.02	12,100	8.16	25.13	12.43	4.60	0.51	11,500	7,100	5,100
현대차우	147,200	25.02	12,050	8.19	25.13	12.43	4.60	0.51	11,450	7,050	5,050
현대차3우B	146,800	25.02	12,050	8.21	25.13	12.43	4.60	0.51	11,450	7,050	5,050
현대차	188,800	25.02	12,000	6.36	25.13	12.43	4.60	0.51	11,400	7,000	5,000
KCC	249,000	25.02	10,000	4.02	23.68	6.08	6.74	0.34	8,000	8,000	7,000
POSCO홀딩스	260,000	25.02	10,000	3.85	69.18	2.00	19.39	0.35	10,000	12,000	17,000

자료: 네이버증권

- **코스닥 배당주의 특징(코스피 대비)**
- 배당수익률이 들쑥날쑥하다(평균은 낮지만 고배당 기업은 존재).
- 이익 변동성이 크다.
- 배당정책이 불안정할 수 있다.
- 성장성과 함께 '배당금 증가' 가능성도 내재

코스닥 연도별 평균 시가배당률 현황

(단위: %)

구분	2017	2018	2019	2020	2021	2022	2023	2024
평균 시가배당률* (A)	1.550	1.850	1.712	1.559	1.446	1.883	1.971	2.529

* 보통주 평균 시가배당률 기준(코스닥시장 공시규정 시행세칙 제6조의 3)
자료: 한국거래소

코스닥 주요 고배당주 현황(2025년 4월 기준)

전체 | 코스피 | **코스닥**

종목명	현재가	기준월	배당금	수익률 (%)	배당성향 (%)	ROE (%)	PER (배)	PBR (배)	과거 3년 배당금		
									1년전	2년전	3년전
레드캡투어	10,220	25.03	2,150	21.04	177.53	9.64	7.26	0.67	450	450	400
이크레더블	14,760	24.12	1,590	10.77	148.28	27.34	12.07	3.18	780	1,040	2,720
크레버스	14,160	25.04	1,500	10.59	167.06	17.99	21.71	3.06	2,000	1,800	2,000
서호전기	24,300	24.12	2,500	10.29	100.04	12.69	9.25	1.06	1,500	1,500	1,000
HB인베스트먼트	2,050	24.12	200	9.76	89.81	8.28	6.99	0.49	0	0	0
정다운	2,730	24.12	250	9.16	68.61	9.33	7.31	0.65	300	100	100
정상제이엘에스	5,830	24.12	530	9.09	94.60	9.05	12.55	1.08	530	530	530
오상자이엘	3,325	24.12	300	9.02	89.07	6.36	10.03	0.61	0	0	0
도이치모터스	4,650	24.12	380	8.17	-224.96	-1.22	-28.41	0.33	370	360	350
트윔	7,350	24.09	600	8.16	122.17	2.48	31.66	0.74	0	0	0

자료: 네이버증권

🌱 미국 시장 사례로 보는 이해: 다우존스 vs. S&P500 vs. 나스닥 배당주

미국 시장에서도 비슷한 사례를 찾을 수 있습니다.

- 다우존스: 대표적인 대형주(코카콜라, J&J 등). 고배당+안정성이 뛰어남.
- S&P500: 대형+중형 기업이 혼합되어 있으며, 배당귀족 같은

종목이 다수 포진

- 나스닥: 기술주 중심이라 배당은 적지만, 일정 성장 이후에는 배당을 시작하는 기업이 생김(예: 애플, 마이크로소프트).

즉,

- 다우존스 → 코스피 배당주 같은 안정형
- S&P500 → 코스피와 코스닥 중간 혼합형
- 나스닥 → 코스닥 배당주 같은 성장형

으로 볼 수 있습니다.

포트폴리오 관점: 두 마리 토끼를 잡는 전략

크게 볼 때 자산관리는 단순히 '많이 버는 것'보다 '꾸준히 버는 것'이 중요합니다. 따라서 포트폴리오를 구성할 때도 안정성과 성장성을 함께 고려해야 합니다. 그렇다면 코스피 배당주와 코스닥 배당주는 대체재보다는 보완재 역할도 가능할 것입니다.

- 코스피 배당주로 주된 기반을 만든다. → 안정적인 현금흐름 확보
- 코스닥 배당주로 양념을 추가한다. → 성장과 추가 수익 기회 노리기

예를 들어 국내 배당주 포트폴리오 비중 100% 중 70%는 코스피

배당주로 묶고, 30%는 코스닥 배당주 중 '실적 안정 + 배당 확대 가능성'이 있는 종목을 편입하는 방식입니다.

이렇게 구성한다면, 경기 불황기에는 코스피 배당주가 방어막 역할을 하고 경기 회복기에는 코스닥 배당주가 수익을 끌어올리는 안정성과 성장성을 모두 고려한 균형 잡힌 포트폴리오가 완성될 수 있습니다.

배당주 종목 선별(stock picking)에 있어서는, 코스피는 '지속 가능한 배당'을, 코스닥은 '배당성장 가능성'을 위주로 선별할 것을 추천합니다. 특히 코스닥은 매년 배당 공시를 체크하는 습관을 들여서 배당성장 가능성을 지속적으로 추적할 필요가 있습니다. 그리고 재투자 전략을 병행하면 복리 효과가 더 강력해질 것입니다.

21
한국 배당주투자 시 반드시 고려해야 할 것들

•••• '배당주는 안정적이라니까 그냥 사놓으면 되는 거 아냐?'

처음 배당주투자에 입문하려는 사람이라면 이런 생각을 하기 쉽습니다. 하지만 국장, 즉 한국 주식시장은 생각보다 복잡하고, 현실적인 주의사항이 많습니다. 특히 배당주투자에서도 '한국 시장만의 특수성'을 제대로 이해하지 못하면, 배당주를 샀는데도 손해를 보는 상황이 얼마든지 벌어질 수 있습니다. 지금부터 한국 배당주투자 시 반드시 고려해야 할 핵심 포인트를 냉정하게 따져보겠습니다.

한국 주식시장의 낙후성: 지배구조, 자본시장, 투자문화의 한계

한국 주식시장의 현실, 즉 선진국 증시 대비 문제점을 직시해야 합니다. 한국 주식시장은 안타깝지만 여러 측면에서 여전히 선진국 대비 낙후된 구조를 갖고 있습니다.

① 지배구조 측면

여전히 대기업 집단 중 상당수는 오너가 소수 지분만 보유하고도 경영권을 행사하며, 배당보다는 그룹 지배구조 유지에 더 신경을 씁니다.

- 대다수 상장기업이 오너 일가에 의해 지배된다.
- 이사회 독립성이 낮고, 소액주주의 권익 보호가 미흡하다.
- 내부거래, 계열사 일감 몰아주기 등이 빈번하게 발생한다.

② 자본시장 구조

- 기업 정보공시의 투명성이 낮다: IR(Investor Relations) 활동이 형식적이며, 외부 투자자와의 소통이 선진국 대비 부족하다.
- 기관투자자(연기금 등)도 상대적으로 적극적인 주주권 행사가 미약하다.

③ 투자문화
- 단기매매 문화가 여전히 강하다: 배당보다는 '단타'로 수익을 내는 걸 선호하는 투자자가 많다.
- 배당을 주는 기업도 투자자 기대에 크게 부응하지 않는 경우가 잦다.

즉 한국 주식시장은 '기업 이익이 곧바로 주주에게 돌아오는 구조'가 아니라 '이익은 기업 내부에 쌓아두기만 하고 주가는 수출기업이 다수이기 때문에 외부 변수에 의해 크게 출렁이는 구조'에 더 가깝다고 봐야 합니다. 이런 시장에서는 배당성향이 낮거나, 배당이 불규칙한 기업이 많기 때문에 단순히 '과거 배당수익률'만 보고 투자하는 것은 조심할 필요가 있습니다.

현재 추진 중인 '밸류업 공시': 배당 개선의 희망일까?

다행히 최근 들어 한국 증시의 낙후성을 극복하려는 변화의 움직임이 나타나고 있는데, 그 대표적인 정책이 '한국형 밸류업 프로그램'의 도입입니다. 밸류업(value-up) 프로그램이란 일본이 2010년대에 시행한 '기업지배구조 개혁' 모델을 벤치마크한 것으로 상장사들에게 주가순자산비율(PBR) 1배 미만 개선 계획을 공시하도록 유도한 기업가치 개선을 유도하는 정책입니다. 주요 수단으로는 배당 확대, 자사주 매입, IR 활성화 등이 권장되고 있습니다.

기대할 수 있는 변화로는,

- 배당성향 상향 압박 → 기업이 더 많은 이익을 주주에게 환원
- 자사주 매입 증가 → 주주가치 제고
- 이사회 독립성 강화 → 오너 중심 경영 리스크 완화

등을 들 수 있는데, 특히 배당 확대는 가장 현실적이고 즉각적인 수단으로 꼽힙니다.

이런 한국형 밸류업 프로그램의 영향으로 2024년 초 금융업종 대형주들이 잇달아 배당성향을 30~40%까지 끌어올리겠다고 선언하기도 했는데, 하나금융지주, KB금융 등이 대표적 사례입니다. 밸류업 공시를 진행한 12월 결산법인 105사(2025년 3월 31일까지의 기업가치 제고 계획 공시 및 예고공시를 모두 포함)의 현금배당 공시를 분석한 결과, 100사(95.2%)가 배당을 실시했으며, 배당금은 18.0조 원으로 2024년 현금배당 총액(30.3조 원)의 무려 59.2%를 차지했습니다. 밸류업 공시 기업군의 2024년 보통주, 우선주 시가배당률은 각각 3.15%, 3.99%이

2024년 배당법인과 밸류업 공시법인의 배당현황

구분	배당법인(565사)	밸류업 공시법인(100사)
배당총액	30조 3,451억 원	17조 9,704억 원
시가배당률(보통)	3.05%	3.15%
시가배당률(우선)	3.70%	3.99%
배당성향	34.74%	40.95%

자료: 한국거래소

며, 배당성향은 40.95%로 전체 현금배당 기업군의 평균보다 모두 높았습니다. 밸류업 공시법인이 전체 배당 기업군에 비해 더 높은 주주환원을 통해 기업가치 제고 및 국내 증시 활성화에 앞장서고 있음을 확인할 수 있습니다. 향후 배당의 안정성을 예측하는 하나의 기준으로 밸류업 공시 기업군은 배당정책의 신뢰도가 높다고 점수를 줄 수 있겠습니다.

다만 문제는 밸류업 프로그램의 주요 항목들은 강제조항이 아닌 권고사항에 불과하다는 한계를 지니고 있다는 점입니다. 일부 기업은 형식적인 공시만 하고 실질적인 개선은 미진할 수 있고, 특히 중소형주, 비우량 기업군은 여전히 소극적일 가능성이 높습니다. 따라서 투자자는 밸류업 공시를 그대로 믿는 것이 아니라 실제 배당성향 변화를 주시하고 구체적인 주주환원 계획을 따져봐야 합니다.

한국 세법상의 절세 전략: '배당소득세'를 절세하라

한국에서는 배당을 많이 받는다고 해서 마냥 좋은 일만 있는 것은 아닙니다. 세금이라는 벽이 있기 때문입니다.

배당소득 과세 체계

구분 세율

연간 금융소득 2,000만 원 이하 15.4% 원천징수(분리과세)

연간 금융소득 2,000만 원 초과 종합소득세 신고(6~45% 누진세율)

> 즉 연간 배당소득+이자소득이 2,000만 원을 넘으면, 기본 소득세율이 적용되어 세금 부담이 급증할 수 있음.
>
> [예시] 배당소득 3,000만 원이면 일부 구간은 최고 45% 세율까지 적용될 수 있다.

■ 절세 전략

① 금융소득 2,000만 원 이하로 유지

세법에 따르면, 이자소득과 배당소득을 합한 금융소득이 연간 2,000만 원을 초과하는 경우, 해당 소득은 다른 종합소득(근로소득, 사업소득 등)과 합산하여 종합소득세가 과세됩니다. 반면 2,000만 원 이하의 금융소득에 대해서는 15.4%의 원천징수세율이 적용되며, 이는 분리과세로 간주되어 추가적인 세금 부담이 없습니다.

② ISA 활용

ISA(Individual Savings Account, 개인종합자산관리계좌)는 다양한 금융상품에 투자할 수 있는 계좌로, 일정 한도 내에서 발생한 이자소득과 배당소득에 대해 비과세 혜택을 제공합니다. 2025년부터는 일반형 ISA의 비과세 한도가 200만 원에서 500만 원으로, 서민형 및 농어민형은 400만 원에서 1,000만 원으로 확대될 예정입니다. 비과세 한도를 초과하는 수익에 대해서는 9.9%의 저율 분리과세가 적용됩니다.

③ 국내 배당 ETF는 개인연금과 퇴직연금 계좌를 활용

국내 배당 ETF를 투자할 때 절세를 극대화하는 방법은 바로 개인연금(연금저축, IRP)이나 퇴직연금(DC형, IRP형) 계좌를 활용하는 것입니다. 이런 세제 혜택 계좌 내에서 고배당 ETF를 매수하면, 배당소득세(15.4%)를 내지 않고 운용수익 전체가 과세이연됩니다. 즉 중간에 세금을 떼이지 않고 굴릴 수 있어 복리 효과가 커집니다. 게다가 나중에 연금을 수령할 때는 낮은 세율(3.3~5.5%)로 분리과세되기 때문에 일반과세(15.4% 이상)보다 유리합니다.

22
한국을 대표하는 배당주 10선 분석

••• 국내 대표 배당주 10개를 선정하는데, 그 기준은 한국 배당주의 수급에 있어서 가장 큰 영향변수인 주요 배당 ETF의 편입 비중을 고려했습니다. 국내 배당 ETF의 6개월 평균 거래대금이 큰 순서로 배열하면, 금융주 고배당 ETF를 제외하면 'PLUS 고배당주',

KRX의 ETF 상세 검색으로 추출한 주요 배당 ETF

종목코드	종목명	운용사	순자산총액	거래대금 1D	3M	6M	평균 거
466940	TIGER 은행고배당플러스TOP10	미래에셋자산운용	0	4,332	8,312	8,262	
161510	PLUS 고배당주	한화자산운용	0	8,960	8,463	7,579	
484880	SOL 금융지주플러스고배당	신한자산운용	0	1,116	1,453	1,690	
325020	KODEX 배당가치	삼성자산운용	0	146	247	636	
498860	RISE 코리아금융고배당	케이비자산운용	0	107	163	473	

자료: 한국거래소

PLUS 고배당주 ETF의 주요 구성종목

종목코드	종목명	보유수량 (주)	비중
316140	우리금융지주	1491	5.63%
016360	삼성증권	473	5.30%
024110	기업은행	1557	5.04%
086790	하나금융지주	365	5.02%
000270	기아	252	4.81%
005940	NH투자증권	1427	4.77%
005830	DB손해보험	203	4.13%
000810	삼성화재	53	4.10%
029780	삼성카드	455	4.00%
381970	케이카	1327	3.98%

자료: PLUS ETF 홈페이지

'KODEX 배당가치'가 추출됩니다.

국내 양대 배당 ETF 주요 구성종목에서 공통분모와 고비중, 그리고 업종 대표성이 큰 종목을 추출하면, 다음의 10개 종목을 선택할 수 있습니다.

- 은행: 우리금융지주, 하나금융지주
- 증권: 삼성증권
- 보험: 삼성화재
- 자동차: 기아, 현대차

KODEX 배당가치 ETF의 주요 구성종목

종목명	비중(%)
삼성전자	12.69%
기아	6.44%
현대차	6.26%
하나금융지주	5.33%
HMM	5.28%
포스코홀딩스	4.90%
우리금융지주	3.93%
삼성화재	3.68%
KT&G	3.43%
KT	2.88%

자료: KODEX ETF

- IT: 삼성전자
- 통신: KT
- 철강: 포스코홀딩스
- 음식료: KT&G

이렇게 선택된 국내 대표 배당주에 대해 보다 자세히 살펴보겠습니다.

우리금융지주

우리금융지주는 안정적인 배당정책과 주주환원 강화 기조를 통해 국내 대표 금융 배당주로 자리매김하고 있습니다. 2024년 연결 기준 배당성향은 28.9%로, 전년 대비 소폭 감소했으나 여전히 안정적인 수준을 유지하고 있습니다. 2024년 연간 주당배당금은 1,200원으로, 전년 대비 20% 증가하여 역대 최대치를 기록했습니다. 최근 주가를 반영한 시가배당률은 약 6.65%(2025년 5월 16일 기준)로, 국내 금융지주 중에서도 높은 수준을 보이고 있습니다. 우리금융지주는 2021년부터 2024년까지 4년 연속 배당금을 증가시켜왔으며, 5년간 배당성장률은 약 11.75%에 달합니다.

향후 주주환원 계획으로는 2025년까지 주주환원율을 35% 이상으로 확대할 예정이며, 이를 위해 자사주 매입 및 소각을 포함한 다양한 전략을 추진하고 있습니다. 이러한 배당정책과 주주환원 계획은 우리금융지주를 중장기 배당 포트폴리오의 핵심 종목으로 고려할 만한 이유가 됩니다.

하나금융지주

하나금융지주는 안정적인 배당정책과 적극적인 주주환원 전략으로 국내 배당주를 대표하고 있습니다. 2024년 1분기 기준 보통주 1주당 배당금은 906원으로, 전년 동기 600원 대비 51% 증가하였습니다. 이는 연간 현금배당 총액을 1조 원으로 고정하고 분기별 2,500억 원씩 균등 배당하는 정책의 일환입니다. 최근 주가를 반영한 시가배당률은 약 5.45%로, 국내 금융지주사 중에서도 높은 수준을 유지하고 있습니다.

하나금융지주는 2021년 주주환원율 26%에서 2024년 38%로 큰 폭으로 개선하였으며, 2027년까지 50% 달성을 목표로 하고 있습니다. 이를 위해 자사주 매입 및 소각 비중을 확대하고 있으며, 2025년 2월에는 그룹 출범 이후 최대 규모인 4,000억 원 상당의 자사주 매입·소각을 결정하였습니다. 이러한 배당정책과 주주환원 전략은 하나금융지주의 기업가치 제고 및 주주가치 향상에 기여하고 있으며, 중장기 배당 포트폴리오의 핵심 종목으로서의 매력을 높이고 있습니다.

삼성증권

삼성증권은 안정적인 배당정책과 적극적인 주주환원 전략을 통해 국내 증권사 중 탁월한 배당주로 평가받고 있습니다. 2024년 기준 배당성향은 34.76%로, 전년 대비 소폭 감소했으나 여전히 업계 평균을 상회하는 수준을 유지하고 있습니다. 최근 주가를 반영한 시가배당률은 약 6.4%대로 예상되며, 이는 투자자들에게 매력적인 수익률을 제공합니다. 삼성증권은 2023년 주당배당금 2,200원에서 2024년 3,500원으로 인상하며 배당성장을 이어가고 있습니다.

향후 주주환원 계획으로는 중장기적으로 주주환원율을 50%까지 확대할 예정이며, 이를 통해 배당성향 제고와 자사주 매입 등의 전략을 추진하고 있습니다. 이러한 배당정책과 주주환원 전략은 삼성증권의 기업가치 제고 및 주주가치 향상에 기여하고 있으며, 중장기 배당 포트폴리오의 핵심 종목으로서의 매력을 높이고 있습니다.

삼성화재

삼성화재는 안정적인 배당정책과 적극적인 주주환원 전략을 통해 국내 보험업을 대표하는 배당주로 평가받고 있습니다. 2024년 기준 배당성향은 38.95%로, 전년 대비 증가했으나 여전히 업계 평균을 상회하는 수준을 유지하고 있습니다. 최근 보통주 기준 시가배당률은 5.1%로, 투자자들에게 매력적인 수익률을 제공합니다. 또한

2020년부터 2024년까지 5년 연속 주당배당금을 증가시키며 배당 성장을 이어가고 있습니다. 2024년 보통주 기준 주당배당금은 1만 9,000원으로, 전년 대비 18% 증가하였습니다.

향후 주주환원 계획으로는 2028년까지 주주환원율을 50% 수준으로 단계적으로 확대할 예정이며, 이를 위해 자사주 매입 및 소각을 포함한 다양한 전략을 추진하고 있습니다. 2025년 4월에는 보통주 136만 3,682주와 우선주 9만 2,490주를 소각하였으며, 향후 4년간 발행주식 총수의 약 2.5~3.0% 수준에서 자사주 소각이 연평균 이뤄질 것으로 예상됩니다. 이러한 배당정책과 주주환원 전략은 삼성화재의 기업가치 제고 및 주주가치 향상에 기여하고 있으며, 중장기 배당 포트폴리오의 핵심 종목으로서의 매력을 높이고 있습니다.

기아

기아는 최근 몇 년간 주주환원정책을 강화하며 국내 자동차 업종의 대표 배당주로서의 입지를 공고히 하고 있습니다. 2024년 기준 보통주 1주당 배당금은 6,500원으로, 전년 대비 900원 증가하였으며, 이는 16.1%의 상승률을 기록한 것입니다. 같은 해 연결 기준 배당성향은 25.3%로, 2022년부터 3년 연속 25%대를 유지하고 있습니다. 최근 주가를 반영한 시가배당률은 약 7%로, 투자자들에게 매력적인 수익률을 제공합니다.

기아는 중장기 주주환원 계획으로 주주환원율을 2027년까지

35% 이상으로 확대할 예정이며, 이를 위해 배당성향을 최소 25% 이상 유지하고, 연간 1조 원 규모의 자사주 매입 및 소각을 추진하고 있습니다. 이러한 정책은 주당순이익(EPS)을 높여 주주가치를 제고하는 데 기여하고 있습니다. 이처럼 기아는 안정적인 배당정책과 적극적인 주주환원 전략을 통해 중장기 배당 포트폴리오의 핵심 종목으로서의 매력을 높이고 있습니다.

현대차

현대차는 최근 강화된 주주환원정책을 통해 기아와 더불어 자동차 산업을 대표하는 배당주로서의 입지를 확고히 하고 있습니다. 2024년 기준 보통주 1주당 연간 배당금은 1만 원으로, 전년 대비 1,600원 증가하였으며, 연결 기준 배당성향은 25.1%를 기록하였습니다. 최근 주가를 반영한 시가배당률은 약 6.2%로, 투자자들에게 매력적인 수익률을 제공합니다.

현대차는 2025년부터 2027년까지 3년간 주주환원율 35% 이상을 목표로 설정하였으며, 이를 위해 연간 주당 최소 배당금 1만 원을 유지하고, 총 4조 원 규모의 자사주를 매입 및 소각할 계획입니다. 또한 3년 평균 자기자본이익률(ROE) 11~12%를 달성하고, 2030년까지 영업이익률 10%를 목표로 하는 등 중장기적인 수익성 강화 전략을 추진하고 있습니다. 이러한 배당정책과 주주환원 전략은 현대차의 기업가치 제고 및 주주가치 향상에 기여하고 있으며, 중장기 배당 포트폴리오의 핵심 종목으로서의 매력을 높이고 있습니다.

▮▮▮▮ 삼성전자

　　삼성전자는 국내 시가총액 1위 기업으로 안정적인 배당정책과 적극적인 주주환원 전략도 기대되는 대표 배당주로 평가받고 있습니다. 2024년 기준 보통주 1주당 연간 배당금은 1,446원으로, 전년 대비 1원 증가하였습니다. 같은 해 배당성향은 약 29.2%로, 전년 대비 소폭 상승하였습니다. 최근 주가를 반영한 시가배당률은 약 2.6%로, 업계 평균을 상회하는 수준을 유지하고 있습니다.

　　삼성전자는 2024년부터 2026년까지 3년간 주주환원율을 50%로 유지할 계획이며, 이를 위해 연간 9.8조 원 규모의 정기 배당을 지속하고 있습니다. 또한 2024년 11월에는 10조 원 규모의 자사주 매입 계획을 발표하였으며, 이 중 3조 원 상당의 자사주를 2025년 2월까지 소각하였습니다. 이러한 배당정책과 주주환원 전략은 삼성전자의 기업가치 제고 및 주주가치 향상에 기여하고 있으며, 중장기 배당 포트폴리오의 핵심 종목으로서의 매력을 높이고 있습니다.

▮▮▮▮ KT

　　KT는 안정적인 배당정책과 주주환원 강화의 전통이 공고한 국내 대표적인 통신 배당주로 평가받고 있습니다. 2024년 기준 주당배당금은 2,000원으로, 전년보다 40원 증가한 수준을 유지하였습니다. 같은 해 배당성향은 104%로, 전년 대비 대폭 증가하였으며 업계 평균을 상회하는 수준을 유지하고 있습니다. 최근 주가를 반영한 시가배당률은 약 3.8%로, 시장 대비로는 여전히 매력적인 수익률을 제공합니다. KT는 2021년부터 2024년까지 4년 연속 주당배당금을 증가시키며 배당성장을 이어가고 있습니다. 또한 2025년 1분기에는 주당 600원의 중간배당을 결정하였으며, 이는 연간 배당금 증가에 대한 기대감을 높이고 있습니다.

향후 주주환원 계획으로는 자사주 매입 및 소각을 포함한 다양한 전략을 추진하고 있습니다. 2023년에는 약 325만 1,048주의 자사주를 소각하였으며, 이는 발행주식 총수의 약 1.25%에 해당합니다. 이러한 배당정책과 주주환원 전략은 KT의 기업가치 제고 및 주주가치 향상에 기여하고 있으며, 중장기 배당 포트폴리오의 핵심 종목으로서의 매력을 높이고 있습니다.

포스코홀딩스

포스코홀딩스는 철강 산업의 변동성 속에서도 안정적인 배당정책과 주주환원 전략을 통해 국내 대표 배당주로서의 입지를 강화하고 있습니다. 2024년 기준 배당성향은 약 51%로, 이는 전년 대비 상승한 수치이며 철강 산업 평균인 37%를 상회합니다. 최근 주가를 반영한 시가배당률은 약 4.04%로, 투자자들에게 매력적인 수익률을 제공합니다. 배당성장 측면에서는 2024년 연간 배당금이 전년 대비 증가하여 지속적인 배당성장을 이어가고 있습니다.

향후 주주환원 계획으로는 2026년까지 자사주 6%를 매입 및 소각하고, 같은 기간 동안 최소 2.3조 원의 배당금을 지급할 예정입니다. 또한 2025년부터 주주환원율을 50%로 확대할 계획이며, 이를 통해 주주가치를 더욱 제고할 방침입니다.

이러한 배당정책과 주주환원 전략은 포스코홀딩스의 기업가치 제고 및 주주가치 향상에 기여하고 있으며, 중장기 배당 포트폴리오의 핵심 종목으로서의 매력을 높이고 있습니다.

KT&G

담배 산업은 전 세계적으로도 고배당주로서의 성격이 강한데, KT&G 역시 안정적인 배당정책과 적극적인 주주환원 전략을 통해 국내 대표적인 배당주로 평가받고 있습니다. 2024년 기준 보통주 1주당 연간 배당금은 5,400원으로, 전년 대비 200원 증가하였습니다. 같은 해 배당성향은 약 50.5%로, 전년 대비 소폭 감소했으나 여전히 업계 평균을 상회하는 수준을 유지하고 있습니다. 최근 주가를 반영한 시가배당률은 약 4.51%로, 투자자들에게 매력적인 수익률을 제공합니다.

KT&G는 2024년부터 2027년까지 총 3.7조 원 규모의 주주환원 계획을 발표하였습니다. 이 계획에는 약 2.4조 원의 현금배당과 1.3조

원 규모의 자사주 매입 및 소각이 포함되어 있으며, 전체 발행주식의 20%를 소각하는 것을 목표로 하고 있습니다. 또한 2024년에는 약 1.1조 원의 주주환원을 실행하였으며, 이는 배당금 약 5,900억 원과 자사주 매입 및 소각 약 5,500억 원을 포함한 수치입니다. 이러한 배당정책과 주주환원 전략은 KT&G의 기업가치 제고 및 주주가치 향상에 기여하고 있으며, 중장기 배당 포트폴리오의 핵심 종목으로서의 매력을 높이고 있습니다.

23
한국 시장에서 배당주 ETF를 활용하는 법

•••• 요즘처럼 금융시장 변동성이 크고 경기 불확실성이 커진 시기, 많은 투자자들은 고민합니다. '불확실한 시대, 어떻게 내 가용자산으로 안정적인 현금흐름을 추구할 수는 없을까?' 이런 고민에 대한

> **ETF란?**
>
> ETF는 '주식처럼 사고팔 수 있는 펀드'라고 생각하면 쉽습니다. 예를 들어 코스피 200 지수를 따라가는 ETF에 투자하면, 삼성전자부터 LG화학까지 우리나라 대표 기업 200개의 주식을 한 번에 사는 효과를 누릴 수 있죠. 복잡하게 종목을 고르지 않아도 기초지수를 그대로 따라가며 분산투자가 자동으로 됩니다. 주식처럼 실시간으로 거래되니 사고팔기도 편리하고, 수수료도 낮은 편이라 부담이 적어요. 즉 ETF는 '쉽고 저렴하게 시장 전체를 담는 똑똑한 장바구니' 같은 투자 도구입니다.

하나의 답이 바로 배당주 ETF입니다. 특히 국내 증시에도 다양한 국내 배당주 ETF가 상장되면서 보다 전략적인 활용이 가능해졌는데, 실제로 어떻게 활용할 수 있는지 살펴보겠습니다.

왜 한국에서도 배당주 ETF를 주목해야 할까?

한국 주식시장은 전통적으로 '성장'을 중시해왔습니다. 삼성전자, 네이버, 카카오 같은 대표 성장주가 그동안 한국 증시를 이끌어왔습니다. 하지만 고령화, 저성장 시대가 본격화되면서 투자자들은 '성장과 함께 안정적인 수익흐름, 현금흐름'의 중요성을 점점 더 크게 인식하고 있습니다. 특히 정부가 추진하는 '밸류업 프로그램'은 기업들의 배당 확대를 유도하고 있습니다.

실제로 주요 기업들은 과거보다 훨씬 적극적으로 배당을 늘리고 있습니다. 2024년 전체 12월 결산 코스피 상장법인 중 현금배당

연도별 배당법인 및 배당금 규모

연도	법인 수		배당금	
	상장법인	배당법인(A)	총액(B)	평균(=B/A)
2020	769사	529사	33조 1,638억 원	627억 원
2021	779사	556사	28조 6,107억 원	515억 원
2022	784사	557사	26조 5,854억 원	477억 원
2023	799사	558사	27조 4,525억 원	492억 원
2024	807사	565사	30조 3,451억 원	537억 원

자료: 한국거래소

을 실시한 기업은 565사로 약 70%에 해당되고, 2024년 배당금 총액(30.3조 원) 및 평균 금액(537억 원)은 전년 대비 각각 10.5%, 9.1% 증가했습니다. 이런 변화 속에서 한국 배당주 ETF를 활용하는 것은 단순한 수익 추구를 넘어 시대를 읽는 현명한 전략이 되고 있습니다.

국내 배당주 ETF의 투자 매력: 압도적인 숫자로 증명된다

단순히 "배당이 참 좋다"는 말만으로는 부족합니다. 실제 수익률(Total Return) 관점에서 보면, 한국의 대표 배당주 ETF는 코스피 지수 대비 매우 경쟁력 있는 성과를 보여주고 있습니다.

- TIGER 배당성장 ETF(최근 5년 기준): 연평균 총수익률 약 7.5%
- KODEX 고배당 ETF(최근 5년 기준): 연평균 총수익률 약 6.0%

반면, 코스피 지수(같은 기간): 연평균 총수익률 약 3~4% 수준(배당 포함)

결론적으로 배당주 ETF는 코스피를 상회하는 성과를 기록했습니다. 특히 변동성이 높은 장에서는 배당수익 덕분에 하락 방어 효과가 커지면서 심리적 안정성까지 동시에 가져다주는 장점도 있습니다.

한국 증시에 상장된 주요 국내 배당주 ETF

① PLUS 고배당주 ETF

- 유가증권시장 유동 시가총액 상위 200종목 중에서 예상 배당수익률이 높은 상위 30종목을 선별(기초지수: FnGuide 배당주 지수)
- 주요 종목: 우리금융지주, 삼성증권, 기업은행, 하나금융지주, 기아

| PLUS 고배당주 ETF 가격 추이

자료: 네이버증권

| **KODEX 고배당 ETF 가격 추이**

자료: 네이버증권

② **KODEX 고배당 ETF**

- 코스피 고배당주 중심(기초지수: FnGuide 고배당투자형 지수)
- 주요 종목: 현대엘리베이터, 한국쉘석유, 현대차3우B, 대신증권우, NH투자증권우

| **TIGER 배당성장 ETF 가격 추이**

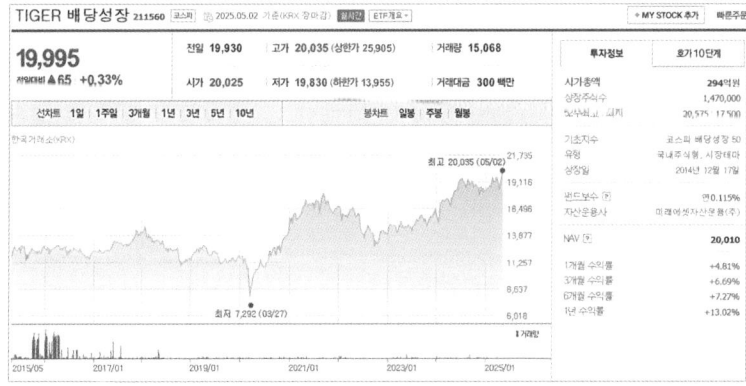

자료: 네이버증권

③ TIGER 배당성장 ETF
- 배당을 꾸준히 늘리는 기업 중심(기초지수: 한국거래소의 코스피 배당성장 50 지수), 배당 성장성과 기업 실적 성장 모두 중시
- 주요 종목: 삼성증권, KT, NH투자증권, 대신증권, 삼성카드

이 상품들은 모두 기초자산은 국내 증시 상장기업으로 배당이라는 테마를 중심으로 투자자에게 일정한 수익흐름을 제공하는 것을 목표로 합니다.

배당주 ETF를 활용하는 3가지 현실적인 방법

① 현금흐름 확보형: 매달 쏠쏠한 생활비 통장 만들기

40대 직장인 A씨는 매달 30만 원 정도 추가 생활비가 필요했습니다. A씨는 PLUS 고배당주와 KODEX 고배당 ETF를 조합해 분산 매수했습니다. 양 상품은 월배당 ETF이기 때문에 매달 일정 금액이 들어오는 효과를 만들 수 있었습니다. 3년간 전략을 이어간 결과, A씨는 월평균 25만~35만 원 정도의 배당금을 안정적으로 수령하게 되었고, 원금은 비교적 안정적으로 유지되었습니다.

② 은퇴 준비형: 배당 연금 만들기

50대 후반 B씨는 은퇴 이후 안정적인 소득원을 만들기 위해 PLUS 고배당주 ETF 중심으로 포트폴리오를 구축했습니다. 배당금

은 매년 재투자하는 방식(DRIP 전략)으로 복리 효과를 누렸고, 현재는 연 500만 원 이상의 추가 소득원이 되어 은퇴설계에 큰 도움이 되고 있습니다. B씨는 "배당은 주가 변동과 상관없이 쌓이는 진짜 자산"이라고 말합니다.

③ 성장 추구형: 배당+성장 둘 다 잡기

20~30대 투자자라면 고배당주만 고집하기보다 배당성장형 ETF를 활용하는 것이 좋습니다. 특히 TIGER 배당성장 ETF는 실적 성장성과 배당 확대 가능성을 모두 고려하는 종목으로 포트폴리오를 짭니다. 최근 5년간 이 ETF는 연평균 약 7~8% 이상의 총수익률을 기록하며, 단순한 배당수익을 넘어 코스피 평균 수익률을 상회하는 성과를 보였습니다.

배당주 ETF 활용 시 꼭 알아야 할 4가지 주의사항

① 배당수익률만 보고 투자하지 말기

고배당에만 집중하면 특정 업종(금융, 통신) 편중이 심할 수 있습니다. 다양한 ETF를 조합해 리스크를 줄이는 전략이 필요합니다.

② 배당락 이후 주가 하락 고려

배당락은 피할 수 없는 현상입니다. 하지만 장기적으로 보면 주가와 배당 모두 복원되는 경우가 많으니 짧은 변동성에 흔들리지 않아야 합니다. 물론 최근 배당 ETF들은 월배당 상품으로 리모델링되는 경우가 많아서 배당락 효과는 이전보다는 개선된 점도 긍정적입니다.

③ 세금 이슈 체크

국내 ETF라도 배당금 수령 시 15.4% 세금이 부과됩니다. 금융소득 종합과세 기준(2,000만 원 초과)에도 주의해야 합니다.

④ 운용보수 차이 고려

ETF마다 운용보수(연 0.2% 내외 차이)가 존재하므로 장기투자를 계획한다면 비용이 낮은 상품을 선호하는 것이 유리합니다.

| PLUS 고배당주 ETF의 상장 이후 성과

자료: 한화자산운용

24
배당락일 전후 투자 전략
배당을 노리는 똑똑한 투자 전략

•••• 배당을 받기 위해 주식을 사는 당신, 혹시 배당락일(Ex-dividend Date)의 함정은 알고 계신가요? "배당받으려고 샀더니, 다음 날 주가가 쏙 빠졌어요"라는 얘기는 짧게 보면 맞겠지만 길게 보면 기회이기도 합니다. 특히 국내 배당주와 배당 ETF를 중심으로 한 '배당락 전후 전략'도 꽤나 정교하고 효율적으로 발전하고 있습니다. 누구나 따라 할 수 있는 배당락 활용 투자 전략을 4가지 포인트로 풀어 보겠습니다.

배당락 효과란?

배당기준일 다음 날 주가가 배당금만큼 떨어지는 현상을 말합니다. 예를 들어 주당 1,000원의 배당이 예정된 주식이 5만 원에 거래되고 있다면, 배당락일에는 이론적으로 4만 9,000원으로 시작하죠. '배당 줬으니 그만큼 빼자'는 시장의 자동 반영입니다. 하지만 실제로는 꼭 그렇게 단순하지 않습니다. 인기 있는 배당주는 배당락 이후 빠르게 주가가 회복되거나, 오히려 더 오르는 경우도 있습니다. 특히 배당을 여러 번 주는 분기·월배당 종목은 배당락 효과가 미미해지며, 투자자에게 꾸준한 수익과 저점 매수 기회를 동시에 제공하죠. 한마디로 배당락은 손해가 아니라 잘 활용하면 '기회의 문'이 될 수 있습니다.

배당락에도 끄떡없는 국내 배당주의 가격 복원력

배당락일이 되면 이론적으로는 배당만큼 주가가 하락합니다. 예를 들어 1,000원의 배당을 주는 주식이라면, 배당락일에 주가는 1,000원 떨어지는 것이 원칙이죠. 하지만 현실은 다릅니다. 국내 대표 배당주나 배당 ETF는 배당락 이후 비교적 빠르게 원래 가격을 회복하는 경우가 많습니다. 왜 그럴까요?

첫째, 배당을 받기 위해 미리 매수한 투자자들의 수요가 이미 시장에 반영되어 있고, 둘째, 기관이나 외국인 투자자들이 배당 이후에도 해당 종목을 계속 보유하거나 재매수하기 때문입니다.

예를 들어 앞서 소개했던 PLUS 고배당주, KODEX 고배당 ETF 등 국내 대표 배당 ETF의 가격 흐름을 살펴보면, 배당락일 이후 몇 주, 길게는 몇 달 안에 주가가 배당 이전 수준을 회복하는 경우가 잦

았습니다. 이렇게 보면 배당도 받고, 주가도 회복되니 앞서 살펴본 배당캡처 전략이 국내 배당 ETF 투자자들에게는 꽤 유효한 전략이 되는 것입니다.

분기배당과 월배당의 확산으로 배당락 효과 약화

과거에는 연 1회, 연말에만 배당을 지급하는 기업이 대부분이었기 때문에 배당락일에 큰 주가 변동이 있었습니다. 그러나 최근 국내 기업들도 분기배당(Quarterly Payout), 심지어 월배당(Monthly Payout)까지 시도하면서 배당에 따른 주가 하락 폭이 점점 작아지는 경향을 보이고 있습니다. 이는 투자자에게 아주 좋은 소식입니다. 배당을 받고도 주가 하락 리스크는 줄어들고, 오히려 꾸준히 배당을 받을 수 있는 기회가 넓어진 셈이죠. 예를 들어 국내 은행들은 분기배당을 정착시켰고, 국민연금이 주주권을 강화하면서 다른 국내 주요 기업들도 점점 분기배당으로 전환하고 있습니다. 배당락일의 주가 변동이 분산되다 보니, 한 번에 크게 흔들리는 일은 줄어들고 있는 것입니다.

게다가 미국식 배딩 트렌드를 따라 월배당 ETF도 국내에 등장하고 있습니다. 이렇게 배당 주기가 짧아질수록 배당락일의 충격은 작아지고, 장기 보유의 매력은 커지게 됩니다.

배당락 이후 '저가 매수'는 장기투자자에겐 기회

배당락일 직후 주가가 잠시 흔들리는 것은 여전히 존재합니다. 하지만 이것이 오히려 장기투자자에게는 매수의 기회가 될 수 있습니다. 예를 들어 연말에 고배당을 주는 KT, 포스코홀딩스, 하나금융지주 같은 전통적 배당주는 배당락 이후 단기적으로 조정을 받지만, 이내 기업 실적에 대한 신뢰와 안정적인 배당정책 덕분에 주가가 복원되는 경향을 보입니다. 이럴 때 '배당은 받지 못했지만, 좋은 가격에 장기 우량주를 살 수 있는 기회'가 생기는 것이죠.

특히 ETF는 개별 종목보다 가격 복원력이 빠른 경우가 많기 때문에 배당락 이후 저점 매수를 노리는 투자자들에게는 훌륭한 선택지가 됩니다. TIGER 배당성장 ETF나 KODEX 고배당 ETF는 분산투자의 안정성까지 겸비하고 있어서 더욱 유리합니다.

절세 전략으로 활용되는 '배당 전 매도 + 배당락 후 재매수'

조금 더 정교한 투자자들은 이런 전략도 씁니다. 배당기준일 이전에 매도하여 배당 자체는 받지 않고, 배당 기대감에 오른 주가 상승만을 누리고 차익 실현을 합니다. 그리고 배당락으로 주가가 하락한 뒤 다시 저가에 매수하여 보유하는 전략이죠.

이 전략의 핵심은 바로 세금입니다. 현금배당을 받게 되면 15.4%의 배당소득세가 원천징수됩니다. 예를 들어 100만 원의 배당을 받으면 15만 4,000원을 세금으로 떼이는 셈이죠. 하지만 배당 전에 주식을 팔면 이 세금은 발생하지 않습니다. 매도 차익에 대해서는 종합과세가 아닌 기본 양도세 규정이 적용되기 때문에 투자 성향과 과세 체계에 따라 더 유리할 수 있습니다. 특히 금융소득이 연 2,000만 원을 넘는 고소득자라면 배당소득이 종합소득세율(최대 49.5%)로 과세되기에 더 신중할 필요가 있습니다.

이 전략은 특히 기업 배당이 크고, 주가 복원력이 빠른 경우에 잘 맞습니다. 다만 세금만을 위해 거래를 반복하는 것은 오히려 리스크가 될 수 있으니, 꼭 기업의 펀더멘털과 시장 흐름을 함께 고려해야 합니다.

정리하면, 배당락은 함정이 아니라 오히려 기회입니다. 과거에는 "배당 받았더니 손해만 봤다"는 말이 많았지만, 이제는 투자자들이 점점 더 똑똑해지고 있습니다. 배당락 전후의 주가 흐름을 이해하고, 이를 활용하는 다양한 전략이 등장하고 있습니다.

> 단기 수익을 노리는 '배당캡처 전략'부터,
> 장기 저가 매수를 노리는 '배당락 매수 전략',
> 그리고 절세까지 고려한 '배당 전 매도 후 재매수 전략'까지.

중요한 것은 자신의 투자 목적과 세금 상황, 투자 기간에 맞는 전략을 택하는 것입니다.

Chapter 5
해외 배당주투자 실전 가이드

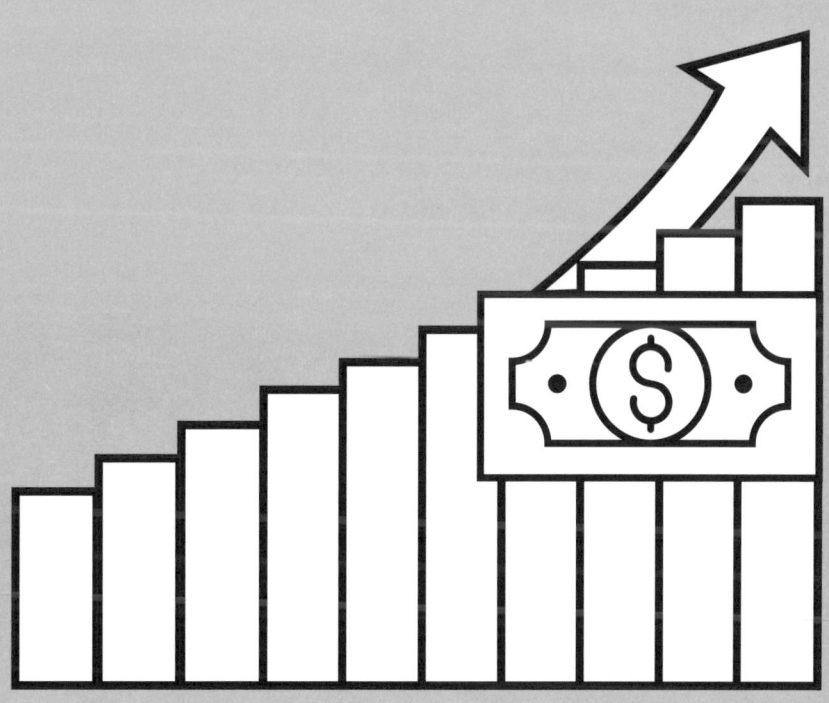

25
글로벌 배당의 시대
스마트한 해외 배당주 투자법

•••• "지금은 국경을 넘어 배당받는 시대다."

불과 10~20년 전만 해도 배당투자는 국내 고배당주 위주로 이루어졌지만, 지금은 미국, 유럽, 아시아 등 해외 시장에 상장된 배당주에도 눈을 돌리는 투자자들이 빠르게 늘고 있습니다. 하지만 해외 배당주는 단지 '배당수익률이 높아서'만으로 접근할 수 있는 대상이 아닙니다. 왜냐하면 국제 통화 분산, 세금 이슈 등 국가 간의 복합적인 보이지 않는 장벽들이 얽혀 있기 때문입니다.

그럼에도 우리는 왜 해외 배당주에 주목해야 할까요? 한국 기업들의 배당성향은 꾸준히 개선되고 있지만, 글로벌 기업들과 비교하면 여전히 낮은 수준입니다. 최근 10년간 국내 상장사의 평균 배당성향은 약 26%로 집계된 반면, 미국 주식시장은 같은 기간 평균 36%의 배당성향을 보였습니다. 미국이나 유럽의 배당귀족 기업들은 수십 년 동안 배당을 한 해도 거르지 않고 늘려왔으며, 전반적으로 주주환원정책도 잘 정착돼 있습니다. 특히 글로벌 1위 기업들이 즐비하니 이에 따른 주가 상승과 배당성장이라는 '두 마리 토끼'를 모두 취할 수 있는 기회로 볼 수 있습니다. 정리하면, 해외 배당주는 다음의 5가지 주요 장점을 보유하고 있습니다.

높은 배당의 질과 지속성

해외 배당주의 대표 격인 미국의 '배당귀족'이나 '배당왕'에 포함된 기업들은 25년 이상, 심지어 50년 이상 배당금을 늘려온 자랑스러운 기록을 가지고 있습니다. 국내 자본시장보다도 훨씬 더 긴 역사를 보유하고 있고, 그 역사 속에서 오랫동안 주주들에게 충분히 검증된 훌륭한 배당주들이 자리 잡고 있습니다. 대표적인 예로는 다음과 같은 종목들이 있습니다.

- 에머슨일렉트릭(EMR): 68년 연속 배당 증가
- P&G(PG): 67년 연속 배당 증가
- 코카콜라(KO): 62년 연속 배당 증가
- 로우스(LOW): 62년 연속 배당 증가
- J&J(JNJ): 60년 이상 배당 증가

이들은 경기 사이클의 영향에도 불구하고 꾸준히 배당을 늘려왔으며, 고배당이라는 '숫자'보다도 배당의 '안정성과 성장성'에 투자하는 철학이 뚜렷하게 증명해왔습니다.

글로벌 산업 포트폴리오 확보

국내 시장에선 반도체, 금융, 자동차 등 특정 산업 비중이 높지만, 해외에서는 헬스케어, 소비재, 인프라, 방산, 에너지 등 글로벌 분산이 가능한 산업 포트폴리오를 구성할 수 있습니다. 즉 한국 시장에서 찾기 어려운 산업구조 및 지역으로도 분산투자할 수 있는 기회를 가질 수 있습니다.

한국에 유사 상장사가 거의 없는 독특한 사업 모델을 보유한 예시가 될 만한 기업들은 다음과 같습니다. 유럽의 유니레버(UL)는 식품, 생활용품, 위생용품 등 일상 소비재에 특화된 글로벌 기업으로, 매출의 60% 이상이 신흥국에서 발생하며 경기방어성과 성장성을 동시에 갖춘 구조입니다. 미국의 리얼티인컴(O)은 매월 임대료를 수취하는 상업용 리츠로, 안정적인 배당을 특징으로 하며 '월배당주'라는 별칭으로 불립니다. 넥스트에라에너지(NEE)는 미국 최대 규모의 재생에너지 기업으로, 태양광과 풍력 중심의 포트폴리오를 통해 친환경 인프라 성장에 직접 투자하는 효과를 줍니다.

달러 수익과 환헤지 기능

한국 투자자 입장에선 해외 배당주는 달러 자산 확보 수단이기도 합니다. 은퇴 이후 해외여행 및 거주는 물론 글로벌 소비 트렌드와 해외 국가별 경제의 흥망성쇠 가능성 등을 고려할 때, 단지 원화 자산에만 올인하는 것은 오히려 집중투자이므로 리스크는 커질 수 있습니다. 이에 비해 배당을 달러로 받는 미국 배당주는 장기적으로 원화 약세에 따른 자산 보호 기능도 수행합니다. 특히 달러 대비 원화가 약세일 경우 '환차익+배당수익'으로 복합 수익이 가능해지는 구조입니다.

ETF를 통한 편리한 접근

해외 배당주투자가 어렵다고 느껴진다면, 해외 ETF를 활용한 간접투자도 매우 편리합니다. 국내 투자자들에게도 이제는 친숙한 대표적인 배당 ETF들은 다음과 같습니다.

- VIG(Vanguard Dividend Appreciation): 미국 배당성장 기업 중심
- SCHD(Schwab U.S. Dividend Equity): 재무 건전성과 배당력 기준의 고품질 배당 ETF
- JEPI, QYLD, DIVO: 월배당+커버드콜 전략으로 배당을 강화한 구조

이러한 ETF는 매월 혹은 분기마다 꾸준한 인컴을 제공하면서도

개별 종목 리스크는 크게 줄일 수 있습니다.

세제 전략의 다양성

미국 배당은 보통 15%의 원천징수가 발생하지만, 한국과 미국은 이중과세방지협정이 체결되어 있어 세액공제를 활용할 수 있습니다. 또한 국내 시장에 상장된 해외 주식을 추종하는 ETF의 경우 연금저축 계좌나 IRP(개인형 퇴직연금) 안에서 운용 시 세금이연 효과를 극대화할 수 있어, 세금 측면에서도 유리한 구조가 가능합니다.

그렇다고 무조건 장점만 있는 것은 아닙니다. 해외 배당주투자에는 분명한 단점과 리스크도 존재하며, 다음과 같은 요소들을 반드시 고려해야 합니다.

첫째, 환율 변동 리스크가 있습니다. 해외 배당은 달러 등 외화로 지급되므로 환율 변동에 따라 수익률이 크게 달라질 수 있습니다. 예를 들어 배당수익률이 4%라도 원화 강세로 환차손이 발생하면 실질 수익이 줄어들 수 있습니다. 물론 이는 정반대로 환차익도 가능하긴 합니다. 이에 대해 최근 원화 약세가 고착화되는 흐름을 보이고 있고, 달러 자산 분산 자체가 리스크 관리이기도 하므로 단기보다는 장기 관점에서 접근하는 것이 바람직하다고 생각합니다.

둘째, 세금 관리의 복잡성도 감안해야 합니다. 해외 주식 투자 시 국가별 배당소득세율은 미국 15%, 일본 15.315%, 중국 10%로, 국내 배당소득세율 15.4%와 비교하여 차이가 있습니다. 이중과세방지 협약에 따라 미국과 일본의 경우 추가 납부가 없지만, 중국 주식의 경우 국내에서 4.4%를 추가로 납부해야 합니다. 또한 해외 주식 양도소득세는 연간 양도차익 250만 원까지 비과세되며, 초과분에 대해 22%의 세율이 적용됩니다. 이를 활용한 절세 전략으로는 매년 250만 원 이내로 이익을 분할 실현하거나, 손실 종목을 매도하여 손익을 상계하는 방법이 있습니다. 국내 증권사들은 이러한 세금 신고를 지원하기 위해 무료 신고 대행 서비스를 제공하고 있습니다. 이러한 세금 관리가 복잡하다면 국내 증시에 상장된 해외 주식 ETF를 연금저축 계좌(IRP, 연금저축펀드 등)에서 운용하면 연금소득세로 과세이연을 시키는 절세 혜택을 누릴 수 있습니다.

셋째, 정보 접근성과 거래 시간 문제도 있습니다. 해외 기업의 실적, 배당일, 정책 변화 등 정보를 확인하는 데 장벽이 있으며, 실시간 대응도 어렵습니다. 또한 거래 시간(미국 기준 밤 10시~새벽 5시)이 한국과 달라 단기매매에는 불리합니다. 물론 해외 배당주는 애초에 장기 투자에 적합하므로 단기 이벤트보다 기업의 장기 정책, 산업구조, 배당력에 집중하는 것이 정석입니다.

재무설계 관점에서의 해외 배당주 활용법

해외 배당주는 단순한 '투자' 수단이 아니라 재무설계와 국제 자산 포트폴리오의 핵심 도구가 될 수 있습니다.

■ 예시 1: 글로벌 연금 인컴 설계

40대 투자자 A씨는 20년 후 은퇴를 앞두고 해외 배당주 ETF에 꾸준히 투자 중입니다.
VIG, SCHD, JEPI 등을 조합해 매달 50~70달러의 배당을 수령하고 있으며, 배당금은 재투자(DRIP)하고 있습니다. 이런 전략을 20년간 유지할 경우, 은퇴 시점에 연간 3,000~5,000달러의 달러 인컴 흐름이 만들어지는 구조가 됩니다. 이는 원화와 무관한 글로벌 연금 계좌를 갖는 셈입니다.

■ 예시 2: 세금 최적화 자산 배분

50대 중반 B씨는 퇴직을 앞두고 IRP 계좌에서 미국 배당주 ETF를 운용 중입니다. 세금이 이연되기 때문에 매년 4~5%의 배당소득이 그대로 재투자되고, 60세 이후 수령 시 연금소득으로 분리과세 혜택을 받을 수 있습니다. 이는 '과세 유보 → 연금 수령 → 낮은 세율'이라는 명확한 절세 전략입니다.

해외 배당주는 글로벌 자산관리의 시작입니다. 해외 배당주는 단순히 '높은 배당'만을 좇는 전략이 아니라 그 속엔 달러 자산 확보, 글로벌 산업 분산, 세금 절감, 인컴 설계라는 강력한 자산관리 철학이 담겨 있습니다. 그리고 무엇보다 매년 올라가는 배당은 투자자의 시간에 이자를 붙이는 우아한 방법이기도 합니다. 우리의 미래에 매달 입금되는 달러 배당금이 있다면, 그 자체가 경제적 자유에 대한 좋은 증거가 아닐까요? 이제는 배당도 국경을 넘는 시대입니다. 그 여정을 시작할 시간입니다.

26
미국 배당주투자 하기 전에 반드시 알아야 할 3가지 핵심 포인트

배당지급일(Dividend Payment Date), 그리고 배당락일(Ex-dividend Date)

　미국 시장에서도 배당락일 하루 전에 주식을 보유하고 있어야 해당 분기의 배당을 받을 수 있습니다. 예를 들어 어떤 기업이 6월 15일에 배당락일을 정했다면, 6월 14일까지 주식을 보유한 투자자만이 이번 분기의 배당을 받을 수 있습니다. 6월 15일부터 매수한 투자자는 아무리 오래 들고 있어도, 그 분기의 배당은 다음 기회로 넘어갑니다. 한국과 달리 미국 배당주는 연 4회(분기 단위) 배당을 하는 경우가 많기 때문에 이 '타이밍 게임'은 매우 중요합니다.

> - 미국 주요 배당주는 기업 홈페이지의 IR 섹션에 배당락일, 지급일, 금액 등을 미리 공지
> - 나스닥(NASDAQ), 야후 파이낸스(Yahoo Finance), 시킹알파(Seeking Alpha) 등에서도 배당락일과 예상 배당금 정보를 쉽게 확인

이날을 놓치면 최소 3개월, 많게는 6개월 이후에나 다음 배당을 받을 수 있기 때문에 미국 배당주에 투자할 때는 '매수 타이밍'을 배당락일 기준으로 맞추는 것이 필수입니다.

♦♦♦♦ 배당의 마법: '꾸준한 캐시플로우'를 만드는 배당 주기 이해하기

최근 배당 ETF를 중심으로 분기 및 월배당이 도입되는 경우도 있지만, 한국 기업의 현금배당은 대체로 연 1~2회 배당이 일반적입니다. 반면 미국 배당주는 배당 주기 그 자체가 훨씬 더 촘촘하고 계획적입니다.

> **대표적인 배당 주기 유형**
> - 월배당: 리얼티인컴(O), 메인스트리트캐피털(MAIN)
> - 분기배당: 대부분의 배당귀족·배당왕 기업

더 흥미로운 점은 서로 다른 분기배당 종목들의 배당월이 제각각 다르기 때문에 서로 다른 종목을 조합하면 결과적으로 '매월 배당

받는 효과'를 낼 수 있다는 것입니다. 이를 '배당 캘린더 분산 전략'이 라고 부릅니다.

> **분기 현금배당 주기의 예**
> - 코카콜라(KO): 1·4·7·10월
> - J&J(JNJ): 3·6·9·12월
> - P&G(PG): 2·5·8·11월

즉 미국 배당주는 단지 '얼마나 많이 주느냐'보다도 '언제 어떻게 주느냐'에 따라 투자설계가 달라질 수 있다는 점에서 매우 전략적인 자산이 될 수 있습니다.

미국 기업의 IR 문화: 배당정책과 주주친화 경영을 읽는 법

미국 배당주투자를 제대로 하려면 단지 배당률만 보는 게 아니라 기업의 배당 철학과 경영진의 주주친화정책을 함께 읽어내야 합니다. 미국 기업들은 대부분 자신들의 주주정책을 자랑스럽게 드러냅니다. 특히 배당과 자사주 매입은 일종의 '브랜드 자산'으로 여겨 중요하게 관리합니다. 대표적인 사례는 코카콜라와 J&J 등인데, 이러한 기업들은 수십 년간 한 해도 빠짐없이 배당을 늘려왔고, 자사 홈페이지 IR 탭에 가면, 매년 얼마나 배당을 늘렸는지, 배당성향은 어떤지, 향후 배당정책에 어떤 계획을 갖고 있는지 등이 투명하게 공개되어 있습니다.

코카콜라의 IR 홈페이지 중 배당정책

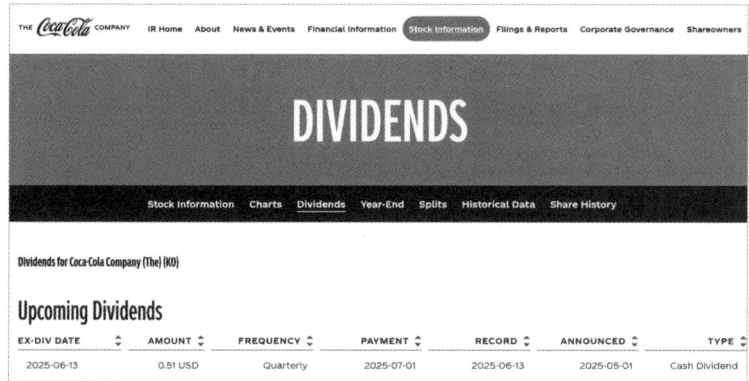

자료: https://investors.coca-colacompany.com/stock-info

이는 한국 기업이 본받아야 할 선진적인 기업문화입니다. 한국은 아직도 배당을 '이익이 많이 나면 주는 보너스'쯤으로 여기는 경우가 많지만, 미국은 배당이 '기업의 약속이고 책임'이라는 문화가 강하다고 평가합니다. 이러한 문화를 이해하지 못하고 단순히 배당률이 4%냐 6%냐를 놓고 투자를 결정하게 되며, 장기투자 관점에서는 좋은 기업을 놓치는 실패로 이어질 수 있습니다. 배당정책이 일관된 기업, ROE와 현금흐름이 안정된 기업, CEO와 CFO가 주주가치 제고를 경영 철학으로 삼는 기업이 진짜 미국 배당주의 정석이 될 것입니다.

27
미국 배당귀족이란 무엇인가?
핵심 종목 정복하기

••• '배당귀족(Dividend Aristocrats)'이라는 말만 들어도 고상한 이미지가 떠오릅니다. 그러나 이 단어는 단순한 수사가 아닙니다. S&P500 배당귀족지수(S&P 500 Dividend Aristocrats Index)는 실제로 25년 이상 연속해서 배당을 늘려온 기업들로 구성되는데, 2025년 기준 총 69개 기업이 포함되어 있고, 미국 S&P500에 편입된 종목 중에서만 선별됩니다. 배당귀족에 편입되기 위해서는 단순한 고배당이 아닌, 지속적인 배당성장의 역사와 재무 안정성이 필수적입니다. 이 지수는 연속 배당 증가라는 기업의 신뢰도를 수치로 표현한 것이며, 투자자 입장에서는 예측 가능한 현금흐름과 함께 시장의 하락 국면에서도 방어력을 기대할 수 있는 종목들로 여겨집니다.

그러면 다른 미국 배당지수와는 어떤 점이 다를까요? 배당지수는 세부 전략에 따라 다양합니다. 예를 들어 S&P High Dividend Index나 Dow Jones U.S. Select Dividend Index는 단기 고배당률에 초점을 두는 반면, 배당귀족지수는 배당의 '지속성'에 무게를 둡니다. 이 때문에 구성종목들의 성격도 차이가 있습니다. 배당귀족 지수는 성장성과 가치 특성 모두를 갖춘 하이브리드 성향을 보입니다. 예를 들어 이 지수는 평균적으로 60%의 가치주, 40%의 성장주 특성을 갖고 있습니다.

반면 다른 고배당 지수는 에너지, 유틸리티, 금융업종에 쏠리는 경향이 강해 업종 간 리스크 분산에는 다소 어려울 수 있습니다. 그런데 배당귀족지수는 모든 종목을 동일가중 편입(equal weight)하여 시가총액 상위 종목에 쏠림 현상을 막는다는 점에서 투자자들에게 더욱 균형 잡힌 포트폴리오를 제공합니다.

25년 이상 50년 이하 연속 배당을 유지하고 있는 기업들 중에서도 특히 시장에서 주목받는 대표 기업 5개를 소개하겠습니다. 50년 이상 연속 배당 기업들은 다음 섹션에서 따로 다루도록 하겠습니다. 이러한 기업들은 '건고한 현금흐름'과 '보수적 재무정책'을 동시에 추구하면서 배당성장을 일관되게 지속해왔습니다.

① 맥도날드(MCD): 연속 배당 증가 48년
전 세계 100여 개국에서 수익을 창출하는 글로벌 소비재 대표주. 수익 안정성과 브랜드 파워 덕분에 배당성장의 모범이다.

② 처치앤드드와이트(CHD): 연속 배당 증가 29년

'암앤해머(Arm & Hammer)'로 유명한 생활용품 회사. 경기민감도가 낮고, 저변이 넓은 소비 기반 덕분에 안정적 배당이 가능하다.

③ 패스트널(FAST): 연속 배당 증가 27년

산업용 자재 유통 기업으로, 효율적인 공급망과 고객 밀착형 모델이 강점. 고정 수요를 바탕으로 장기 성장 중이다.

④ 페더럴 리얼티 인베스트먼트 트러스트(FRT): 연속 배당 증가 57년

리츠 중에서도 가장 오랜 배당성장을 기록한 기업. 쇼핑몰 및 주거용 부동산 중심의 포트폴리오를 보유하고 있다.

⑤ 스탠리 블랙앤데커(SWK): 연속 배당 증가 55년

공구 및 산업용 기계 분야의 대표 기업으로, 경기민감 업종임에도 불구하고 보수적인 경영이 강점이다.

재무설계 및 자산관리 측면에서 미국 배당귀족 활용법을 살펴보겠습니다. 미국 배당귀족 ETF는 안정적 인컴 투자 전략을 세우는 데 매우 유용한데, 특히 다음과 같은 경우에 적합합니다.

- 은퇴 후 생활비 마련을 위한 인컴 수단: 연금과 함께 배당귀족 ETF를 활용하면 배당수익으로 생활비를 보충할 수 있다.
- 자산의 방어적 배분: 경제 불확실성이 높아질 때, 낮은 변동성과 시장 하락 시 방어력이 뛰어난 배당귀족지수는 포트폴리오

의 안전장치 역할을 한다.
- **장기 복리 효과**: 배당을 재투자할 경우 복리의 효과로 장기적으로 자산 증식이 빠르다. 실제로 1930년부터 2025년까지 S&P500에 단순 투자한 수익률보다 배당을 재투자한 경우 수익률이 34배 가까이 높았다는 분석도 있다.

대표적인 배당귀족 ETF로는 다음과 같은 상품이 있습니다.

① **NOBL(ProShares S&P 500 Dividend Aristocrats ETF)**: 가장 대표적인 배당귀족 ETF

| NOBL 가격 추이

자료: 구글 파이낸스

② TIGER 미국S&P500배당귀족:

국내 증시에 상장된 미국 배당귀족 ETF

| TIGER 미국S&P500배당귀족 ETF 가격 추이

자료: 네이버증권

물론 미국 배당귀족 ETF나 주요 구성종목이라고 '만능 투자처'는 아닙니다. 다음과 같은 유의점이 있습니다.

- 성장률 제한: 이미 성숙 산업에 있는 기업들이 많아, 고성장주는 많지 않다.
- 금리 민감도: 금리가 급등할 경우, 인컴 자산으로서의 매력은 다소 떨어질 수 있다.
- 배당 자체의 불확실성: 과거 25년 이상 배당을 늘려왔더라도, 향후 경기 침체나 산업 변화가 생기면 배당정책도 변경될 수 있다.
- 환율 리스크도 간과해선 안 된다: 미국 기업에 투자하는 만큼

원-달러 환율 변동성이 총수익률에 영향을 미칠 수 있다.

배당귀족은 단순히 '배당을 많이 주는' 기업이 아니라 배당을 꾸준히, 안정적으로, 오랫동안 늘려온 기업만이 가질 수 있는 명예로운 타이틀입니다. 이런 기업들은 시장의 신뢰를 상징하며, 자산 포트폴리오의 중추적 역할을 맡을 수 있습니다. 단기적인 트레이딩이 아닌, 장기적이고 방어적인 자산관리 전략을 세우는 투자자라면 미국 배당귀족 ETF와 핵심 종목을 포트폴리오에 포함시키는 것을 고려해볼 만하다고 판단합니다.

28
배당의 왕관을 쓴 기업들
미국 배당왕을 말하다

●●●● '배당귀족'이 품격 있는 오랜 배당의 역사를 지닌다면, '배당왕(Dividend Kings)'은 그 가운데 진정한 왕관을 쓴 존재입니다. 이름에서 느껴지는 위엄처럼, 이 명예로운 타이틀은 50년 이상 연속 배당을 늘려온 기업에게만 주어지는 칭호입니다. 50년. 말 그대로 반세기입니다. 베트남 전쟁이 한창이던 시절부터 시작해 냉전의 종식, 인터넷 혁명, 금융위기, 팬데믹, 인플레이션까지 모두 견뎌내고 배당을 줄곧 '늘려온' 정말 역대급 기업들입니다.

그렇다면 배당귀족과 비교해 배당왕은 어떤 점에서 더 특별할까요? 그리고 이 기업들은 어떻게 투자자의 자산설계에 핵심이 되는 걸까요?

배당귀족은 미국 S&P500 지수에 포함된 기업 중 25년 이상 연속 배당 증가를 기록한 기업을 말합니다. 반면 배당왕은 지수 포함 여부와 상관없이 50년 이상 연속 배당 증가 기록을 보유한 기업입니다. 그래서 배당귀족은 2025년 기준 69개 종목으로 구성되어 있지만, 배당왕은 보다 '정예'로 구성되어 있고 2025년 현재 약 50~53개 기업이 해당됩니다. 배당왕과 배당귀족 간의 관계는 모든 배당왕은 당연히 배당귀족에도 속하는 부분집합으로 보면 됩니다.

정리하면 다음과 같습니다.

구분	배당귀족	배당왕
기준 연수	25년 이상 연속 배당 증가	50년 이상 연속 배당 증가
지수 포함 조건	S&P500 지수 종목에 한정	지수 포함 여부 무관
종목 수(2025년)	약 69개	약 50개
예시 기업	맥도날드, P&G, FRT 등	코카콜라, J&J, 에머슨일렉트릭 등

배당왕은 배당귀족보다 더 긴 시간, 더 일관된 주주환원정책을 이어온 기업들이기에 '가장 신뢰받는 인컴 주식군'이라는 타이틀이 더 적합합니다. 이들은 대부분 보수적인 재무 관리, 높은 현금흐름, 우수한 브랜드 가치, 견고한 시장점유율을 바탕으로 '끊임없이 배당금을 높여온' 전통의 강자입니다.

다음은 배당왕 중에서도 특별히 주목할 만한 5개 기업입니다.

① 코카콜라(KO): 배당 증가 연수 62년

전 세계 어디를 가든 볼 수 있는 브랜드. 브랜드 자체가 배당의 신뢰도입니다. 코카콜라는 경기 사이클에 큰 영향을 받지 않으며, 분기마다 안정적인 배당을 제공합니다. 배당수익률은 약 3% 후반이며, 은퇴설계 포트폴리오에서 인컴 파트의 '기둥'으로 많이 활용됩니다.

② P&G(PG): 배당 증가 연수 67년

P&G는 '질레트', '다우니', '팬틴' 등 세계적으로 잘 알려진 생활용품 브랜드를 가진 기업입니다. 고정 수요 기반의 안정적인 현금흐름, 효율적 원가관리, 그리고 연간 분기배당 지급이라는 친주주 정책을 유지하고 있습니다.

③ J&J(JNJ): 배당 증가 연수 62년

헬스케어 업계의 절대강자. J&J는 제약, 소비재, 의료기기 3개 축으로 사업을 운영하고 있으며, 시장의 경기와 무관하게 수익을 내는 구조를 지닌 대표적인 방어형 배당왕입니다.

④ 에머슨일렉트릭(EMR): 배당 증가 연수 68년

공장 자동화, 산업 제어기기 분야의 글로벌 리더. EMR은 산업재 기업으로는 이례적으로 거의 70년에 가까운 배당 증가 기록을 보유하고 있습니다. 기술집약형 제조업임에도 안정된 재무 기조와 지속 가능한 주주환원이 돋보이는 사례입니다.

⑤ 로우스(LOW): 배당 증가 연수 62년

홈디포(HD)와 함께 미국 주택개선 소매업의 양대 산맥 중 하나인 LOW는 소비자 고정 수요 기반의 비즈니스 모델을 통해 60년 넘게 배당을 늘려온 비경기민감형 소비재 대표주입니다.

29
미국 고배당 ETF
안정성과 성장성이 장점

미국 고배당 ETF는 안정적인 인컴이익과 장기적인 자산성장을 동시에 추구하는 투자자들에게 매력적인 선택지입니다. 거래량이 양호하고, 운용자산(AUM) 측면에서 상위에 위치한 ETF들은 이미 시장에서의 신뢰도와 유동성이 높아 투자 대안으로 우선적으로 고려하게 됩니다. 따라서 거래량과 AUM 기준으로 상위권에 해당하는 대표적인 미국 고배당 ETF 5종의 주요 포인트를 살펴보겠습니다.

SCHD: Schwab U.S. Dividend Equity ETF

SCHD ETF는 낮은 운용보수(0.06%)와 우량 배당주 중심의 엄격한 선별 기준 덕분에 고배당 ETF 중에서도 투자자들의 압도적인 사랑을 받고 있습니다. 배당수익률은 4% 내외지만, 배당성장과 자본차익까지 모두 추구할 수 있어 배당과 성장의 균형을 원하는 투자자에게 이상적입니다. 5년 평균 수익률도 높아 '고배당+성장' 전략의 모범 사례로 평가받습니다.

- 기초지수: Dow Jones U.S. Dividend 100 Index
- 운용자산(AUM): 약 667억 달러
- 배당수익률: 약 3.99%
- 5년 평균 수익률: 연평균 약 17.3%
- 주요 구성종목: 펩시코(PEP), 브로드컴(AVGO), 버라이즌(VZ), 텍사스인스트루먼츠(TXN), 코카콜라(KO)

| SCHD ETF 가격 추이

자료: 구글 파이낸스

╎╎╎╎ VYM: Vanguard High Dividend Yield ETF

　　VYM ETF는 세계 최대 자산운용사 뱅가드(Vanguard)가 운용하며, 1,000억 달러 이상 AUM과 뛰어난 유동성으로 안정감이 높은 고배당 ETF입니다. 미국 대형 우량주 중심으로 구성되어 있어 분산 효과가 크고, 배당수익률도 약 3.5% 수준으로 꾸준합니다. 특히 배당 지속성에 초점을 맞춘 점이 장점입니다. 한편 SCHD는 재무 건전성

- 기초지수: FTSE High Dividend Yield Index
- 운용자산(AUM): 약 1,025억 달러
- 배당수익률: 약 3.53%
- 5년 평균 수익률: 연평균 약 13.5%
- 주요 구성종목: J&J(JNJ), JP모건(JPM), P&G(PG), 셰브론(CVX), 화이자(PFE)

| VYM ETF 가격 추이

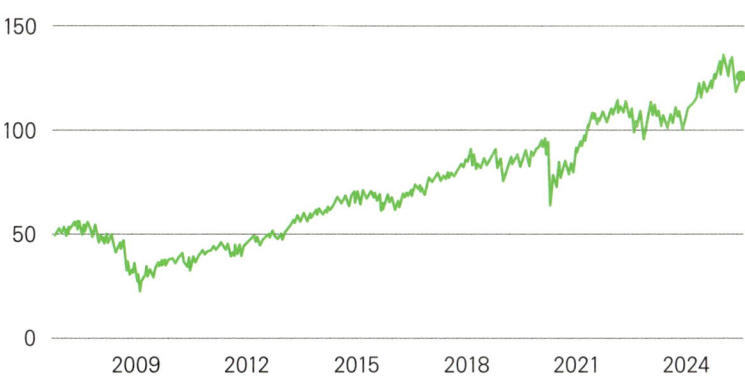

자료: 구글 파이낸스

과 배당 성장성을 기준으로 엄선된 100개 종목 중심이고, 기술주 비중도 더 높은 편입니다. 반면 VYM은 더 광범위한 기업들을 포괄하고 있어 보다 보수적이고 분산된 접근에 적합합니다.

HDV: iShares Core High Dividend ETF

HDV ETF는 재무 건전성과 배당 지속가능성을 최우선으로 평가하는 기업들에 투자하는 ETF로, 안정성과 방어력을 중시하는 투자자들에게 인기가 많습니다. 대표적으로 헬스케어·에너지·필수소비재 섹터 중심으로 구성되어 경기 침체기에도 비교적 흔들림이 적습니다. SCHD는 배당성장과 자본차익을 동시에 노리며 기술·금융 비중이 높고, VYM은 다양한 대형주를 폭넓게 담아 배당의 광범위한 분산투자에 초점을 둡니다. 이에 비해 HDV는 보수적인 포트폴리오와 경기방어형 구성이 특징입니다.

- 기초지수: Morningstar Dividend Yield Focus Index
- 운용자산(AUM): 약 114억 달러
- 배당수익률: 약 3.37%
- 5년 평균 수익률: 연평균 약 10.5%
- 주요 구성종목: 엑슨모빌(XOM), J&J(JNJ), P&G(PG), 화이자(PFE), 셰브론(CVX)

HDV ETF 가격 추이

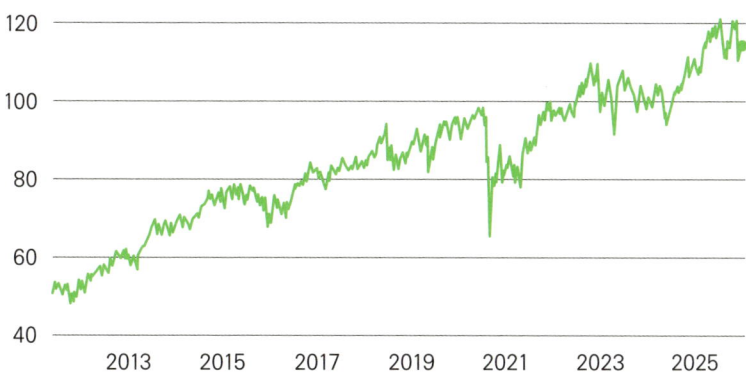

자료: 구글 파이낸스

⛲ SPYD: SPDR Portfolio S&P 500 High Dividend ETF

SPYD ETF는 S&P500 내 고배당 상위 80개 기업에 동일가중 방식으로 투자하는 ETF로, 높은 배당수익률(약 4% 이상)을 원하는 투자자들에게 선호됩니다. 특히 금융·부동산·에너지 비중이 높아 인컴이익 극대화에 적합한 구조입니다. 앞서 살펴본 SCHD는 배당 성장

- 기초지수: S&P 500 High Dividend Index
- 운용자산(AUM): 약 60억 달러
- 배당수익률: 약 4.1%
- 5년 평균 수익률: 연평균 약 9.2%
- 주요 구성종목: AT&T(T), 셰브론(CVX), 애브비(ABBV), 아이비엠(IBM), 화이자(PFE)

29 | 미국 고배당 ETF: 안정성과 성장성이 장점

| SPYD ETF 가격 추이

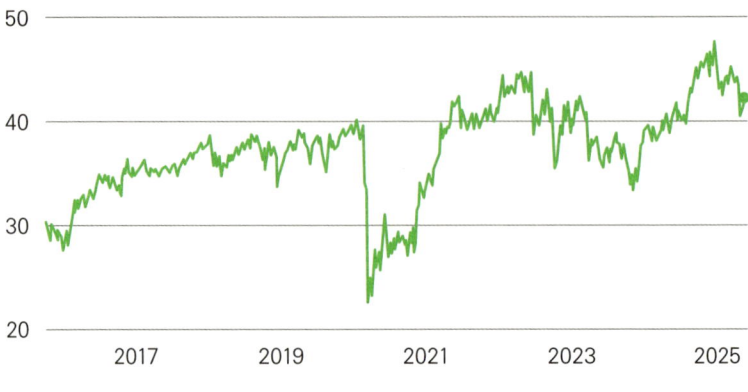

자료: 구글 파이낸스

성과 재무지표를 중시하고, VYM은 대형주 중심의 광범위한 분산을, HDV는 재무 건전성과 방어력을 중시합니다. 이에 비해 SPYD는 단순한 고배당 전략과 높은 인컴을 중시하지만, 경기민감 업종 비중이 높아 변동성도 큰 편입니다.

DVY: iShares Select Dividend ETF

DVY ETF는 안정적인 배당 지급 이력을 가진 중소형 우량주에 집중하며, 배당 지속성과 수익률의 균형을 중시하는 투자자들에게 선호됩니다. 유틸리티, 에너지, 산업재 비중이 높고, 상대적으로 기술주 비중이 낮아 보수적인 성향을 띱니다. SCHD는 성장성과 재무지표를, VYM은 대형 우량주 분산을, HDV는 재무 건전성과 방어성을, SPYD는 단순 고배당수익 극대화를 추구하는 반면, DVY는 과거 배

- 기초지수: Dow Jones U.S. Select Dividend Index
- 운용자산(AUM): 약 200억 달러
- 배당수익률: 약 3.61%
- 5년 평균 수익률: 연평균 약 14.4%
- 주요 구성종목: 에디슨 인터내셔널(EIX), 길리어드 사이언스(GILD), 알트리아(MO), 발레로 에너지(VLO), 엑슨모빌(XOM)

| DVY ETF 가격 추이

자료: 구글 파이낸스

당 안정성과 섹터 다변화 전략에 기반한 ETF로 중위험·중수익을 추구하는 투자자에게 적합합니다.

이러한 고배당 ETF들은 각기 다른 전략과 구성으로 투자자들에게 다양한 선택지를 제공합니다. 투자자의 목표, 리스크 허용 범위, 투자 기간 등을 고려하여 적절한 ETF를 선택하는 것이 중요합니다. 장기적인 인컴이익과 자산성장을 동시에 추구하는 투자자에게 이러한 ETF들은 유용한 도구가 될 수 있습니다.

30
환율 리스크를 이기는
해외 배당투자 전략

해외 배당투자는 분명 매력적인 전략입니다. 글로벌 초우량 기업의 안정적인 배당, 높은 성장성과 수익성, 그리고 무엇보다 달러로 들어오는 배당금은 외화 자산을 확보하는 좋은 수단이 됩니다. 하지만 이처럼 좋은 전략에도 피할 수 없는 한 가지, 환율 리스크를 감안해야 합니다. 예를 들어 미국 주식에서 연 4%의 배당수익률을 얻었다고 해도, 달러 약세를 보이면 원화 환산 수익률은 2~3%대로 떨어질 수 있습니다. 심지어 환차손이 크다면 배당으로 얻은 수익보다 더 큰 손실이 발생할 수도 있습니다. 즉 해외 배당투자의 진짜 수익률은 배당률이 아니라 '배당 + 환율'을 합산한 실질 수익률입니다. 다시 말해 달러 대비 원화 환율이 높은 시점에 환전하면 이득(환차익), 낮

| 예시: 환율에 따라 변화하는 수익률

구분	배당금(USD)	환율	원화 환산 수익
A안	$1,000	1,350원	1,350,000원
B안	$1,000	1,200원	1,200,000원

은 시점에 환전하면 손실(환차손)이 발생합니다. 위의 예시를 통해 같은 배당금이라도 환율 차이로 15%의 수익률 차이가 발생하는 것을 알 수 있습니다.

물론 환율은 예측이 대단히 어렵습니다. 다만 환율이 크게 움직이는 시기에 따라 다르게 대응하는 전략은 존재합니다.

달러 강세 시기(원화 약세)

달러 배당금을 원화로 환전 시 환차익까지 발생하여 실질 수익률은 상승하는 효과를 보게 됩니다. 따라서 이 시기에는 적극적인 환전 전략을 활용한다면 비싼 달러 배당금을 저렴한 원화로 전환하여 포트폴리오 리밸런싱할 수 있습니다. 달러 자산과 원화 자산의 목표 비율이 당초 6:4였다면 달러 강세로 인해 달러 자산의 비중이 올라간 것을 재조정한다는 의미로 해석하면 됩니다. 실전에서 1,400원대에서 환전 후 국내 배당주(예: KT&G, 하나금융)에 분산 매수하면 통화 분산 효과가 가능해집니다.

달러 약세 시기(원화 강세)

반대로 달러 배당금을 원화로 환전 시 실질 수익률은 감소할 수 있습니다. 이때는 환전 시점을 늦추고, 달러 자산으로 보유하거나 달러로 재투자하는 것이 좋습니다. 즉 달러 배당금은 그대로 미국 ETF 등에 재투자하면서 달러 포지션 유지가 유리합니다. SCHD, VIG, DGRO 등의 ETF로 배당금 재투자를 하고 달러 약세기엔 환전보다는 달러 자산 내 복리 확대 전략이 효과적입니다.

그러면 환율 리스크를 분산하는 전략을 살펴보겠습니다.

분산 환전 전략: 분할해서 나눠 바꿔라

배당금은 분기마다 들어옵니다. 이를 모아 한 번에 바꾸는 것이 아니라 매달 또는 분기마다 소액 분할 환전하면 평균 환율을 맞출 수 있습니다. 이는 달러-원 평균 단가를 낮추는 '달러 코스트 애버리징(DCA)' 전략과 유사합니다.

> ■ 예시
> - 3월: 300달러 환전(환율 1,320원)
> - 6월: 300달러 환전(환율 1,250원)
> - 9월: 환전 보류, 달러 자산 유지
> → 환율의 상하 움직임에 따른 리스크 완화 가능

통화 분산 포트폴리오 구성

환율 리스크는 '통화 편중'에서 비롯됩니다. 따라서 해외 배당은 달러 ETF, 국내 배당은 원화 주식으로 이중 구성하는 것이 안정적입니다. 전체 포트폴리오가 달러 자산에만 집중되면 환율에 너무 민감해질 수 있기 때문입니다. '해외 ETF 60% + 국내 배당주 40%' 조합으로 환리스크 완화와 세후 수익 최적화를 동시 달성할 수 있습니다.

분류	예시	통화
미국 배당 ETF	SCHD, VYM, JEPI	달러
국내 고배당주	KT&G, 삼성화재, 하나금융	원화
글로벌 ETF	VT, ACWI	달러 기반 + 통화 분산 간접 효과

헤지형 상품 or 비헤지 상품, 구분해서 활용하라

국내 증시에 상장된 해외 ETF는 환율 변동을 막아주는 환헤지형 상품과 그렇지 않은 비헤지형 상품이 존재합니다. 장기투자자는 환헤지 비용이 수반되지 않는 보통 비헤지형을 선택하지만, 고배당 중심의 단기 배당수익 투자자라면 환헤지 ETF를 통해 환변동 리스크를 피하는 것을 고려할 수 있습니다.

유형	장점	단점
환헤지형	환율 영향 없음 / 수익 안정	운용보수↑ / 복리 효과↓
비헤지형	복리 효과 극대화 / 장기 수익률↑	환율 리스크 존재

> **환율 리스크에 대응한 실제 투자자의 사례**
>
> ■ 사례 1: 배당금 50%는 환전, 50%는 달러 유지
> 40대 직장인 이 모 씨는 미국 ETF에서 분기당 약 1,200달러의 배당을 받습니다. 그는 매 분기 600달러는 환율 우위 시점에 원화 환전, 나머지는 달러 MMF에 유보하거나 ETF로 재투자합니다. 이를 통해 환차익 기회를 얻으면서도 달러 자산의 복리 구조를 지켜가고 있습니다.
>
> ■ 사례 2: 달러 약세기에도 꾸준히 투자한 은퇴자
> 은퇴 후 월 50만 원 정도의 배당을 받는 정 모 씨는 2023년 환율 하락 시 배당금을 전액 환전하지 않고 SCHY, QYLD 등 월배당 ETF에 자동 재투자했습니다. 이 덕분에 환차손 없이 달러 자산의 현금흐름을 유지하며 2024년 초 달러 반등과 함께 이중 수익을 실현했습니다.

달러 배당금이 많아도 환전 타이밍을 잘못 잡으면 실질 수익은 줄어들 수 있습니다. 반대로 같은 배당금이라도 현명한 환율 전략이 뒷받침된다면 수익률은 훨씬 높아질 수 있습니다. 환율을 예측할 수는 없지만 분산하고, 나누고, 기다리는 전략은 누구나 실천할 수 있습니다. 해외 배당투자는 시간이 만든 복리와 환율이 만든 차이를 모두 품는 전략입니다. 그리고 그 차이를 수익으로 바꾸는 것은 투자 판단력과 환율 대응력에 달려 있습니다.

Chapter 6
배당소득을 극대화하는 포트폴리오 전략

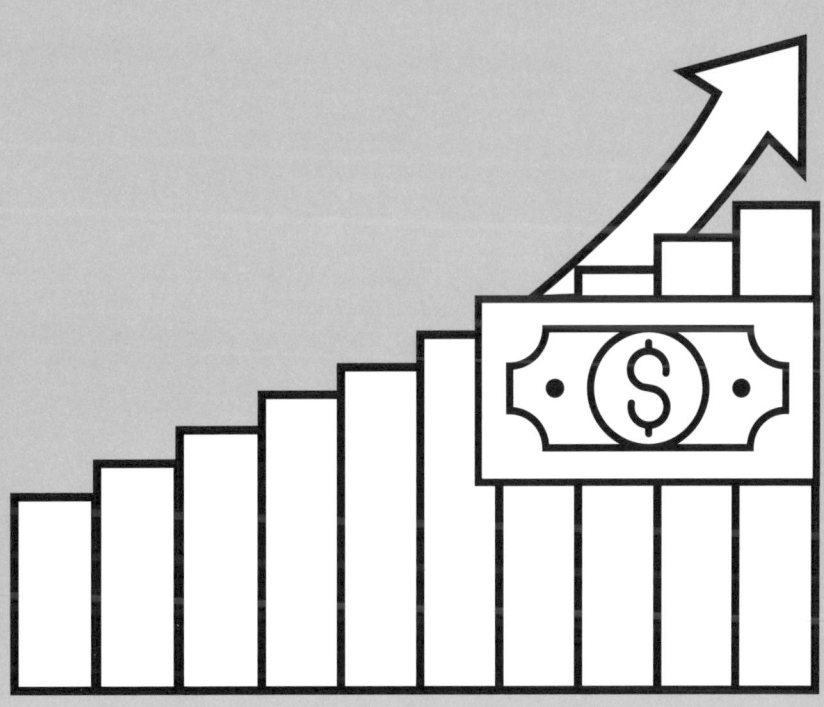

31
배당주 포트폴리오를 구축하는 3가지 원칙

배당주는 단지 정기적인 수익 창출 수단만은 아닙니다. '현금흐름을 보장하면서도 주가 상승의 기회도 함께 담는 전략적 자산'입니다. 따라서 은퇴 준비가 필요한 중장년층, 안정적 자산관리를 원하는 30~40대, 심지어 주식 초보자들까지도 배당주는 자산관리에서 중요한 핵심 자산이 될 수 있습니다. 하지만 단순히 배당수익률만 높은 고배당 종목을 채우는 것만으로는 이상적인 배당주 포트폴리오라고 부를 수 없는데요. 배당주 포트폴리오를 성공적으로 구축하기 위한 3가지 핵심 원칙을 소개하고자 합니다.

[원칙 1] 분산투자: "계란을 한 바구니에 담지 말라"

현대 포트폴리오 이론(Modern Portfolio Theory, MPT)의 창시자인 해리 마코위츠(Harry Markowitz)는 이렇게 말했습니다.

"분산이야말로 유일한 공짜 점심이다."

배당주라고 예외가 아닙니다. 고배당주 포트폴리오라도 산업·섹터·성장성의 다양성이 반드시 필요합니다. 예컨대 한 투자자가 에너지 관련 고배당주인 엑슨모빌(XOM), 셰브론(CVX), 그리고 파이프라인 기업인 엔브리지(ENB)만으로 포트폴리오를 구성했다고 가정해보겠습니다. 겉으로만 보면 5~6%대 높은 배당수익률을 추구하는 고배당이 매력적이지만, 유가 급락 시 전체 포트폴리오가 흔들리는 '섹터 집중 리스크'를 안고 있습니다.

이에 비해 VIG나 SCHD는 헬스케어, 금융, 산업재, 소비재 등 다양한 산업군을 포함시켜 안정성을 높입니다. 실제로 2022년 베어 마켓에서 기술주 중심 ETF는 −30% 이상 급락했지만, SCHD는 −4% 수준에 그친 것은 섹터 집중 리스크를 극복했던 분산투자에 기인한 것입니다. 즉 배당주도 주식이니 종목별 변동성은 해당 업종의 특성을 그대로 반영하고 있습니다. 따라서 다섯 종목 이상, 서로 다른 산업과 시장 성장 국면에 위치한 기업을 섞어야 분산투자 효과로 변동성을 줄일 수 있습니다. 미국의 대표적인 배당 ETF들이 그렇듯이 리츠, 유틸리티, 소비재, 헬스케어 등을 적절히 혼합해 방어력과 성장성의 균형을 맞추는 것은 배당주 포트폴리오 구성의 핵심입니다.

[원칙 2] 생애주기별 전략:
"20대와 60대의 배당 포트폴리오는 달라야 한다"

미국의 대표적인 은퇴 재무설계 연구자인 윌리엄 벤젠(William Bengen)은 '4% 룰'로 유명합니다. 그는 은퇴자들이 매년 자산의 4%씩 인출하면서 30년간 자산을 유지할 수 있는 포트폴리오로 '배당주+채권' 구성을 추천합니다. 하지만 현실은 더 섬세합니다. 생애주기별로 수입과 지출의 주기가 모두 다르기 때문에 세대별로 배당주 포트폴리오 구성도 차별화되어야 합니다.

- 20~30대: 배당성장주 중심. 마이크로소프트, 애브비, 브로드컴 등 배당을 계속 높이는 기업. 총수익률(배당 + 주가 상승)이 중요하다.
- 40~50대: 배당수익률과 성장률의 균형. SCHD, VYM 등 ETF 중심의 전략을 활용하자.
- 60대 이상: 안정적 현금흐름. 고배당 리츠, 유틸리티, 공공주 중심. JEPI, QYLD 같은 월배당 ETF도 적극적으로 활용 가능하다.

한 65세 은퇴자가 5억 원 자산 중 3억 원을 월배당 ETF(JEPI, RYLD)에 넣어 월 60만~75만 원 수준의 현금흐름을 확보했다면, 남은 자산 2억 원은 배당성장주로 운용해 자산의 실질 가치를 지키는 식을 생각해볼 수 있습니다. 결국 핵심은 생애주기에 따른 배당 포트폴리오 설계입니다. 나이, 소득, 소비, 은퇴 시점에 따라 배당 종목의 구성은 다르게 설계되어야 할 것입니다.

[원칙 3] 글로벌 자산 배분:
"달러만 보지 말고, 통화 다변화도 전략이다"

미국 배당주는 강력한 자산입니다. 하지만 모든 자산을 달러에 의존하는 것도 사실 위험할 수 있습니다. 2022~2025년과 같이 달러가 강세일 때는 좋지만, 달러가 약세로 돌아설 경우 투자수익률에 큰 영향을 받을 수 있기 때문입니다. 따라서 '글로벌 배당 포트폴리오'를 통해 다양한 통화 분산이 가능하다는 시각도 필요합니다. 현금배당금으로 달러, 유로, 엔, 위안, 홍콩 달러 등이 쌓인다면 원화 자산 집중 리스크가 큰 한국 투자자 입장에서는 통화 분산 효과를 극대화시킬 수 있습니다. 장기투자자의 관점에서 특정 통화로의 쏠림보다는 통화 분산을 통해 글로벌 경제 펀더멘털을 최대한 반영시키는 것이 바람직하다고 생각합니다.

- 미국 달러: 연속 배당성장이 확실한 기업(예: J&J, P&G)
- 유럽 유로: 고배당·저성장 기업(예: 로레알, 넥스테라, 로얄더치셸 등)
- 아시아 통화: 안정적 현금흐름 기반의 인프라·통신 기업(예: 싱가포르 텔레콤, 일본전력 등)

이를 감안할 때 대안이 되는 것이 글로벌 배당 ETF입니다. IDV(iShares International Select Dividend ETF)의 경우 유럽·아시아 고배당 기업들을 포괄합니다. 국내 투자자 입장에선 환율 헤지를 선택할 수도 있고, 비달러 자산 보유의 효과로 외환 분산과 정치 리스크

회피를 동시에 누릴 수 있습니다.

배당주투자는 장기적 자산관리 시스템의 구축의 핵심이며, '경제적 자유'를 위한 현금흐름 자산군의 심장과도 같습니다. 좋은 배당주는 마치 과수원과 같습니다. 씨를 뿌리고, 가꾸고, 기다리면 계절마다 과실을 맺습니다. 다만 과수원을 지을 땐 종자(종목)도 중요하고, 지역(통화)도 중요하며, 관리(생애주기별 전략)도 필요합니다. 이 3가지 원칙, 즉 '분산투자', '생애주기', '글로벌 자산 배분'은 배당 투자자의 장기적 성공을 위한 핵심 열쇠가 될 것입니다.

32
배당 안정성을 위한
산업별 분산 투자법

　　　배당수익률만 맹목적으로 좇지 말고 '배당의 지속가능성'을 따져야 한다는 이야기를 계속 드렸습니다. 과거와 현재의 고배당주가 아무리 매력적으로 보여도 다음 해에 배당이 끊기거나 줄어든다면 그것은 '고수익'이 아니라 '고위험'이 되기 때문입니다. 대표적인 사례가 2018년의 제너럴일렉트릭(GE)입니다. GE는 한때 S&P 배당귀족지수의 단골손님이었고, 세계 최대 산업재 기업 중 하나로 꼽혔습니다. 하지만 수익성 저하, 사업부 재무 악화, 무리한 확장 등의 이유로 결국 배당을 삭감했습니다. GE 주가도 무너졌고, 장기 보유한 배당 투자자들은 '현금흐름 중단'과 함께 손실까지 떠안아야 했습니다.

　　따라서 배당 지속가능성의 핵심은 기업이 속한 산업의 지속가능성과 결국 결부되어야 합니다. 기업의 배당 지급 능력은 '산업의 성장성과 안정성' 위에 세워져 있습니다. 배당 포트폴리오의 내진설계가 산업별로 잘 이뤄졌는지를 다음의 3가지 축으로 살펴보겠습니다.

[원칙 1] 업종 분산: "한 우물 말고, 여러 우물 파라"

왜 업종 분산일까요? 투자 대가 유진 파마(Eugene Fama)와 케네스 프렌치(Kenneth French)의 '자산수익률 3요인 모형'에 따르면, 주가수익률의 변동은 산업 요인과 거시경제 변수에 민감하게 반응한다고 합니다. 다시 말해 업종이 다르면 경기순환에 대한 반응도 다르며, 이는 곧 배당의 안정성과 직결됩니다. 예를 들어 에너지 업종은 유가에 따라 실적이 출렁입니다. 반면 유틸리티 업종은 규제 기반이기 때문에 경기에 둔감하고 배당의 일관성이 높습니다. 음식료와 같은 필수소비재 업종도 경기와는 덜 민감한 의식주 활동의 하나로 발생하기 때문에 배당 안전판으로 여겨집니다.

2022년처럼 금리 인상과 경기 둔화가 겹친 해에 기술주는 큰 폭

2022년 주요 ETF별 수익률 비교

ETF	산업 중심	2022년 수익률	배당수익률
QQQ	기술	−33.0%	0.6%
SCHD	배당성장주(산업·소비재 중심)	−3.2%	3.5%
XLU	유틸리티	+1.8%	3.2%
VDE	에너지	+5.75%	3.9%

으로 하락한 반면 유틸리티, 에너지는 오히려 방어 또는 초과 수익을 기록했습니다. 배당수익을 안정적으로 확보하려면 업종 간 온도차를 반영해야 합니다.

⚡ [원칙 2] 기업 수명주기 관점에서 산업 분산하기

사람도, 기업도, 산업도 나름의 생애주기를 가지고 있습니다. 모든 기업, 산업은 '도입기 → 성장기 → 성숙기 → 쇠퇴기'를 거칩니다. 앞서 강조했지만 산업의 성장성과 안정성은 배당 지속성의 핵심축입니다.

산업	기업 수명주기	배당 특성
AI/반도체	도입기~성장기	배당 미지급 또는 낮음
헬스케어	성숙기	안정적 배당과 성장
에너지	성숙기~순환기	고배당이나 유가에 민감
유틸리티	성숙기	규제 기반 안정 배당
통신	성숙기	지속적 고배당
내연기관 자동차	쇠퇴기	배당 삭감 리스크 존재

이와 관련한 사례 분석을 '헬스케어 vs. 내연기관 자동차'로 살펴보겠습니다.

> **J&J(JNJ)**
> 세계 3대 헬스케어 기업. 60년 이상 연속 배당 증가. 제품 수요가 경기와 무관하고, 마진율과 특허 경쟁력도 높음. 전형적인 '성숙기+현금흐름 우량 산업'으로 배당투자에 적합.

> **포드(Ford)**
>
> 내연기관 중심 산업에서 하이브리드 및 전기차로의 산업구조 전환에 실패하면서 2020년 배당 중단. 이후 전기차 전환 가속 중이나 적자 상태로 배당 회복 여부 불투명.

결국 배당의 안정성은 기업의 과거와 현재의 수익력보다는 그 산업구조의 지속가능성에 의해 미래가 좌우됩니다.

[원칙 3] 글로벌 분산으로 산업 리스크 + 국가 리스크 줄이기

오랫동안 미국 주식이 전 세계 주식시장을 선도하고 있지만, 달러 집중도와 정책 리스크, 미국 내부의 빅테크 산업 쏠림은 리스크 요인이 될 수 있습니다. 이런 이유로 블랙록(BlackRock)과 뱅가드는 2023년 리서치 보고서에서 "글로벌 인컴 전략은 통화 및 산업 다변화가 병행돼야 한다"고 권고하기도 했습니다.

산업별 글로벌 대표 배당주 사례

지역	산업	종목	배당 특성
미국	헬스케어	J&J(JNJ)	연속 배당 60년 이상
캐나다	금융	로열뱅크오브캐나다(RY)	4.0% 안정 배당
싱가포르	리츠	캐피탈랜드 인터그레이티드 트러스트(CICT)	5~6%. 분기배당
영국	에너지	셸(SHEL)	고배당, 원자재 수혜
일본	통신	일본전신전화(NTT)	낮은 변동성, 분기배당

글로벌 배당 포트폴리오를 구성할 때 유용한 ETF로는 IDV와 VYMI가 대표적입니다. IDV(iShares International Select Dividend ETF)는 미국 외 선진국 고배당주 중심으로 구성되며, 특히 유럽이나 호주, 캐나다 등에서 높은 배당을 지급하는 기업을 선별합니다. 금융, 유틸리티, 통신업 비중이 높아 방어적인 성격이 강합니다. 반면 VYMI(Vanguard International High Dividend Yield ETF)는 미국을 제외한 전 세계 고배당 기업에 투자하며, 신흥국도 일부 포함되어 있습니다.

보다 폭넓은 글로벌 산업군에 분산투자할 수 있어, 통화 리스크 분산 효과도 큽니다. 두 ETF 모두 미국 중심 배당 전략의 한계를 보완하며, 산업과 지역의 리스크를 동시에 줄일 수 있는 유용한 수단이 될 수 있습니다.

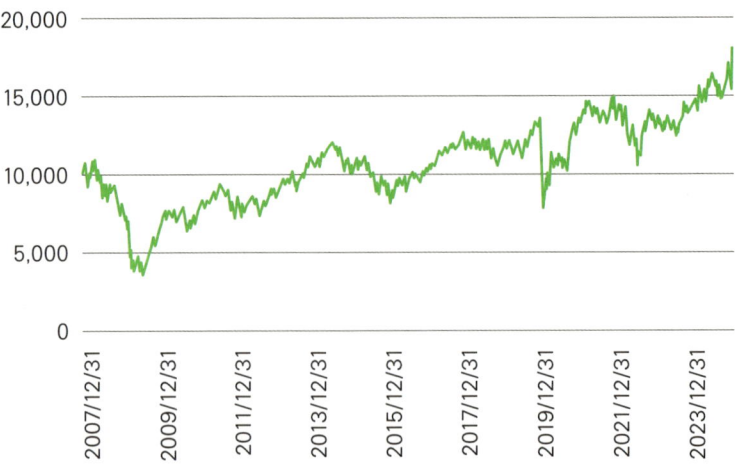

| IDV ETF에 1만 달러 투자를 가정할 경우 성과

자료: ishares.com

글로벌 산업별 배당 포트폴리오를 구성하면, ① 산업 사이클 분산, ② 국가 리스크 헤지, ③ 통화 분산이라는 3가지 혜택을 동시에 얻을 수 있습니다.

33
배당주와 리츠 조합으로
현금흐름 늘리기

배당주와 리츠는 모두 '현금흐름'이라는 단어에서 투자자들을 끌어당깁니다. 두 자산 모두 꾸준한 배당수익을 제공한다는 점에서 은퇴자, 자산 보유자, 안정지향 투자자들에게 인기이나, 그 본질은 꽤 다른 점이 있습니다. 배당주는 일반적인 기업이 이익의 일부를 주주에게 나눠주는 구조입니다. 배당성향과 배당성장률은 기업의 재무상태, 업황, 경영자의 배당정책 등에 따라 결정됩니다. 반면 리츠는 '부동산 수익'을 배당의 주요 재원으로 삼습니다. 법적으로 이익의 90% 이상을 배당해야 하는 구조이기 때문에 배당의 꾸준함에 있어서 일반 배당주보다 훨씬 강제성이 큽니다.

리츠는 부동산 경기에 민감합니다. 금리 상승기에는 조달비용 부

담이 커지고, 자산가치 하락은 수익률을 잠식할 수 있습니다. 반대로 배당주는 업종 다양성 덕분에 경기 사이클에 따라 다양한 선택이 가능합니다. 즉 리츠는 부동산을 통한 현금흐름 창출에 특화된 상품이고, 배당주는 산업 전반에서 선택 가능한 폭넓은 배당수익원입니다. 두 자산의 조합은 결국 부동산과 산업 기업이라는 전혀 다른 자산 기반의 현금흐름을 묶는 포트폴리오 다변화 전략이 될 수 있습니다.

리츠, 부동산에 투자하는 또 하나의 방법

리츠(Real Estate Investment Trusts, REITs)는 쉽게 말해 '부동산에 투자하는 주식'입니다. 우리가 직접 건물을 사서 임대수익을 얻으려면 많은 돈과 시간이 필요하지만, 리츠는 여러 투자자들이 돈을 모아 대형 부동산―예컨대 오피스 빌딩, 쇼핑몰, 물류센터, 병원, 아파트 등―에 투자하고, 그 수익을 나누는 구조입니다. 투자자는 리츠 주식을 사기만 하면 해당 부동산의 임대수익과 매각 수익 일부를 배당 형태로 받을 수 있는 셈입니다.

리츠의 가장 큰 장점은 '꾸준한 배당'입니다. 미국을 포함한 대부분 국가에서는 리츠가 법적으로 이익의 90% 이상을 배당으로 지급해야 합니다. 그 때문에 일반 기업보다 훨씬 안정적인 배당 흐름을 기대할 수 있습니다. 또 부동산 가격에 직접 노출되므로 주식과는 다른 움직임을 보여 포트폴리오 분산 효과도 큽니다.

하지만 리츠도 단점은 있습니다. 부동산 시장에 따라 수익이 크게 달라지며, 금리 상승기에는 리츠가 빌린 자금의 이자 부담이 커져 수익성이 악화될 수 있습니다. 또한 자산가치 하락 시 주가도 영향을 받습니다. 따라서 리츠는 단기 수익보다는 장기 보유를 통해 안정적인 현금흐름을 누리고자 하는 투자자에게 적합합니다.

결론적으로 리츠는 직접 부동산을 사지 않고도 임대수익과 자산가치 상승의 과실을 얻을 수 있는 매우 효율적인 수단입니다. 주식과 채권만으로는 만족스럽지 않은 투자자, 특히 노후를 위한 안정적인 현금흐름을 고민하는 이들에게 리츠는 훌륭한 대안이 될 수 있습니다.

즉 배당주와 리츠는 서로의 단점을 보완할 수 있을 때 시너지를 낼 수 있습니다. 배당주는 경기 회복기나 인플레이션 시기에 주가 상승과 함께 배당도 증가하는 특성을 가진 반면, 리츠는 부동산 임대수익이라는 상대적으로 안정적인 수익원에 의존합니다. 따라서 경기 침체기에도 일정한 배당을 기대할 수 있습니다. 또한 산업 사이클 관점에서 보자면, 배당주는 IT, 소비재, 헬스케어, 금융 등 다양한 업종군을 포트폴리오에 넣을 수 있어 시장 변동성에 대한 방어력을 높일 수 있습니다. 반면 리츠는 오피스, 물류센터, 헬스케어, 리테일 등 부동산 종류에 따라 수익구조가 달라집니다.

두 자산군을 적절히 섞으면 경기 국면에 따라 서로의 변동성을 흡수하고, 안정적인 현금흐름의 지속가능성을 높일 수 있습니다. 리츠는 금리 인상기에 불리한 면이 있지만, 일정 시점 이후 금리가 정점을 찍고 하락 사이클로 진입하면 주가 회복과 배당 매력이 동시에 부각될 수 있습니다. 반면 배당주는 경기민감도에 따라 주가 변동성이 리츠보다 클 수 있지만, 그만큼 업사이드도 큽니다. 즉 단순히 배당률만 보는 것이 아니라 '수익의 출처'와 '시장의 흐름'을 고려한 전략적 조합이 중요합니다.

'배당주+리츠+월배당' 전략으로 현금흐름 중심 자산설계하기

현금흐름 중심의 자산관리를 설계할 때, 핵심은 '꾸준하면서도 예측 가능한 캐시플로우를 어떻게 만들 것인가'입니다. 예를 들어 60세 은퇴자가 매달 300만 원의 생활비를 배당으로 충당하려 한다면, 단순히 고배당 ETF 하나에 올인하는 건 위험합니다. 여기서 필요한 건 자산 간 시너지와 수령 시점의 캘린더 최적화가 될 수 있습니다.

첫째, 배당주는 분기마다 배당이 나오는 구조이므로 SCHD(우량 배당성장주 중심)를 주축으로 약 40% 비중을 배치합니다. 배당 안정성과 성장성이 균형 잡힌 이 ETF는 매년 배당 증가 가능성까지 제공합니다.

둘째, VNQ 같은 종합 리츠 ETF를 30% 비중으로 포함하면 부동산 기반의 임대수익을 통한 배당이 추가됩니다. 리츠의 분기배당은 배당주와 시기가 다를 수 있어 배당 흐름 분산에 효과적입니다.

셋째, JEPI(월배당 ETF)를 20% 편입해 매달 꾸준한 현금이 들어오게 합니다. 콜옵션 전략을 통해 고정적인 배당 수준을 유지하면서 변동성이 낮은 주식으로 구성돼 방어적 성격도 강화됩니다.

마지막으로, 현금성 자산이나 단기 채권 ETF를 10% 넣어 유동성 대비를 갖춥니다.

이러한 조합은 '정기적 현금 유입 + 자산가치 보존 + 분산투자 + 세금 효율'이라는 4가지 목표를 동시에 충족할 수 있습니다. 다양한 자산에서 오는 배당이 서로 다른 시기에 들어오기 때문에 한 달도 배당이 비는 시점 없이 '배당 캘린더'를 완성할 수 있다는 점이 이 포트폴리오의 가장 큰 미덕일 것입니다.

위 사례를 통해 배당주와 리츠를 함께 구성할 때 핵심은 '비중'과 '타이밍'이었습니다. 일반적으로 안정적인 현금흐름을 원한다면 전체 포트폴리오에서 60%는 배당주, 30%는 리츠, 나머지 10%는 커버드콜 ETF 또는 MMF로 구성하는 방안이 유효합니다.

- **배당주는 성장형과 방어형을 섞자**

예를 들어 P&G, J&J 같은 저변동 배당주와 텍사스인스트루먼츠나 브로드컴 같은 고성장 배당주를 함께 담으면 수익성과 방어력을 동시에 확보할 수 있습니다.

- **리츠는 섹터 다양화가 핵심**

물류센터(PLD), 헬스케어 리츠(WELL), 아파트 리츠(AVB) 등 성격이 다른 리츠를 조합해 금리, 경기변화에 대응합니다. VNQ ETF 하나로 분산도 가능하지만, 직접 구성 시 더 정밀한 전략 수립이 가능합니다.

- **현금흐름 주기는 다르게 배분하자**

분기배당 주식과 월배당 리츠 또는 ETF를 섞으면, 매달 일정한 배당금 흐름을 만들어낼 수 있습니다. 월별 수령 주체를 분산시키면 연금처럼 느껴지는 안정감을 더할 수 있습니다.

결국 포트폴리오 구성의 핵심은 '수익의 안정성과 성장성의 균형', 그리고 '배당 캘린더의 최적화'입니다. 이를 통해 배당주와 리츠는 단순히 배당 수단을 넘어, 전략적 자산관리 도구가 될 것입니다.

리츠 및 인프라펀드의 한계: 유상증자 리스크를 직시하라

리츠와 인프라펀드는 안정적인 배당수익으로 인기를 끌지만, 구조적인 한계도 분명 존재합니다. 그 핵심은 '이익잉여금 부족'입니다. 리츠는 세제 혜택을 받기 위해 연간 순이익의 90% 이상을 배당으로 지급해야 합니다. 이는 배당수익률을 높이는 동시에 미래 투자를 위한 자금을 내부에 쌓기 어렵게 만듭니다. 따라서 신규 부동산을 인수하거나 대형 프로젝트에 투자하려 할 때, 대부분의 리츠는 결국 유상증자를 선택할 수밖에 없습니다. 이는 기존 주주를 대상으로 신주를 발행해 자금을 조달하는 방식인데, 문제는 지분 희석과 단기적인 주가 하락이라는 부작용이 뒤따른다는 점입니다.

대표적인 사례로 국내 상장 리츠인 'NH프라임리츠'는 2021년 서울 여의도의 오피스 건물 인수를 위해 유상증자를 실시했습니다. 안정적인 배당을 이어오던 중 대형 투자를 추진하면서 자금이 부족해졌고, 결과적으로 주가가 일시적으로 하락하며 일부 투자자들의 반발을 사기도 했습니다. 미국의 대표 리츠 중 하나인 리얼티인컴(O) 역시 성장 전략의 일환으로 수차례 유상증자를 시행해왔는데, 매번 주가가 단기 하락한 후 시간이 지나면서 자산 규모와 배당금이 증가함에 따라 장기투자자에게는 보상받는 구조를 보여주었습니다. 그러나 수익성이 낮은 자산에 투자한 경우, 리츠의 가치 희석이 장기화될 수도 있다는 점은 분명한 리스크입니다.

결국 리츠나 인프라펀드 투자 시 단순히 고배당만 보고 접근하면 유상증자라는 '잠재적 희석 폭탄'을 맞을 수 있습니다. 배당의 출처가 무엇인지, 향후 투자 계획에 따라 유상증자 가능성이 얼마나 높은지, 실제 과거 증자 자금이 어떻게 활용됐는지를 반드시 따져봐야 합니다. '매달 받는 배당'의 안정감 뒤에는 언제든 투자자의 지분을 줄일 수 있는 자금조달의 그늘이 숨어 있다는 사실을 잊지 말아야 합니다.

34

고배당주와 성장주를 조합하는 법
수익성과 안정성, 두 마리 토끼를 잡는다

투자자라면 누구나 '안정적인 수익'과 '높은 수익률'을 동시에 꿈꿉니다. 그런데 현실에서 두 마리 토끼를 잡기가 쉽지 않습니다. 고배당주는 현금흐름은 안정적이지만 자산가치의 상승 여력은 제한적인 반면, 성장주는 미래의 높은 주가 상승을 기대할 수 있지만 단기적인 변동성과 배당의 부재로 인해 불안정한 면이 있습니다. 그렇다면 이 둘을 하나의 포트폴리오에 함께 담는다면 어떨까요? 고배당주와 성장주는 성격이 상반되지만, 오히려 그렇기에 '서로의 약점을 보완하는 조합'이 될 수 있습니다. 고배당주는 변동성이 적고 경기방어적인 업종이 많아 하락장에서 완충작용을 할 수 있습니다. 그런데 성장주는 기술, 소비재, 헬스케어 등 시장이 성장할 때 크게 올라 포트폴리오의 수익률을 견인할 수 있습니다. 즉 스포츠에 비유하면 고배당주는 수비수, 성장주는 공격수의 역할을 할 수 있습니다.

특히 은퇴를 준비하는 중장년 투자자 혹은 40대 이상의 자산가라면 현금흐름 확보와 자산 증식이라는 두 목표를 모두 고려해야 하는데, 이때 고배당과 성장주의 조합은 이상적인 설계가 될 수 있습니다. 단, 핵심은 비중 조절이 될 것입니다. 동일 비중의 50:50 조합도 가능하지만, 개인의 생애주기, 현금흐름 필요성, 시장 국면에 따라 가변적으로 운용하는 것이 이상적입니다.

실제 자산관리 현장에서는 고배당주와 성장주의 조합이 다양한 방식으로 설계됩니다. 예를 들어 55세 은퇴를 앞둔 투자자를 가정해 보면 이 투자자는 향후 10년간은 일정한 현금흐름이 필요하지만, 동시에 인플레이션을 이겨낼 자산 증식도 이뤄야 하는 과제를 가지고 있습니다.

이 경우 다음과 같은 포트폴리오를 제시할 수 있습니다.

- **고배당주 ETF 40%**
예를 들어 SCHD 또는 VYM 같은 배당성장 중심 ETF를 편입해 매 분기 안정적인 배당을 수령합니다. 이들은 배당뿐 아니라 장기적으로 자본차익도 기대할 수 있는 종목들로 구성돼 있어 '현금+성장'의 혼합형입니다.

- **성장주 ETF 40%**
대표적으로 VUG나 QQQ 같은 ETF를 활용합니다. 기술주와 고성장 소비재 중심의 종목들이 편입돼 있어 장기적으로 자산을 불리는 역할을 합니다.

- **월배당 혹은 커버드콜 ETF 15%**
JEPI나 QYLD를 통해 매월 배당 수입을 확보하고, 안정적 현금흐름을 보완합니다.

- **단기채 ETF 및 현금성 자산 5%**
유동성 확보 및 시장 급락에 대비한 안전자산 역할을 합니다.

이 포트폴리오의 핵심은 시간에 따라 점진적으로 고배당 비중을 늘려가고, 성장주 비중은 줄여가는 전략입니다. 젊을 때는 성장 비중을 높이고, 은퇴가 가까워질수록 배당 비중을 늘려 현금흐름 중심 구조로 전환하는 방식으로 이해할 수 있습니다.

이렇게 최적의 조합을 성공적으로 운용하기 위해서는 몇 가지 핵심 원칙을 기억해야 합니다.

- **비중 조절은 생애주기 중심으로**

투자자의 나이와 자산 규모에 따라 포트폴리오의 목적은 달라집니다. 30대는 성장주 중심으로, 50대 이상은 배당주 중심으로 조절하는 것이 일반적입니다.

- **현금흐름은 배당, 자산 증식은 성장주로 구분**

배당주에서 나오는 배당금은 생활비나 재투자에 활용하고, 성장주에서의 수익은 자산가치 상승에 집중하는 전략이 필요합니다.

- **섹터 분산이 중요**

고배당주는 금융, 유틸리티, 에너지 섹터에 몰리는 경향이 있습니다. 반면 성장주는 기술, 헬스케어, 경기민감 소비재에 집중됩니다. 이들의 조합은 자연스럽게 산업 간 리스크 분산 효과를 기대할 수 있습니다.

- **리밸런싱 주기 설정**

시장 상황에 따라 배당주와 성장주의 수익률 격차가 커지므로 연 1~2회 포트폴리오를 점검하고 리밸런싱하는 습관이 중요합니다.

- **과세 전략 병행**

고배당주는 일반적으로 세금 부담(배당소득세 및 금융소득종합과세 등)이 큽니다. 따라서 개인연금, 퇴직연금 ISA 계좌에 배당주를 담고, 성장주는 일반 위탁 계좌(국내 상장주식의 양도세는 비과세)에 보유하는 방식으로 절세 전략을 병행하면 더욱 효율적입니다.

'성장주+커버드콜' ETF 전략의 소개와 유의점

최근에는 성장주에 커버드콜 옵션 전략을 더해 '성장+현금흐름'의 욕구를 모두 충족하려는 ETF들이 인기를 끌고 있습니다. 대표적으로 QYLD(나스닥100 기반), XYLD(S&P500 기반), RYLD(러셀2000 기반) 등이 있습니다. 이들은 보유한 성장주에 대해 콜옵션을 팔아 옵션 프리미엄을 수취하고 이를 매월 배당금처럼 지급합니다. 겉보기에는 매달 10% 가까운 배당수익률이 가능해 보이지만, 이 전략에는 분명한 한계가 있습니다. 커버드콜 구조는 상승장을 포기하는 대가로 배당을 얻는 전략이기 때문에 주가가 급등하는 시기에는 수익이 제한됩니다. 기술주 중심의 QYLD는 장기적으로 QQQ 대비 수익률이 훨씬 낮다는 점은 이를 잘 드러냅니다.

또한 원금을 일부 환급하는 형태로 배당이 지급되기도 하므로 순자산가치(NAV)가 지속적으로 감소하는 구조가 발생할 수도 있습니다. 따라서 이 전략은 포트폴리오 내에서 일부 보조적 수단으로 활용해야 하며, 장기 자산 증식보다는 단기 현금흐름 확보용으로 적합합니다.

| KODEX 테슬라커버드콜채권혼합액티브 ETF 가격 추이

자료: 네이버증권

고배당주와 성장주의 조합은 마치 '좌우 날개'처럼 균형 잡힌 포트폴리오의 핵심이 될 수 있습니다. 안정성과 수익성은 양립할 수 없다는 고정관념을 깨고, 생애주기와 재무 목표에 맞게 이 두 자산을 조화롭게 구성하면, 시장의 파도 속에서도 흔들림 없는 자산 운용이 가능해질 것입니다. 중요한 것은 이 조합을 '유행'이 아닌 '원칙'으로 받아들이고, 정기적인 점검과 리밸런싱을 통해 지속 가능한 구조로 다듬는 일입니다.

35
연금처럼 배당을 받을 수 있다?
노후의 또 다른 월급 만들기

•••• 많은 사람이 은퇴 이후의 삶을 준비할 때 가장 먼저 떠올리는 것은 '국민연금'이나 '퇴직연금'입니다. 하지만 이 연금만으로는 안정적인 생활비를 충당하기 어려운 경우가 많습니다. 그래서 대안으로 떠오른 것이 바로 '배당으로 연금처럼 수입을 창출하는 구조 만들기'입니다. 정기적 배당수입이 실질적 월급처럼 기능한다면, 자산을 팔지 않고도 생활비를 충당하는 데 큰 도움이 될 것입니다. 하지만 이 구조를 만들기 위해선 몇 가지 필수 조건과 전략적 고려가 필요합니다.

먼저, 배당의 안정성이 중요합니다. 단순히 배당수익률이 높은 종목을 고르는 것이 아니라 오랜 기간 지속적으로 배당을 유지하거나 늘려온 기업을 중심으로 포트폴리오를 구성해야 합니다. 배당성향이 지나치게 높거나 이익 변동성이 큰 기업은 향후 배당컷 가능성을 고려하여 지속적으로 모니터링해야 합니다.

둘째, 배당 지급 시기의 분산도 필수적입니다. 대부분의 배당주는 분기배당을 실시하는데, 이를 무작정 보유하면 연 4회만 수입이 발생하게 됩니다. 하지만 월별로 배당이 들어오게 하려면 배당 지급 월이 다른 종목들을 조합하거나, 월배당 ETF를 활용하는 방식이 필요합니다.

셋째, 세금과 수수료 등 배당 이외의 비용 요인도 고려해야 합니다. 해외 배당주는 배당소득에 대해 이중과세가 발생할 수 있으므로 외국납부세액공제를 잘 활용하는 절세 전략이 필요합니다. 국내 배당주 역시 배당소득세 및 금융소득종합과세 등에 대비하여 투자 계좌를 연금 계좌(IRP, 연금저축 등), 중개형 ISA로 설정하거나 과세 체계를 감안한 투자 종목 및 ETF 선택이 중요합니다.

이렇게 연금처럼 배당을 받으려면 단순히 배당수익률뿐만 아니라 지속가능성, 시기 분산, 세금 전략까지 통합적으로 고려해야 합니다.

해외에는 이미 배당을 연금처럼 설계해 활용하는 모범 사례가 제법 많습니다. 미국의 경우 대표적인 예가 배당귀족 종목에 분산투자하는 은퇴자들입니다. 코카콜라(KO), P&G(PG), J&J(JNJ)처럼 25년 이상 배당을 매년 인상해온 기업들에 투자해 배당 자체가 인플레이션을 이기는 구조가 되도록 설계합니다. 이들은 SCHD나 NOBL 같은 ETF를 활용해 분산투자하며, 일부는 JEPI와 같은 월배당 ETF를 섞어 매달 현금흐름을 확보합니다.

또 다른 사례는 캐나다 투자자들이 애용하는 월배당 ETF 전략입니다. 캐나다는 리츠 및 인프라 관련 월배당 ETF가 다양하게 마련되어 있어, 이들을 조합해 매달 배당금이 발생하는 구조를 설계합니다. 캐나다 대표 ETF인 ZWC, ZDV 등은 현금흐름 중심 자산으로 널리 활용됩니다.

국내 사례로는 국민연금이나 공무원연금 등 연기금에서 활용하는 배당주 포트폴리오를 눈여겨볼 필요가 있습니다. 안정적 현금흐름과 장기투자에 집중하기 위해 포스코홀딩스, 삼성전자, KT&G, 하나금융지주 같은 배당 지속력이 입증된 종목을 중심으로 편입하고 있습니다. 한편 국내에서는 월배당 ETF 열풍이 지속 중인데, TIGER 미국S&P500 커버드콜 ETF, KODEX 미국고배당커버드콜 ETF 등을 활용해 일반 투자자들도 연금형 배당을 받을 수 있는 선택지가 늘어나고 있습니다.

요약하자면, 성공적인 연금형 배당 포트폴리오는 단일 종목에 의존하지 않고, 배당 지속력, 시기 분산, 자산군 분산(주식+리츠+ETF)의 요소들이 균형을 이루고 있습니다.

결국 실제 연금형 배당 포트폴리오를 구성하기 위한 3가지 핵심 원칙을 살펴보면 다음과 같습니다.

첫째, 현금흐름의 지속가능성입니다. 단기 고배당 종목보다 오랜 기간 배당을 유지하고 점진적으로 인상해온 기업이 중요합니다. 이를 위해서는 배당성향이 60% 이하이고, 순이익 및 현금흐름이 안정적인 기업 위주로 선택해야 합니다. 또한 앞서 살펴봤던 리츠도 일정 비중으로 포함시켜 부동산 기반 현금흐름을 추가하는 것도 괜찮습니다.

둘째, 배당 지급 시기의 분산입니다. 분기배당 중심의 종목이라면 서로 다른 월에 배당을 지급하는 종목 3~4개를 섞고, 이를 월배당 ETF와 조합하면 월별 수입이 빈틈없이 들어오는 구조를 만들 수 있습니다. 예를 들어 3·6·9·12월에 배당하는 기업(A), 2·5·8·11월에 배당하는 기업(B), 1·4·7·10월에 배당하는 기업(C)을 배치하면 매월 배당을 수령할 수 있습니다.

셋째, ETF를 활용한 분산 효과입니다. 미국 배당주 ETF(SCHD, VYM), 리츠 ETF(VNQ), 월배당 ETF(JEPI, QYLD, RYLD) 등 다양한 자산을 조합하면 개별 기업의 배당컷 리스크를 줄이면서도 안정된 수익 기반을 확보할 수 있습니다.

이 원칙을 지키면서 투자자의 나이와 재정 상황에 따라 비중을 조절하면 자산을 처분하지 않고도 꾸준한 현금흐름을 만들어낼 수 있습니다.

연금처럼 배당을 받을 수 있는 내 포트폴리오 만들기

이제 당신만의 배당형 연금 포트폴리오를 어떻게 구성할 수 있을까요? 아래는 60세 은퇴자가 연 3,600만 원(월 300만 원)의 배당수입을 목표로 설계한 예시 포트폴리오입니다. 필요자산은 연 4.5% 배당수익률 기준 약 8억 원입니다.

국내 상장 ETF 기반 포트폴리오 예시

자산 구성	비중	국내 ETF 예시	특징
고배당주 ETF	40%	TIGER 고배당, KODEX 고배당, RISE 고배당	코스피 고배당 종목 위주, 분기배당, 시가배당률 중심
월배당 ETF	30%	TIGER 미국S&P500 커버드콜(월배당), KODEX 미국고배당커버드콜, KIWOOM 고배당(월배당)	월별 배당, 미국 자산 기반이나 원화로 거래 가능
리츠 ETF	20%	TIGER 리츠, KODEX 리츠, KIWOOM 리츠이지스액티브	부동산 기반 수익, 분기 배당, 금리방어 효과
단기채/현금성 ETF	10%	RISE 머니마켓액티브, KODEX 단기채권, KIWOOM 단기채권	유동성 확보 및 시장 변동성 대응

해외 ETF 기반 포트폴리오 예시

자산 구성	비중	상품 예시	특징
미국 배당주 ETF	40%	SCHD, VYM	분기배당, 성장형 배당주 중심
월배당 ETF	30%	JEPI, QYLD, RYLD	월별 현금흐름 확보
미국 리츠 ETF	20%	VNQ	부동산 기반 배당, 경기방어 효과
단기채/현금성 자산	10%	SHV, BIL, MMF 등	유동성 확보 및 배당 공백 대응

36
배당 집중 포트폴리오의 위험과 대안
'많이 주는' 것보다 '오래 주는' 구조가 낫다

배당 투자자는 흔히 연 5% 이상의 배당을 주는 종목에 자연스레 끌리게 됩니다. 예금 금리가 3% 언저리를 오가는 시대에 5% 이상의 시가배당률은 분명 매력적입니다. 특히 매달 현금흐름을 창출하고 싶은 은퇴자나 소득지향 투자자에게 고배당주는 마치 매월 월급처럼 느껴질 수 있습니다. 하지만 여기에는 분명한 위험의 그림자가 존재합니다. 단기 배당수익률에만 집중한 포트폴리오는 산업 편중, 정책 민감도, 경기순환 리스크에 그대로 노출되며, 그 결과 배당 컷(삭감)이나 주가 하락으로 이어질 수 있습니다. 즉 배당에 집중하되, '지나친 쏠림'을 경계하고 구조적인 안정성과 분산 전략을 병행하는 것이 진짜 '지속 가능한 배당 포트폴리오'의 핵심입니다.

고배당 집중 포트폴리오가 위험한 이유를 정리하면 다음과 같습니다.

첫째, 업종 편중으로 금융·통신·에너지 쏠림 현상이 두드러집니다. 한국과 미국 모두 고배당주 대부분은 금융, 통신, 에너지, 리츠 등 일부 업종에 집중되어 있습니다. 이는 해당 업종이 성장보다 현금흐름 중심의 산업이기 때문입니다. 하지만 경기 침체기나 금리 변동 시 이들 업종이 동반 약세를 보이는 경우 포트폴리오 전체가 한꺼번에 배당 감소와 주가 하락을 경험하게 됩니다. 대표적인 예로 2020년 팬데믹 당시 한국 은행주에 대한 배당이 제한되면서 금융주 비중이 컸던 포트폴리오는 타격을 피할 수 없었습니다. 미국 에너지 기업들의 2015년 유가 폭락기의 배당 삭감 역시 마찬가지였습니다. 당시 배당 ETF 수익률 급감을 겪게 됩니다.

둘째, 특정 종목 의존도가 과다한 점도 문제입니다. 일부 고배당 종목은 시가총액이 작거나 유동성이 낮은 경우도 있습니다. 이런 종목은 단기 성과는 좋지만, 장기 안정성이나 성장성은 떨어질 수 있습니다. 이렇게 한 종목이 전체 배당의 40% 이상을 차지하는 구조라면, 그 종목의 실적 악화 또는 정책 변화 하나로 전체 수익이 흔들릴 수 있습니다.

셋째, 단기 고배당은 '착시'일 수도 있습니다. 고배당률이 항상 좋은 배당정책의 결과는 아닙니다. 주가가 급락해 생긴 결과일 수도 있고, 일회성 이익으로 인한 배당 확대 후 지속성이 없는 경우도 많습니다.

■ **사례**
- 배당수익률 10% 이상 기업: 일시적 배당 특례 적용 사례 많음.
- 배당성향이 90~100%인 기업: 재무적으로 배당 지속 불가능 가능성 높음.

위에서 언급한 문제점과 이를 극복하기 위한 집중 위험을 줄이는 3가지 포트폴리오 전략을 제시합니다.

업종 분산: "안전벨트 없는 차는 없다"

배당률이 아무리 높아도 포트폴리오 구성에서 업종 편중은 반드시 피해야 합니다.

■ **추천 전략**
- 단일 업종 비중은 30% 이내로 설정
- 금융+통신+에너지+소비재 등 4~5개 업종 최소 혼합
- 헬스케어, IT 등 배당률은 낮아도 성장성과 방어력이 높은 업종 소폭 포함

ETF와 개별주 혼합: "수익률과 안정성의 균형"

ETF는 분산을 자동으로 구현해주는 도구입니다. 개별 종목 중심 포트폴리오는 관리가 힘들고 변동성이 큽니다.

■ 추천 ETF 조합

- 고배당 ETF: SCHD, VYM, HDV(미국) / KODEX 고배당, TIGER 배당성장(한국)
- 월배당 ETF: JEPI, QYLD, SPHD 등으로 배당 타이밍 분산
- 리츠 ETF: 국내 KOREIT, 미국 VNQ로 실물자산 배당 보완

개별 종목과 ETF를 5:5 혹은 6:4 비율로 혼합하여 직접성과 분산 효과를 동시에 확보할 수 있습니다.

통화 분산과 배당 시기 분산: "불확실성의 해소 장치"

배당의 '타이밍'과 '통화'를 나누는 것도 중요한 전략입니다.

- 국내 배당주는 연말 중심(3월 지급 위주)
- 미국 배당주는 분기 지급(1, 4, 7, 10월 등 다양)
- 월배당 ETF는 매달 지급

■ 통화 분산 효과

- 원화+달러 배당 동시 보유 시
- 환율 변동에 따른 리스크 일부 해소(달러 강세 시 달러 배당가치 상승)

> **■ 배당 지급 시기 분산 효과**
> - 매달 현금흐름 확보: 일정한 생활비 충당 가능
> - 분기 단위 포트폴리오 리밸런싱에 유리

배당 포트폴리오의 건강 상태는 정기적으로 점검해야 합니다. 다음에 실전 투자자들이 참고할 만한 3가지 핵심 체크포인트를 제시합니다.

> **① 배당성장률의 '균형'**
> - 전체 포트에서 최근 3년간 배당성장률이 5% 이상인 종목의 비중이 50% 이상인지 확인
> - 단순 고배당보다 지속 가능한 배당성장 종목의 편입 비중 유지
>
> **② 배당컷 리스크 추적**
> - 각 종목의 최근 5년 배당 변동 이력 체크
> - 금융감독원 전자공시, 기업 IR 자료에서 배당성향 추이 확인
>
> **③ 배당수익 편차 관리**
> - 상위 2개 종목의 배당이 전체의 50%를 초과하지 않도록 설계
> - 분기별 배당금 총액의 변동폭이 ±10% 이내인지 체크

높은 수익률은 유혹적입니다. 하지만 한 방향으로 쏠린 배당 포트폴리오는 부실할 가능성이 큽니다. 배당은 수익을 꾸준히 주는 구조이지, 한 번 크게 주는 이벤트가 아닙니다. 따라서 다양한 산업에서 안정적인 배당을 지급하는 종목을 고르고, ETF와 개별 종목의 장점

을 혼합하며, 환율과 지급 시기를 나눠서 매달 균형 잡힌 현금흐름을 추구하는 것이 바람직합니다.

Chapter 7
배당 풍차돌리기로 복리 효과 극대화하기

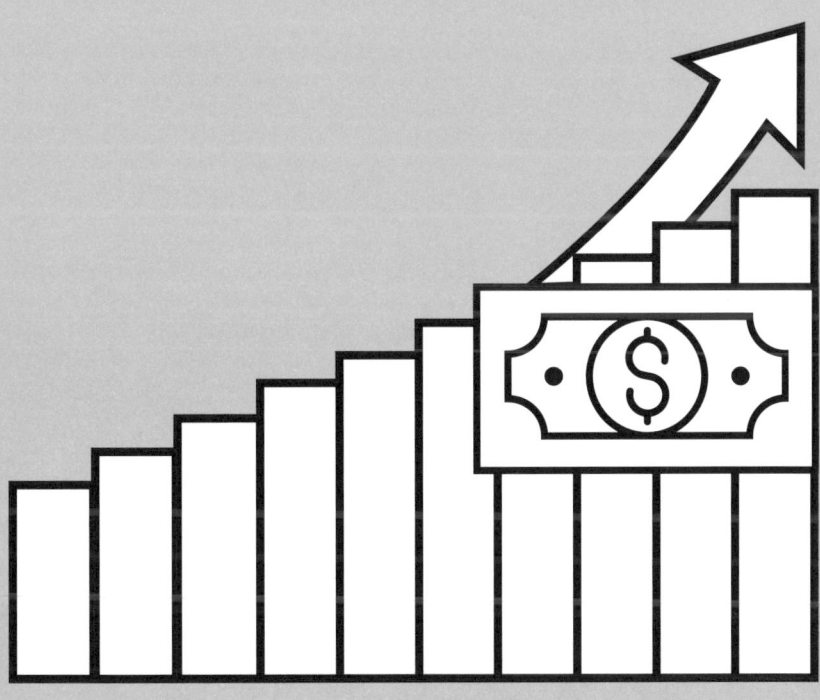

37
배당 풍차돌리기란 무엇인가?
복리 효과를 극대화하라

•••• 배당금 재투자는 예적금의 '풍차돌리기'와 유사한 전략입니다. 국내 재테크의 필수라고 일컬어지는 이른바 예적금의 풍차돌리기는 만기 시 원금과 이자를 새로운 예금에 재투자하여 복리 효과를 극대화하는 방식입니다. 마찬가지로 배당금을 수령할 때마다 이를 다시 해당 주식이나 ETF에 재투자하면 배당금이 새로운 배당을 낳는 구조, 마치 이자가 또 다른 이자를 낳는 복리 효과와 유사한 구조가 형성됩니다. 이러한 방식은 '복리의 마법'으로 불리며, 시간이 지날수록 자산이 기하급수적으로 증가하는 효과를 가져옵니다. 특히 장기투자자에게는 매우 유용한 전략으로, 자산을 팔지 않고도 배당이 낳는 배당이라는 지속적인 수익을 창출할 수 있습니다.

예적금 풍차돌리기: 시간과 복리가 만들어내는 금융 마법

"한 달에 한 계좌씩 예금통장을 만들어보세요. 1년 뒤 매달 이자가 꼬박꼬박 들어옵니다." 이것이 바로 '예적금 풍차돌리기'의 핵심입니다. 이름은 다소 촌스럽지만, 원리는 단순하면서도 강력합니다. 매달 일정 금액을 예금이나 적금에 나눠 가입하고, 만기마다 원금과 이자를 다시 새로운 통장으로 굴리는 방식입니다. 마치 시계태엽을 돌리듯 일정한 주기로 예금을 굴리는 모습이 풍차처럼 돌아간다 하여 붙은 이름입니다.

예를 들어 한 달에 50만 원씩 1년 만기 적금을 12개월 동안 개설한다고 해봅시다. 첫 번째 적금은 1년 뒤 만기가 되고, 두 번째는 그다음 달, 세 번째는 그다음 달…. 이렇게 13개월부터는 매달 하나씩 적금이 만기를 맞게 됩니다. 그때부터는 매달 일정한 목돈과 이자가 손에 들어오며, 이 금액을 다시 예금으로 넣거나 다른 자산에 투자하면 복리 효과가 발생하게 됩니다.

이 전략은 단순한 예금 저축을 넘어 자산관리의 리듬을 만드는 도구가 됩니다. 특히 금리가 낮은 시대에는 자산을 쪼개고 굴리는 방식이 수익률보다 현금흐름과 관리의 효율성 측면에서 더 빛을 발합니다. 만기 도래 시마다 활용 방안을 계획할 수 있기 때문에 월별 생활비를 조절하거나 비상자금을 준비하는 데도 탁월합니다.

배당 풍차돌리기가 유용한 이유

- **복리 효과 극대화**

배당금을 재투자하면 새로운 주식을 추가로 매입하게 되어 다음 배당 시 더 많은 배당금을 수령하게 됩니다. 이러한 과정이 반복되면 복리 효과가 극대화되어 자산이 빠르게 증가합니다.

- **자동화된 투자**

배당금 재투자 프로그램(DRIP)을 활용하면 배당금이 자동으로 재투자되어 투자자가 별도로 신경 쓰지 않아도 됩니다. 이는 투자 관리의 편의성을 높여줍니다.

- **심리적 안정감 제공**

배당금이 정기적으로 들어오고 이를 재투자하면 시장 변동성에 대한 두려움을 줄이고 장기투자에 대한 신뢰를 높일 수 있습니다.

- **세제 혜택**

일부 국가에서는 배당금 재투자에 대해 세제 혜택을 제공하기도 합니다. 예를 들어 특정 연금 계좌를 통해 배당금을 재투자하면 배당소득세를 이연시킬 수 있습니다.

이미 여러 연구와 사례를 통해 배당금 재투자의 장기 수익률이 현저히 높다는 것이 입증되었습니다.

- S&P500 지수 사례: 1928년부터 2025년까지 S&P500 지수에 투자한 경우, 배당금을 재투자하지 않았을 때보다 재투자했을 때의 수익률이 약 50% 더 높았습니다. 특히 1960년부터 2024년까지의 누적 수익률 중 약 85%가 배당금 재투자와 복리 효과에 기인한다는 점은 배당금 재투자가 장기적으로 큰 차이를 만들어냄을 잘 알 수 있습니다.

- SPDR S&P 500 ETF(SPY) 사례: 1993년부터 2025년까지 매월 500달러를 SPY에 투자한 경우 배당금을 재투자했을 때의 자산가치는 약 140만 달러로, 재투자하지 않았을 때의 93만 6,000달러보다 약 50% 높았습니다.

- 하버드 비즈니스 스쿨 연구: 하버드 비즈니스 스쿨의 연구에

따르면, 배당금을 재투자한 장기 보유 전략은 위험이 없는 투자보다 훨씬 높은 수익을 제공하며, 이는 장기투자자에게 유리한 전략임을 시사합니다.

배당금 재투자의 효과는 해외 사례에만 국한되지 않습니다. 한국에서도 꾸준한 배당금을 지급한 기업에 장기투자하고, 그 배당금을 다시 같은 종목이나 ETF에 재투자했을 경우 수익률 격차는 뚜렷합니다.

대표적으로 삼성전자는 2010년 이후 매년 배당을 늘려왔고, 해당 기간 배당금을 재투자한 투자자는 단순 보유 투자자 대비 약 20~30% 높은 누적 수익률을 기록했습니다.

> **삼성전자의 총주주수익률 VS. 주가상승률**
>
> 삼성전자는 2010년 이후 꾸준한 배당정책을 유지해왔습니다. 특히 2021년부터 2023년까지는 연간 9.8조 원의 정기 배당을 실시하였으며, 2024년부터 2026년까지도 동일한 수준의 배당을 유지할 계획입니다. 이러한 배당금을 재투자한 투자자는 단순 보유 투자자보다 높은 누적 수익률을 기록했을 가능성이 높습니다.
> 예를 들어 삼성전자의 최근 5년간 총주주수익률(TSR)은 약 98%로, 이는 주가 상승률만을 고려한 수익률보다 높습니다. 이는 배당금을 재투자했을 때의 복리 효과를 반영한 결과입니다.

국내 고배당 ETF인 'TIGER 코스피고배당' 등도 마찬가지입니다. 동일 기간 배당금을 수령해 소비한 경우보다 배당 재투자(DRIP) 방식으로 복리 효과를 누린 투자자의 자산은 눈에 띄게 불어났습니다.

즉 한국 시장에서도 배당금 재투자는 단순한 수익 수단이 아니라 시간이 만들어주는 복리 성장의 핵심 전략임이 입증되고 있습니다.

38
배당금으로 포트폴리오 똑똑하게 리밸런싱하는 법

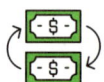

• • • 많은 투자자들은 배당금을 받으면 익숙한 종목을 다시 사는 재매수 방식으로 재투자를 진행합니다. 그러나 배당 재투자는 포트폴리오 전체의 균형을 점검하고, 향후 수익성을 최적화할 수 있는 절호의 기회입니다. 이를 '리밸런싱(rebalancing)'이라고 하는데 자산(예: 주식 vs. 채권)-스타일(성장주 vs. 가치주)-업종(경기민감주 vs. 경기방어주) 비중 등을 다시 조정하는 작업을 의미합니다. 배당금을 활용한 리밸런싱은 기존 보유 종목을 매도하지 않고도 구조를 조정할 수 있는 매우 효율적인 방법입니다.

왜 배당금으로 리밸런싱해야 할까요?

첫째, 자산은 시간이 지날수록 '불균형'해집니다. 처음엔 고르게 구성했던 포트폴리오도 시간이 지나면 업종별·종목별 수익률 편차로 인해 특정 자산군이 과도하게 비중을 차지하는 현상이 나타납니다. 예를 들어 고배당 금융주가 강세를 보인 분기 이후에는 전체 자산 중 금융주 비중이 40%를 넘는 경우도 있습니다. 이는 곧 위험 집중으로 이어집니다.

둘째, 배당금은 '리밸런싱용 자금'으로 가장 효율적입니다. 배당금은 보유 주식을 매도하지 않아도 새로운 자산을 추가할 수 있는 전체 자산 중에서 매우 유연한 자금입니다. 주식을 팔면 세금과 수수료가 발생하지만, 배당금은 이러한 부담 없이 새로운 투자 기회를 만들

리밸런싱 전략의 3가지 핵심 원칙

① 현금은 전략적으로 사용해야 한다
배당금은 들어오자마자 투자하는 것이 아니라 어디에 쓸지를 고민한 후 사용하는 것이 중요합니다. 계획된 리밸런싱 구조를 갖추고 있어야 배당금이 그 구조를 채워주는 블록이 될 수 있습니다.

② 리밸런싱은 정기적으로 실행해야 한다
주가는 매일 변하지만, 실시간으로 리밸런싱을 할 필요는 없습니다. 분기별 또는 반기별로 점검 주기를 설정하고, 정해진 리듬에 따라 조정하는 것이 효과적입니다.

③ 투자자는 자산의 설계자다
포트폴리오의 목적(예: 은퇴 소득 확보, 자산 증가, 세후 수익 극대화 등)에 따라 리밸런싱의 기준도 달라져야 합니다. 단순히 자산 비중을 맞추는 데 그치지 않고, 목적 중심의 설계를 통해 더 높은 효율을 달성할 수 있습니다.

수 있는 순수 현금입니다. 따라서 배당금은 리밸런싱에 효율적인 자금 원천입니다.

실전 투자에 좋은 참고가 될 만한 분기별·계절별 리밸런싱 시나리오 예시를 제시해봅니다.

- **1분기(1~3월): 배당락과 실적 발표 이후의 점검 구간**

주요 종목의 배당락과 연간 실적 발표가 몰려 있는 구간입니다. 전년도 실적이 부진하거나 배당이 삭감된 종목은 비중을 축소하는 것이 좋습니다. 3월 말 지급된 배당금은 이익 성장세가 강한 신흥 배당주나 배당성장 ETF에 재투자할 수 있습니다. 예를 들어 KT&G의 배당이 정체된 반면 삼성화재가 3년 연속 배당을 증액했다면, KT&G는 유지하고 배당금은 삼성화재에 신규 투자하는 방식이 가능합니다.

- **2분기(4~6월): 분산 강화와 배당성장주 점검의 계절**

1분기 실적 발표로 인해 업종 간 희비가 갈리는 시기입니다. 배당성장주(VIG, SCHD 등) 중 EPS와 FCF가 전년 대비 개선된 종목 중심으로 분산투자합니다. 리츠/고배당 ETF 비중이 과중하다면 이 시점에 일부를 축소하고 성장 ETF로 리밸런싱하는 것이 바람직합니다. 실전 예시로 리츠 ETF 수익률이 정체되고, 반도체 관련 배당 ETF(SOXX)의 반등 신호가 보인다면 배당금으로 일부 교체 매수를 진행할 수 있습니다.

- **3분기(7~9월): 하반기 포트폴리오 방향을 잡는 재배치 구간**

  2분기 실적 발표 직후 주가 변동성이 커지는 시기입니다. 금리 변동, 인플레이션 등 거시지표에 따라 경기방어주, 월배당 ETF 중심 재배치가 효과적입니다. 이 시점에는 고배당 ETF 비중을 50% 이하로 조절하고, 일부는 JEPI, 리얼티인컴(O) 등 월배당 종목으로 옮기는 전략이 유효합니다. 예시로 만약 금리 동결 이후 금융주 비중이 과도해졌다면, 배당금으로 월배당 ETF(JEPI)나 필수소비재 ETF로 리밸런싱할 수 있습니다.

- **4분기(10~12월): 세금과 배당 기대치를 반영한 마무리 리밸런싱**

  연말 종합소득세 조정과 연간 단위 배당기준일 이슈가 겹쳐 있습니다. 연말 배당을 앞두고 배당성장 기대 종목을 중심으로 집중투자하는 전략이 유효합니다. 세후 수익률을 고려해 ISA 계좌, 연금 계좌의 비중 확대도 함께 설계하는 것이 좋습니다.

  예를 들어 ISA 계좌 내에서 SCHD를 비과세 한도 내 추가 매수하고, 실적 부진한 국내 고배당주(예: 하나금융, 한국전력)는 정리합니다.

리밸런싱을 위한 실전 투자자 가이드 정리

항목	가이드라인
리밸런싱 주기	분기 1회, 고정된 날짜 설정(예: 1월 15일, 4월 15일 등)
체크리스트	자산 비중 편차 ±5% 이상, 배당 감소 종목 확인, 업황 변화 반영 여부
실행 방식	수동 매수, ETF 자동 매수 예약, 리츠·ETF 교체 매수 등
리밸런싱 자금	1순위: 배당금, 2순위: 유보 현금, 3순위: 기타 예치 자산

리밸런싱은 단순한 조정 이상의 자산을 더 나은 구조로 설계하는 일종의 '정돈'입니다. 배당금은 이 구조를 조정하는 가장 순수하고 효율적인 도구입니다. 보유 종목을 팔지 않고도 새로운 종목을 편입하고, 불균형을 완화하며, 내가 원하는 수익구조를 한층 더 정밀하게 만들 수 있는 자산설계의 재료입니다.

39
복리 효과를 지키는
배당금 유보 전략

•••• 배당투자에서 흔히 권장되는 전략은 '배당금은 반드시 다시 투자하라'는 것입니다. 물론 복리의 원리상 수익을 재투자함으로써 시간이 지날수록 자산이 가속적으로 성장하게 되며, 이는 장기투자자에게 큰 이점을 안겨줍니다. 하지만 여기서 간과하기 쉬운 점이 하나 있습니다. 바로 시장은 언제나 우상향하지 않는다는 사실입니다. 갑작스러운 금리 상승, 경기 침체, 기업의 배당컷, 주가 급락 등 시장의 불확실성이 커질 때 100% 재투자 전략은 자산을 방어하지 못할 수 있습니다. 따라서 복리 효과를 '지속'시키기 위해서는 재투자 못지않게 중요한 것이 유보 전략, 즉 배당금의 일부를 현금으로 남겨두는 판단력입니다.

배당금 유보 전략이 필요한 이유는 다음과 같이 3가지 정도로 제시할 수 있습니다.

첫째, 시장 조정기에 '현금'이 기회를 만듭니다. 시장이 하락할 때는 대부분의 종목이 함께 하락합니다. 이때 유보된 배당금은 낮은 가격에 좋은 종목을 매수할 수 있는 기회 자금이 됩니다. 주식을 팔지 않고도, 보유 자산을 깎지 않고도 현금을 활용해 복리 구조를 유지할 수 있는 '완충장치'가 되는 셈입니다.

둘째, 소득 공백기와 긴급 상황에서의 유보된 배당금은 안전망이 됩니다. 은퇴 이후에는 일정한 노동소득이 없기 때문에 배당수익 자체가 생활비의 대부분을 차지하는 구조가 됩니다. 이때 갑작스러운 지출이나 배당 축소가 발생하면 자산을 해지하거나 주식을 팔아야 하는 상황이 벌어집니다. 만약 유보된 배당금이 있다면 이러한 상황에서 자산을 지키는 안전한 방어막 역할을 할 수 있습니다.

셋째, 복리 효과를 일정하게 유지하기 위해 '완급조절'이 필요합니다. 배당금의 100%를 재투자하게 되면 매수 타이밍이 항상 일정해지고, 시장 고점에서도 매수를 하게 될 수 있습니다. 하지만 유보 전략을 병행하면 시장 변동성에 따라 투자 강도를 조절할 수 있는 운신의 폭을 확보할 수 있습니다.

그러면 배당금 유보 전략에서 얼마나 유보해야 할까요? 결국 비율 전략이 답입니다. 배당금 유보 전략은 '무조건 많이 남겨라'가 아니라 '내 재무 상황에 맞게 일정 비율을 재투자하고 일부를 유보한다'는 방식으로 접근해야 합니다.

실전에서 활용할 수 있는 배당금 활용 비율 예시

투자 단계	재투자 비율	유보 비율	특징
자산 축적기 (20~40대)	90~100%	0~10%	복리 가속이 핵심, 유보 비중 최소화
자산 성장기 (40~50대)	70~80%	20~30%	리스크 관리 병행, 균형 전략
은퇴 준비기 (50대 후반~60대)	60~70%	30~40%	유동성 확보 중심, 안정 우선
은퇴 이후	30~50%	50~70%	생활비 커버 + 예비 자금 중심 구조

그러면 배당금 유보 자금, 어디에 두어야 할까요? 최근 각 증권사들은 일명 파킹통장, D운용사들은 파킹 ETF를 선보이며 각종 금리 및 부가서비스 경쟁을 벌이고 있으니 잘 비교하여 유리한 상품을 선택해야 합니다.

① **CMA, MMF 등 단기 금융상품 활용**
- 증권사 CMA 계좌, MMF는 수시 입출금 가능 + 소액 이자 발생
- 배당이 들어오는 날 자동이체 → 재투자 타이밍이 올 때까지 보관

② **단기채권형 ETF 활용**
- 수익률은 낮지만 변동성이 적고, 현금성 자산으로 전환 용이
- 예: KBSTAR 단기통안채 ETF, KODEX 단기채권 등

③ **목표형 통장 또는 별도 계좌 운영**
- 배당금 유보 자금만 별도 계좌에서 운용
- 예비 자금, 기회 자금, 여행비 등 목적별 명시
→ 심리적 소비 억제 효과까지 기대할 수 있음

'배당 재투자'는 복리 효과의 본질입니다. 그러나 '100% 재투자'가 항상 옳은 것은 아닙니다. 복리를 '쌓는 기술' 못지않게, 복리를 '지키는 기술'도 필요합니다. 배당금 유보 전략은 바로 그 기술입니다. 시장을 정확히 예측할 수 없다면, 우리는 현금을 준비해야 합니다.

40
배당 재투자 vs. 배당 생활비 인출
선택의 기준을 명확히 하라

배당투자는 꾸준한 현금흐름을 통해 '경제적 자유'에 가까워지는 수단으로 관심을 모으고 있습니다. 하지만 현금배당금을 받는 시점에 투자자들은 하나의 중요한 선택지에 마주하게 됩니다. 바로 '배당을 재투자할 것인가, 아니면 생활비 등으로 인출할 것인가?' 입니다. 물론 이 질문에는 정답이 없습니다. 나이, 자산 규모, 소득원, 은퇴 여부, 생활비 구조, 투자 목적에 따라 각기 다른 답이 존재할 뿐입니다. 결국 이 선택은 자산관리 전략과 생애주기적 재무계획의 맥락 안에서 해석되어야 하는 문제입니다.

자산 형성기(20대 후반~30대 초반):
무조건 재투자, 복리 효과의 씨앗을 뿌리는 시기

이 시기에는 소득은 시작됐지만 자산 규모는 작고, 지출 대비 여유가 크지 않습니다. 배당금이 얼마 되지 않더라도 이 시기에는 한 푼의 배당금이라도 재투자에 활용해야 하는 이유가 분명합니다.

- 목표: 복리 효과 극대화, 장기 포트폴리오 구축
- 투자 전략: 배당 재투자 유리하고, 비록 소액이라도 재투자
- 적합한 자산: 배당성장 ETF(SCHD, VIG), 한국 배당성장 ETF(KODEX 배당성장 등)

25세 직장인 강민수 씨는 매월 미국 ETF(SCHD)에 투자하고, 배당금은 자동으로 재투자되도록 설정했습니다. 1년에 10만 원이 채 안 되는 배당금이지만, 20년 뒤 1,000만 원 이상의 추가 자산이 되는 복리 효과를 기대하고 있습니다.

자산 확대기(30대 후반~40대 후반):
재투자 중심이되 특정 지출 목적자금은 인출 가능

이 시기에는 소득이 늘어나고, 자녀 교육비나 주택 마련, 대출 상환 등 지출 항목도 많아지는 시기입니다. 이 시기에도 기본 전략은 재투자이지만, 특정 목적 자금으로는 부분 인출도 가능합니다.

- 목표: 자산 규모 확대 + 목적성 소비(교육, 대출 상환 등)
- 투자 전략: 전체 배당금의 70% 재투자 + 30%는 선택적 인출
- 적합한 자산: 리츠, 중배당 ETF(VYM, HDV), 국내 고배당 우량주

42세 워킹맘 정은영 씨는 배당금으로 연 250만 원을 받고 있습니다. 이 중 200만 원은 리츠 ETF에 다시 재투자하고, 50만 원은 자녀의 방과후 수업비에 활용하고 있습니다. 배당의 일정 부분을 생활의 '숨통'으로 활용하는 방식입니다.

자산 전환기(50대~은퇴 직전):
점진적 전환기, 현금흐름 중심의 배당 활용 시작

이 시기에는 '더 키우는 자산'보다 '지킬 자산', 그리고 '활용할 자산'에 대한 관심이 높아집니다. 은퇴를 준비하며 배당금을 생활비 일부로 전환하는 연습이 필요한 시점입니다. 단, 아직 경제활동 중이라면 배당금의 절반 이상은 재투자하는 것이 유리합니다.

- 목표: 은퇴 전후 생활비 일부 커버 + 안정적 현금흐름 설계
- 투자 전략: 50% 이상 재투자 + 30~50% 생활비 커버 목적 인출
- 적합한 자산: 월배당 ETF(JEPI, QYLD), 고배당 리츠, 국내 고배당 ETF

56세 공무원 김성호 씨는 은퇴 전 4년을 남기고 있습니다. 매년 약 500만 원의 배당을 받으며 이 중 300만 원은 월세와 공과금으로

활용하고, 나머지는 미국 리츠 ETF에 재투자하고 있습니다. 은퇴 전 배당 생활 연습을 시작한 셈입니다.

자산 소득기(은퇴 이후): 배당은 생활비다. 선택이 아닌 필수

이 시기에는 더 이상 배당을 재투자하는 전략이 중심이 되지 않습니다. 이제는 배당이 곧 월급이고, 생활비 그 자체입니다. 은퇴 이후에는 국민연금과 함께 배당수익이 주요 생활 자금이 되므로 인출 중심으로 자산을 구성해야 합니다.

- 목표: 생활비 확보 + 세금 최적화 + 유동성 확보
- 투자 전략: 배당 전액 생활비 활용 + 연금 계좌와 병행하여 세후 수익 최대화
- 적합한 자산: 고배당 ETF(JEPI, HDV, 국내 TIGER 고배당), 세제 혜택 있는 퇴직·개인연금 계좌

68세 은퇴자 유재형 씨는 퇴직금의 일부로 고배당 ETF에 투자하여 매월 약 100만 원의 배당을 수령하고 있습니다. 여기에 국민연금 90만 원을 더해 부부의 고정 생활비를 무리 없이 충당하고 있습니다. 재투자가 아닌 '배당 생활'을 실현 중입니다.

판단의 기준: 다음 5가지 질문에 대답해보자

① 현재 나는 소득 활동 중인가?
: Yes → 재투자 비중 확대 / No → 생활비 인출 전략 필요

② 내 연간 지출 중 고정비 비중은 얼마나 되는가?

: 고정비가 많다면 배당은 '지출 관리 수단'으로 적절히 사용

③ 총자산 중 배당자산이 차지하는 비중은?

: 전체 자산 대비 10~20%라면 재투자 / 50% 이상이라면 부분 인출 고려

④ 나는 언제 은퇴할 것인가?

: 은퇴 5년 전부터는 '생활비 커버용 배당금' 전략 수립 시작

⑤ 배당소득의 세금, 어디서 받고 있나?

: 일반 계좌 – 15.4% 과세 → 세금 고려 필요

: 연금 계좌 / ISA – 세금이연, 절세 가능 → 적극 활용 권장

41
장기적인 복리 효과를 극대화하는 법

    ••••   "복리는 8번째 세계 불가사의"라는 말이 있을 정도로, 복리는 시간이 지날수록 수익을 가속시키는 강력한 힘을 지니고 있습니다. 그 복리의 힘을 개인투자자도 현실적으로 실현할 수 있는 방법이 바로 배당 재투자, 즉 앞서도 살펴본 배당 풍차돌리기 전략입니다. 배당 풍차돌리기란 배당주에서 발생한 배당금을 소비하지 않고 다시 투자하여 투자 원금 자체를 키워가는 방법입니다. 매년 더 많은 배당이 발생하고, 이 배당으로 다시 자산을 늘리는 선순환 구조가 만들어집니다. 다만 단순히 배당을 재투자한다고 해서 무조건 복리 효과가 극대화되지는 않습니다. '무엇에' '언제' '어떻게' 투자하는지가 장기 성과를 좌우하는 핵심입니다.

▮▮▮▮ 배당 재투자, '그 주식'에 다시 투자해야 할까?

배당 재투자를 할 때 가장 먼저 떠오르는 질문은 이것입니다. '받은 배당금으로 그 주식을 다시 살까, 아니면 다른 배당주에 투자할까?' 이 질문은 단순하지만 매우 중요합니다. 복리 효과는 재투자의 방향성에 따라 크게 달라질 수 있기 때문입니다.

① 동일 종목 재투자 전략: 신뢰가 확고한 기업이라면

배당성장률이 높고 기업 실적이 안정적이며 향후에도 배당 지속 가능성이 높다면 같은 주식에 다시 투자하는 것이 복리 효과를 극대화하는 가장 단순하고 효율적인 방법입니다. 예를 들면 코카콜라, J&J, KT&G처럼 수십 년간 배당을 끊지 않고 늘려온 기업은 '장기 보유 + 배당 재투자'의 복리 효과가 탁월하게 작동했습니다. 이렇게 동일 종목 재투자는 확신 있는 장기 주주 전략에 유리합니다.

② 다른 종목/ETF로의 재투자 전략: 분산과 업사이클 활용

산업 사이클에 따라 주가수익률의 편차가 지나치게 크거나, 해당 종목이 역사적 수준 및 시장 전체 대비 고평가 구간이라면 다른 배당주나 배당 ETF로 전환 투자하는 것이 리스크 관리에는 보다 유리합니다. 그 예로서 국제유가가 고점일 때 에너지주(예: 엑슨모빌)의 배당금으로 리츠 ETF나 고배당 ETF(SCHD, VYM)를 사들이는 방식이 될 것인데, 경기순환을 고려한 전략적 배당금 재배분이 복리 수익을 높

동일 종목 vs. 분산투자, 어느 쪽이 더 나은가?

판단 기준	동일 종목 재투자	다른 종목/ETF로 재투자
배당 안정성	확신이 높음	낮거나 불확실
기업 실적	지속적 성장 중	정체, 하락, 모멘텀 약화
포트폴리오 구성	편중 없음	특정 섹터에 과도하게 집중됨
투자 목적	배당성장이 목표	리스크 분산 및 자산 최적화

일 수 있습니다. 다른 종목 투자로의 전환은 '전략적 자산 배분형 투자자'에게 적합하다고 판단합니다.

복리 효과를 키우는 최적의 매수 전략

배당금이 입금된 후 '언제' '어떻게' 재투자할 것인가는 복리설계의 또 다른 축입니다. 단순히 돈이 들어오자마자 무작정 매수하기보다 시장 상황과 전략을 고려한 재투자 방식이 더 유리할 수 있습니다.

① 즉시 매수 전략: 소액일수록 유효한 기본 전략

배당금이 지급되면 자동으로 동일 종목을 매수하는 구조로서 매월 혹은 분기마다 적립되는 '복리 계단'을 실현할 수 있습니다.

- 장점: 단순하고 감정 개입 없음
- 단점: 시장 고점에도 투자할 수 있음

② 적립식 분할 매수 전략: 시장 변동성 대비

배당금을 일정 금액 이상 모은 뒤 일정 간격으로 나눠 매수하는 방식(예: 매달 1회 30만 원씩 ETF 매수)도 있습니다. 만약 매월 30만 원 배당이 발생하는 경우 20만 원은 즉시 자동 매수, 10만 원은 예비 현금으로 유보 후 급락 시 사용할 수 있습니다.

- 장점: 시장 타이밍 리스크 분산
- 단점: 현금 유보 구간에서는 수익이 정체될 수 있음

③ 정책적 타이밍 전략: 배당일, 재무 발표 시점 활용

주가가 계절성 또는 실적 발표 직후 하락하는 시점을 활용하여 단기 저점에서 매수함으로써 복리의 초기 단계 수익률을 극대화시킬 수 있습니다. 예를 들면,

- 국내 통신주는 1~3월 배당락 이후 주가 하락 구간에서 재투자 하면 추가 수익 가능
- 리츠 ETF는 금리인하 발표 직후 재투자 시 주가 반등 수익 + 배당 기대

배당 풍차돌리기는 단순한 개념이지만, 실전에서 재투자의 '대상'과 '타이밍'의 선택에 따라 그 효과는 극명하게 달라집니다.

- '믿을 수 있는 주식'에 묻어두는 집중 전략
- '미래의 우상향 업종'으로 옮겨 타는 전략적 분산
- '매수 시점'을 설계하여 수익률을 높이는 리스크 대응 전략

이 모든 선택의 목적은 결국 하나입니다. '내가 가진 배당주가 시간이 지날수록 스스로 배당을 또 낳는 구조를 만드는 것'입니다. 복리는 수익률의 숫자가 아니라 지속적이고 일관된 투자 시스템 위에 올라탄 시간의 힘입니다.

42
배당주투자에서
손절매는 필요한가?

　　　배당주투자에도 손절매는 필수입니다. 배당주는 일반적으로 '장기 보유'를 전제로 하는 투자 전략에 속합니다. 현금흐름을 안정적으로 확보하고, 복리 효과를 누리기 위해선 급등락에 흔들리지 않는 인내심이 강조되며, '팔지 않는 것'이 곧 승리라는 투자 철학이 진리처럼 들려오기도 합니다. 하지만 배당주투자라고 해서 예외 없이 '버티는 전략'이 통한다고 보기는 어렵습니다. 손절매는 모든 투자자에게 피할 수 없는 숙명이며, 배당주 투자자에게도 예외가 될 수는 없습니다.

　배당이란 기업의 이익을 기반으로 주주에게 환원하는 행위인데, 결국 기업의 펀더멘털이 무너진다면 그 배당도 유지되기 어렵습니다.

특히 장기투자일수록 초기에 잘못된 선택을 바로잡는 것이 전체 성과에 미치는 영향이 매우 클 수 있으므로 때로는 아프지만 눈물을 머금고 손절매를 해야 할 순간이 옵니다. 손절매는 단지 손실을 확정하는 아픈 선택이 아니라 장기적으로 자본을 지키고 다시 유리한 기회를 얻기 위한 전략적인 결정입니다. 배당주도 결국은 주식이기에 미래의 기업가치가 심각하게 훼손된다면 무작정 배당을 기다리는 것이 아니라 손절매의 결단이 필요한 순간입니다.

일반적으로 배당주는 안정적이고 변동성이 낮다고 평가받지만, 실제 시장에서는 배당주도 심각한 하락을 겪는 경우가 적지 않습니다. 배당주 급락 시 손절매까지 고려할 만큼 심각하게 봐야 할 핵심 요인은 다음의 리스크 요인들입니다.

첫째, 배당컷 또는 배당 중단 발표입니다. 기업이 배당을 줄이거나 끊는 순간은 투자자에게 가장 치명적인 신호입니다. 이익이 감소하거나 재무 건전성에 이상이 생겼을 때 가장 먼저 조정되는 것이 배당입니다. 앞서도 살펴본 2018년의 제너럴일렉트릭(GE)처럼 수십 년간 배당을 유지해오던 기업이 하루아침에 배당을 삭감하면서, 투자자들의 신뢰는 물론 주가도 급락했습니다.

둘째, 지속적인 실적 부진입니다. 매 분기 실적이 줄고, 이익률이 낮아지는 추세가 이어진다면 해당 기업의 배당 지속성은 심각하게 흔들릴 수 있습니다. 배당수익률이 높아 보여도, 실적 기반이 무너진 배당은 결국 허상에 불과합니다.

셋째, 산업구조의 장기 변화입니다. 석탄, 유선통신, 전통 소매업처럼 장기적으로 산업 자체가 위축되는 영역에 있는 기업이라면, 배당이 유지되더라도 주가 자체는 회복되기 어려운 상황에 처할 수 있습니다. 이 경우에는 배당을 지켜도 전체 자산가치가 무너질 수 있으며, 이때는 손절매가 오히려 손실을 줄이는 길입니다.

즉 배당주의 급락에는 반드시 이유가 있으며, 그 원인을 냉정하게 분석하고 구조적 문제인지 일시적 문제인지 판단하는 것이 매우 중요합니다. 따라서 배당주투자에 있어서 나만의 손절매 원칙을 갖는 것은 필수적입니다. 배당주투자에서 손절매는 단순한 주가 하락을 기준으로 정하기보다는 배당의 지속가능성과 기업의 본질 가치 훼손 여부를 기준으로 설정하는 것이 보다 효과적입니다. 다음과 같이 실전 투자에서 활용할 수 있는 손절매 기준을 세워봤습니다.

실전 투자 손절매 기준

① 배당컷이 발생했는가?

가장 단순하면서도 강력한 신호입니다. 기업이 배당을 줄이거나 끊는다는 것은 자금사정이 급격히 악화됐거나, 장래 실적 전망이 어둡다는 방증입니다. 이럴 경우 기존 투자 명분이 사라진 것으로 간주하고, 빠르게 손절하는 것이 원칙입니다.

② 이익 대비 배당성향이 100%를 초과했는가?

당기순이익이 줄어드는 가운데 배당금은 유지되거나 증가한다면, 배당금이 실제 이익이 아닌 차입이나 자산 매각에 의존해 지급되고 있을 가능성이 있습니다. 이런 비정상적인 배당은 지속되기 어렵기 때문에 투자 판단을 재점검해야 하는 시기입니다.

> ③ 재무제표상 현금흐름과 부채비율에 이상이 발생했는가?
> 기업이 일정 수준의 이익을 내고 있어도 잉여현금흐름이 마이너스이거나 차입금이 급증하고 있다면, 이는 배당을 유지하기 어려운 신호일 수 있습니다. 특히 고배당주에서 자주 발견되는 사례이며, 재무상 위험이 배당정책보다 더 중요한 신호가 될 수 있습니다.

이러한 원칙을 바탕으로 나만의 대응 전략을 갖추는 것이 중요합니다. 투자자마다 리스크 감내 수준은 다르기 때문에 일괄적인 손절매 기준을 따르기보다는 자신만의 원칙을 미리 정해두는 것이 중요합니다. 예를 들어 다음과 같은 나만의 실전 기준을 세울 수 있습니다.

> - 배당컷 시 무조건 50% 매도, 재평가 후 추가 판단
> - EPS 대비 배당성향이 90% 이상 지속되면 경고 단계 진입
> - 주가가 20% 이상 하락하고, 어닝쇼크가 최근 2회 이상 연속되면 30% 비중 축소

이처럼 미리 수치화된 손절매 룰을 정해놓는다면, 감정에 휘둘리지 않고 시스템적으로 대응할 수 있습니다.

배당투자에서도 '지킬 건 지키고, 버릴 건 버리는' 전략적 유연함이 필요합니다. 그 유연함은 손절매라는 도구를 통해 실행되며, 결국 투자자의 자산을 지키는 소중한 방패가 되어줄 것입니다.

Chapter 8
경제적 자유를 위한 배당투자 로드맵

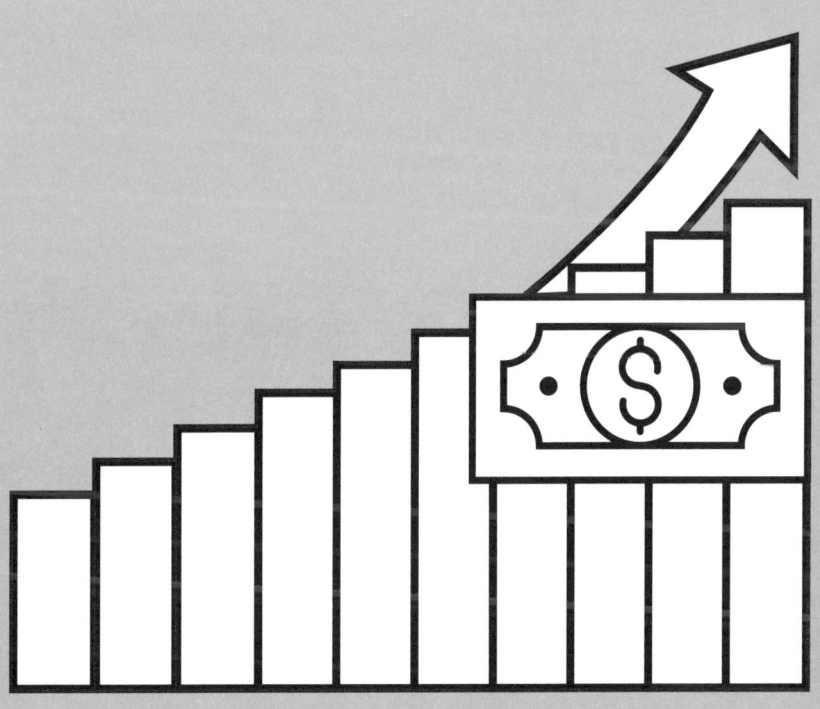

43
배당투자로 경제적 자유를 이루는 단계별 계획

••••   경제적 자유는 더 이상 '부자들만의 목표'가 아닙니다. 이제는 많은 직장인, 자영업자, 프리랜서들도 노동소득 외의 안정적 현금흐름을 통해 자유롭고 유연한 삶을 꿈꿉니다. 이 과정에서 주목받는 전략 중 하나가 바로 따박따박 현금흐름을 창출하는 '배당투자'입니다. 배당투자는 단지 지금 시점의 고수익률만 좇는 투자 행위가 아닙니다. 생애주기에 따라 소득이 들쑥날쑥하거나, 지출 구조가 바뀌는 시점에서 우리 삶을 지탱해주는 '현금흐름 기반의 자산설계'라고 생각합니다. 특히 경제적 자유를 이루기 위한 전략적 재무설계에 있어 배당투자는 '목표자산 축적 → 현금흐름 창출 → 생활비 대체'라는 명확한 재무 로드맵을 제공합니다. 이러한 생애주기 이론(life-cycle theory)을 기반으로, 배당투자가 우리의 인생 각 시점에서 어떻게 활용될 수 있는지를 살펴보겠습니다.

자산 형성기(20~30대 초중반): 종잣돈을 만들고 '배당성장'을 쌓는다

• 투자 전략 키워드: 성장 + 습관화 + 장기 보유

이 시기는 자산이 많지 않고, 월 소득에서 일부를 저축·투자에 배분해야 하는 시점입니다. 배당을 받는 것보다는 '꾸준한 적립'과 '성장하는 배당주'에 투자하는 습관 형성이 중요합니다.

■ 추천 전략
- 배당성장 ETF(예: 미국의 SCHD, VIG / 국내 KODEX 배당성장 ETF 등) 정기 매수
- 꾸준한 배당 증가 이력이 있는 기업(예: 코카콜라, J&J, P&G 등)에 소액 분산투자
- 배당 재투자 활용: 배당금을 재투자하여 복리 효과 극대화

"회사에 갓 입사한 27세 직장인 김지훈 씨는 매월 30만 원씩 미국 배당성장 ETF에 투자하고 있습니다. 아직 배당금은 연 10만 원도 안 되지만, 20년 후에는 매월 50만 원 이상의 현금흐름이 만들어질 것을 목표로 삼고 있습니다."

자산 확대기(30대 후반~40대 후반): 배당금은 계속 쌓이고, 투자 규모는 본격적으로 커진다

• 투자 전략 키워드: 분산 + 업종별 조합 + 중배당 전략

이 시기에는 소득이 증가하면서 자산 투자 규모를 늘릴 수 있습니다. '종잣돈'을 '배당자산'으로 확장해나가는 구간으로, 단순히 성장주 중심의 배당보다는 산업별로 분산된 중배당 포트폴리오 구성이 필요합니다.

■ 추천 전략

- 업종 분산 배당 ETF 활용(예: VYM, DVY, IDV, 국내 TIGER 리츠배당 ETF 등)
- 리츠와 금융, 필수소비재 고배당주의 조합
- 배당성장과 고배당 간 자산 배분 비율 조정(예: 성장 60% vs. 고배당 40%)

"40세 중반의 자영업자 이정화 씨는 월 100만 원의 배당을 목표로, 국내 고배당주(KT&G, 포스코홀딩스, 하나금융지주 등)와 미국 리츠(리얼티인컴)를 함께 보유하고 있습니다. 배당금은 교육비와 일부 생활비 보전에 활용하고 있습니다."

▌▌▌▌ 자산 전환기(50대~은퇴 직전): 자산에서 현금흐름 중심으로 전환한다

- 투자 전략 키워드: 고배당 + 현금흐름 최적화 + 위험 축소

이 시점에서는 본격적인 '경제적 자유'의 근처에 도달해 있습니다. 더 이상 자산을 키우는 것보다는 자산을 안전하게 현금흐름으로 전환하는 전략이 중요합니다. 즉 자산의 일부는 고배당주나 월배당형 자산으로 재편되고, 투자 안정성이 핵심 가치가 됩니다.

■ 추천 전략
- 고배당주 중심의 포트폴리오 리밸런싱
- 월배당 ETF(예: JEPI, QYLD, 국내 월배당 리츠) 비중 확대
- '생활비 커버율'을 설정하여 매월 수령하는 배당금으로 고정지출 커버 목표 설정

"52세 공기업 퇴직 예정자 박상우 씨는 총자산 6억 원 중 3억 원을 고배당 ETF(SCHD, JEPI)와 리츠에 배분하여 매월 120만 원의 배당을 수령 중입니다. 향후 국민연금이 개시되기 전까지 생활비 일부를 배당으로 충당하고자 계획하고 있습니다."

▌▌▌▌ 자산 소득기(은퇴 이후): 은퇴 후, 배당이 생활을 책임진다

- 투자 전략 키워드: 정기수입 + 세금관리 + 유산설계

은퇴 후에는 배당이 '노동 없이 버는 소득'이 됩니다. 이 시기에는

자산의 안정성과 세금 효율성이 투자 핵심이 됩니다. 기존에 가입했던 퇴직연금, 개인연금, ISA 계좌 등을 활용한 절세 전략이 중요해지며, 유동성과 리스크 관리도 병행되어야 합니다.

> ■ **추천 전략**
> - 연금 계좌를 통한 고배당 ETF 투자(세금이연 효과 + 수령 시 분리과세 가능)
> - 매월 고정적으로 들어오는 배당을 중심으로 소비설계
> - 상속·증여를 고려한 ETF/배당주 설계(자녀 계좌에 분산 배당 이체 등)

"65세의 은퇴자 김명자 씨는 퇴직연금과 별도로 2억 원 규모의 주식 배당 포트폴리오를 보유하고 있으며, 매월 배당으로 약 70만 원을 받고 있습니다. 이 배당금은 주거비와 여가비용으로 활용되고 있으며, 일부는 자녀 명의로 매수해 증여설계를 병행하고 있습니다."

배당투자는 단기간의 숫자 싸움이 아닙니다. 내 인생의 리듬과 지출 곡선을 맞추는 현금흐름 도구입니다. 단순히 4%의 수익률을 얻기 위한 투자가 아니라 소득이 불규칙하거나 은퇴를 앞두었을 때도 안정적인 생활을 가능하게 해주는 '재무적 연착륙 장치'입니다. 더 중요한 것은, 배당이 지속적으로 나오는 자산은 불안감을 줄이고, 자유를 늘린다는 점입니다. 실제로 많은 금융 자산가들이 은퇴 후에도 성장주가 아닌 배당주 중심의 포트폴리오를 구성하는 이유는 '불확실한 시장에서 확실한 현금흐름'을 선호하기 때문입니다. 경제적 자유는 하루아침에 오지 않습니다. 그러나 지속적인 배당소득을 창출할

수 있는 포트폴리오를 설계하고, 생애주기별로 그 전략을 리밸런싱한다면 누구나 자유에 가까워질 수 있습니다.

자산 형성기에는 투자습관, 자산 확대기에는 포트폴리오 성장, 자산 전환기에는 안정적 수익화, 자산 소득기에는 소비 기반으로의 전환 순으로 우리 생애주기를 관통하는 것이 바로 배당투자 로드맵이 될 것입니다.

44
배당소득으로 생활비를 만든다?
실전 사례 알아보기

••••　많은 사람이 '배당만으로 생활할 수 있을까?'라는 의문을 가집니다. 파이어족이나 조기 은퇴를 꿈꾸는 이들에게 배당소득은 가장 이상적인 '잠자는 동안 돈이 들어오는' 수입원 중 하나입니다. 하지만 단순한 꿈이 아닌, 실현 가능한 목표로 보려면 냉정한 돈 계산이 필수적입니다.

예를 들어 월 300만 원, 연간 3,600만 원의 생활비를 배당으로 충당하려면 어떻게 해야 할까요? 가장 단순한 방식으로 계산해보면 다음과 같습니다.

- **배당수익률 4% 기준**

  = 3,600만 원 ÷ 0.04 → 9억 원의 배당 포트폴리오 필요

- **배당수익률 6% 기준**

  = 3,600만 원 ÷ 0.06 → 6억 원의 배당 포트폴리오 필요

즉 투자 대상의 배당수익률이 높을수록 필요한 원금은 줄어들지만, 반대로 고배당 종목은 변동성이 크거나 배당 지속성이 낮을 수도 있기 때문에 안정성과 수익률의 균형을 맞추는 것이 핵심입니다.

여기에 세금도 고려해야 합니다. 우리나라에서는 기본적으로 배당소득세(15.4%), 그리고 금융소득종합과세 기준(2,000만 원 초과 시 추가 세율 적용)을 넘으면 세 부담이 증가합니다. 또한 미국 주식의 배당소득에는 15%의 원천징수가 있습니다. 따라서 세후 수익률 기준으로 포트폴리오를 설계해야 실제 생활에는 돈 걱정이 덜어질 것입니다.

모범적인 실전 사례: 미국 서배너 부부와 배당 ETF 투자

미국에서는 은퇴 후 배당소득으로 생활하는 '배당 은퇴(Dividend Retirement)' 사례가 꽤 많습니다. 그중 유튜브 채널 'Our Rich Journey'는 가장 많이 언급되는 대표적 사례입니다. 미국 서배너(Savannah)에 거주하는 부부는 40대 초반에 조기 은퇴하여 배당과

임대수입으로만 생계를 유지합니다. 이 부부는 매년 생활비 4만 달러(약 5,500만 원)를 목표로 했으며, 이를 충당하기 위해 약 100만 달러(약 13억 원) 정도의 자산을 다음과 같이 분산투자했습니다.

- 배당 ETF(VYM, SCHD 등)
- 개별 배당주(Coca-Cola, Johnson & Johnson 등)
- 리츠 및 우량 채권 ETF

특히 이들은 배당소득을 단순히 소비하지 않고, 초과분은 재투자해 포트폴리오를 꾸준히 성장시켰습니다.

이러한 전략은 다음과 같은 점에서 모범적이라고 평가할 수 있습니다.

- 현금흐름 중심 투자
- 지속가능성 높은 기업 위주
- ETF 활용으로 리스크 분산

그리고 무엇보다 재무 목표를 구체적으로 설정한 것이 성공의 핵심이었습니다. 단순히 '언젠가 은퇴'가 아니라 '언제, 얼마의 생활비가 필요하고, 어떻게 조달할 것인가'에 대한 계획이 철저했습니다.

국내 예상 사례: '삼성전자+리츠+고배당 ETF' 포트폴리오로 생활하는 60대 개인투자자

국내에서도 배당으로 생활비를 충당하는 사례는 점점 늘고 있습니다. 특히 고령화 사회 진입과 함께 국민연금 외 추가 현금흐름을 확보하려는 시니어 투자자들이 많아졌습니다. 서울에 거주하는 60대 김 모 씨는 은퇴 후 월 250만~300만 원의 배당소득으로 안정적인 은퇴생활을 이어가고 있습니다.

김 씨의 자산 포트폴리오를 보면 다음과 같습니다.

- 삼성전자 우선주: 약 3억 원 규모, 연 수익률 약 3.5%
- 리테일 중심 리츠(롯데리츠, 신한알파리츠 등): 약 2억 원, 연 수익률 약 5~6%
- 국내 고배당 ETF(TIGER 200 고배당, KODEX 배당성장 ETF 등): 약 1억 원

김 씨는 초기 은퇴자금 6억 원을 이렇게 분산투자해 연 3,000만~3,600만 원의 배당소득을 꾸준히 얻고 있으며, 필요할 때 일부 ETF를 매도하여 유동성을 확보하는 유연성도 함께 유지하고 있습니다. 또한 그는 국민연금과 더불어 ISA 계좌와 연금저축 계좌를 활용해 배당소득의 세금을 줄이고 있으며, 일부 남는 생활비는 배당금 재투자 전략으로 자산 증가도 도모하고 있습니다.

앞선 미국과 한국 사례는 배당소득 생활이 결코 꿈이 아니라는 것을 보여줍니다. 하지만 그에 앞서 반드시 다음과 같은 '현실 점검'이 선행되어야 합니다.

- 배당소득은 안정적인 현금흐름 수단이지만, 절대적인 원금 규모가 중요하다.
- 세후 수익률 기준으로 계산하고, 세금 회피가 아닌 세금 '관리'를 해야 한다.
- 지속 가능한 기업 위주 + 리츠 + ETF의 3중 포트폴리오 구조가 유효하다.
- 절세 3종 세트(개인연금, 퇴직연금, ISA)를 적극 활용해야 한다.
- 정기적인 포트폴리오 리밸런싱과 소비조절 역량도 병행되어야 한다.

| 나만의 생활비 충전 배당투자 전략 예시 |

자산 유형	투자 비중	기대 수익률	전략
배당 ETF	40%	3.5~4.5%	분산투자, 자동배당
국내 우량 배당주	30%	3~5%	직접 관리, 배당성장
리츠(국내외)	20%	5~6%	월배당, 임대소득 대체
채권 및 예금 상품	10%	2~3%	리스크 완충, 안전자산

45
배당투자를 통한 조기 은퇴(FIRE) 전략

　　　파이어(Financial Independence, Retire Early), 즉 '경제적 독립과 조기 은퇴'는 더 이상 특권층만의 이야기로 머물지 않습니다. 많은 사람이 30~40대부터 노동 없이 사는 삶을 고민하고 있는데, '일하지 않아도 되는 상태'를 가능한 한 빠르게 만들기 위해 단순한 자산 증식이 아닌 현금흐름 중심의 전략, 즉 배당투자를 결합해야 합니다. 일반적인 은퇴 준비가 '60세 이후를 위한 연금 중심의 안정적 투자'라면, 파이어는 '40대 전후에 은퇴를 실현하기 위한 고저축 + 자산 자동화 + 조기 현금흐름 확보 전략'으로 나아가야 합니다. 바로 이 지점에서 배당주는 유용한 수단이 됩니다. 결국 파이어의 본질은 '시간을 더 일찍 사는 일'인데, 이를 위해 필요한 것은 자산뿐만이 아니라 예측 가능한 소득입니다.

조기 은퇴를 목표로 한 배당투자 전략은 다음 3가지 측면에서 기존 은퇴 준비와 근본적으로 다릅니다.

첫째, 조기 은퇴의 목표는 '자산총액'보다는 '소득 커버율'입니다. 일반 은퇴 준비는 '얼마를 모았는가'가 관심이라면, 조기 은퇴는 '매달 얼마나 들어오는가'가 우선입니다. 따라서 배당 전략은 자산이 10억이든 3억이든 상관없이 내 생활비를 얼마나 커버할 수 있는가를 기준으로 판단합니다.

둘째, 내 자산을 '쓰는 시점'이 앞당겨집니다. 연금, 퇴직금은 보통 60세 이후에 꺼내 쓰지만 파이어에서는 배당이 30대부터 '예행 연습'처럼 사용되는 구조입니다. 즉 자산의 쓰임과 순환이 빠르며, 투자와 소비의 경계가 유연해야 합니다.

셋째, 배당투자 전략은 더 공격적이고 자동화되어야 합니다. 일반 은퇴는 보수적 리밸런싱이 핵심이라면, 파이어는 배당 재투자, 적립식 매수, 극단적 지출 통제, 포트폴리오 자동화 등이 보다 유기적으로 작동해야 합니다.

즉 파이어는 단순한 자산 계획이 아니라 생애 전체를 재설계하는 작업입니다. 따라서 각 단계에서 배당 포트폴리오의 구성과 활용 방식도 일반적인 은퇴 계획과 다릅니다.

자산 씨앗기(20대 후반~30대 중반):
"자동화된 투자, 습관이 자산입니다"

이 시기의 핵심은 저축률 50% 이상 확보, 그리고 복리 재투자 구조를 자동화하는 것입니다. 적은 금액이라도 '배당 풍차돌리기'를 활용하여 자동으로 배당금을 재투자하고, 자산을 빠르게 불리는 '재투자 루틴'을 습관화해야 합니다.

- 포트폴리오 예시: 성장배당 ETF(SCHD, VIG), 국내 배당성장 ETF, 소형 리츠
- 배당금 사용법: 100% 재투자
- 전략 포인트: 월급이 들어오면 자동으로 '배당주 ETF 계좌'로 흐르게 해야 합니다.

"29세 마케터 정지우 씨는 매월 100만 원을 배당 ETF에 자동 투자하고 있습니다. 연간 배당은 아직 80만 원 수준이지만, '5년 후 월 50만 원(연 600만 원) 현금흐름 창출'을 목표로 복리 효과를 극대화 중입니다."

자산 확장기(30대 중반~40대 초반):
"배당으로 절반을 살아보는 실험입니다"

이 시기부터는 자산의 수익화가 본격적으로 시작됩니다. 파이어 준비자는 생활비의 30~50%를 배당으로 충당해보는 실험을 실행해

야 합니다. 이는 언제든 퇴사할 수 있는 나만의 재무적 힘을 키우는 전환점이 됩니다.

- 포트폴리오 예시: 고배당 ETF(VYM, HDV), 월배당 리츠(JEPI, O), 국내 통신·금융주
- 배당금 사용법: 50% 생활비 보조, 50% 재투자
- 전략 포인트: 지출을 줄여 '필요한 배당 커버율'을 낮춰야 합니다.

"38세 부부 김현수·최지현 씨는 연 2,400만 원의 배당 중 절반을 교육비·식비로 활용하고 있습니다. 퇴사를 당해도 최소한의 생활은 유지할 수 있는 수준까지 커버율을 높였습니다."

파이어 실행기(40대 중반):
"자산은 그대로, 현금흐름이 내 삶을 바꿉니다"

배당 커버율이 100%에 도달하면 파이어는 실현됩니다. 이 시기부터는 총자산 수익률보다 '매달 얼마 들어오느냐'가 중요합니다. 월세, 공과금, 식비 등 고정지출을 배당으로 모두 커버할 수 있다면 더 이상 일을 강요당하지 않아도 됩니다.

- 포트폴리오 예시: 월배당 ETF(QYLD, JEPI), 국내 배당 리츠, 통신·유틸리티주
- 배당금 사용법: 100% 생활비 활용
- 전략 포인트: 세후 수익률, 배당의 지속성, 변동성 관리가 중요합니다.

"45세 은퇴자 조현우 씨는 월 180만 원의 배당으로 제주 생활을 유지하고 있습니다. 추가적인 노동 없이도 삶이 유지되며, 남는 시간엔 글을 쓰고 여행을 즐기며 살아가고 있습니다."

배당 기반 조기 은퇴를 가능케 하는 3가지 실전 조건

① 배당 커버율 100% 확보
매달 필요한 생활비를 배당만으로 충당할 수 있어야 합니다. 예를 들어 월 생활비가 200만 원이라면 연간 2,400만 원의 배당이 필요합니다.
→ 고배당 ETF 3억 원(배당률 8%) 또는 4억 원(배당률 6%) 보유 시 달성 가능합니다.

② 극단적 지출 최적화
일반 은퇴자는 소득이 줄어 지출을 줄입니다. 파이어는 의도적으로 소비를 줄여 배당으로 생활비를 덮는 구조를 먼저 만들어야 합니다.

③ 투자의 자동화와 리스크 관리
파이어는 지속성이 중요하므로 자동 매수 + 배당 재투자 + 자산 리밸런싱이 필수입니다. 특히 월배당 ETF·리츠처럼 현금흐름이 월 단위로 예측 가능한 자산군을 활용하는 것이 효과적입니다.

파이어는 단순히 빨리 은퇴하는 전략이 아닌, '당신이 원할 때 일하고, 원할 때 쉴 수 있는 내 삶의 선택권을 갖는 방식'입니다. 그 선택권은 자산의 크기보다 자산이 매달 나에게 주는 현금의 흐름에서 비롯됩니다. 지금 만약 당신이 매달 10만 원의 배당을 받고 있다면, 그것은 극히 미미한 숫자가 아니라 '노동에서 환상의 자유로 가는 마치 이상한 나라의 엘리스 토끼굴'의 입구일지도 모릅니다.

46
은퇴 후에도 지속적인 배당수익을 유지하는 법

은퇴 후 삶에서 가장 중요한 점은 안정적인 현금입니다. 매달 일정한 생활비를 마련해야 하는데 건강, 주거, 식비, 여가 등 기본 지출은 줄이기 쉽지 않습니다. 하지만 이제 더 이상 직장에서의 월급은 없습니다. 이제 그 월급을 대신할 존재는 내가 보유한 자산이 만드는 현금, 즉 '배당금'입니다. 배당은 다른 어떤 자산보다 예측 가능성이 높고, 자산을 깎아 쓰지 않아도 된다는 점에서 은퇴자에게 매우 적합한 소득원 중 하나입니다. 은퇴 후의 배당투자는 단순히 배당수익률이 높은 주식이나 배당 ETF 등을 고르는 것을 넘어, 끊김 없이 오랫동안 지속될 수 있는 수익구조를 설계하는 것이 핵심입니다.

그런데 은퇴 후 내가 보유한 배당 관련 자산에서 배당은 매달 잘 들어올 것이라고 마냥 기대하는 것은 낙관일 수 있습니다. 배당수익은 다음과 같은 요인으로 인해 예상보다 빠르게 줄어들 수 있습니다.

> **배당컷 감소의 요인들**
> - 기업의 배당컷: 갑작스러운 실적 악화나 정책 변경으로 인해 배당금이 줄거나 중단될 수 있습니다.
> - 특정 업종 집중 리스크: 금융, 에너지, 통신 등 한두 업종에 편중된 포트폴리오는 구조적 타격에 취약합니다.
> - 물가 상승으로 인한 실질 수익 감소(인플레이션 영향): 배당금은 그대로인데 생활비가 오르면 체감 소득은 줄어듭니다.
> - 세금 및 환율 리스크: 해외 배당주는 이중과세나 환차손의 영향을 받습니다.

이러한 위험 요소들을 관리하고, 배당수익이 끊기지 않는 구조를 만드는 것이 은퇴 후 자산관리의 핵심입니다. 배당수익을 끊기지 않게 만드는 3가지 핵심 유지 전략을 살펴보겠습니다.

배당 지속성이 높은 종목만 담아라: '10년 법칙' 적용하기

과거와 현재를 통틀어 비교적 짧은 기간에 고배당을 줬던 종목보다 꽤 긴 기간 동안 배당을 꾸준히 지급하거나 증가시켜온 기업이 훨씬 안전합니다. 이를 판단하는 대표적인 지표는 배당성향(배당금/순이익)과 배당성장 이력입니다. 앞서 언급했지만 배당성향이 70% 이하이고, 배당이 10년 이상 유지된 기업은 위기 시에도 배당을 지킬 확률이 높습니다.

■ **대표 사례**

- 코카콜라(KO): 60년 넘게 배당을 인상해온 배당왕. 글로벌 경기 둔화기에도 배당 유지
- J&J(JNJ): 의료·생활용품 기반으로 경기 불황에도 꾸준한 배당 지급
- KT&G: 국내 대표적인 배당 안정 기업. 배당성향이 안정적이고 꾸준히 증액 중
- 삼성화재, 포스코홀딩스: 위기 시에도 배당을 중단하지 않은 국내 고배당 우량주

분산과 리밸런싱으로 끊김을 막아라: '배당 분산의 3원칙'

배당이 끊기는 가장 흔한 이유는 '한쪽에만 쏠려 있는 집중투자' 때문입니다. 따라서 배당 포트폴리오는 다음의 3가지 방향으로 분산되어야 합니다.

① **자산 분산: 개별 주식 + ETF + 리츠 조합**

- 개별 배당주: 고정적 현금흐름
- ETF(SCHD, VYM, HDV): 업종·기업 분산 효과
- 리츠(국내 TIGER 리츠, 미국 리얼티인컴): 물가연동형 배당 가능

② **지역 분산: 국내 + 해외**

- 국내 자산은 양도세 및 관리 측면에서 유리
- 해외 자산은 산업 다양성과 글로벌 경기 반영

③ 지급주기 분산: 분기/반기 배당 + 월배당
- 미국의 JEPI, QYLD, 리얼티인컴(O) 등은 매월 배당 제공
- 월세처럼 일정한 리듬을 유지할 수 있어 은퇴자에게 적합

■ 모범 사례

65세 은퇴자 박정순 씨는 전체 배당 포트폴리오를 국내 은행주(30%) + 미국 ETF(SCHD 30%) + 월배당 리츠(JEPI, O 30%) + 단기채/현금성 자산(10%)으로 구성해 환율·세금·업종 리스크를 분산시켰습니다.

박 씨는 상하반기 말 연 2회, 배당 감소나 주가 급락 종목을 점검해 교체·축소, 즉 리밸런싱도 꾸준히 하고 있습니다.

배당의 100%를 다 쓰지 마라: 생활비 커버율 80% 전략

모든 배당금을 다 써버리면 위기 상황에 대응할 여력이 사라집니다. 따라서 배당금의 80%만 생활비에 쓰고, 나머지 20%는 재투자하거나 유보하는 전략이 유효합니다.

생활비 커버율의 개념과 관리

생활비 커버율은 '내 생활비 중 몇 퍼센트를 배당으로 충당할 수 있는가'를 의미합니다.

■ 예시
- 생활비 월 250만 원
- 배당 수입 월 200만 원 → 커버율 80%(= 200/250)

만약 이 상태라면 국민연금, 연금저축 등 다른 소득원과 함께 충분히 균형을 맞출 수 있습니다.

은퇴 후 3년 차인 68세 김명희 씨는 월 160만 원의 배당을 받지만, 실제 생활비로는 120만 원만 활용하고 나머지는 ETF 재투자 및 손자녀 용돈을 위한 별도 계좌로 운용 중입니다. '미래의 나를 위한 배당 보존' 전략을 실천하고 있는 셈입니다.

배당수익을 안정적으로 유지시키는 포트폴리오 예시			
자산 유형	종목 예시	비중	설명
고배당 ETF	SCHD, HDV, VYM	40%	배당성장력 + 분산 구조
월배당 ETF	JEPI, QYLD, RYLD	25%	매월 수입 확보, 생활비 연동
국내 고배당주	KT&G, 하나금융지주	20%	환차손 방지, 세후 수익률 확보
현금성 자산	MMF, 단기채 ETF	10%	유동성 확보 및 충격 완충
해외 리츠	리얼티인컴(O), VNQ	5%	인플레이션 대응 및 임대수익 구조

47
인플레이션 시대에 강한
배당주 투자법

•••• 인플레이션은 일반적으로 현금 구매력을 갉아먹는 주범으로 여겨지지만, 주식은 인플레이션에 대한 '부분적 헤지' 수단이 될 수 있습니다. 그 이유는 기업은 제품 가격을 인상함으로써 수익을 방어하고 때로는 일부 기업들은 오히려 마진까지 확대할 기회가 될 수 있기 때문입니다. 기업 재무제표로 설명하면, 손익계산서상의 매출과 영업이익이 인플레이션 초중기까지는 동반 상승하는 경우가 많습니다. '매출 = 제품 가격 × 판매량'이라는 점을 감안하면 너무나 높은 제품 가격으로 인해 판매량이 급감하기 전까지 매출은 제품 가격에 정비례하여 증가하는 속성을 지니고 있습니다. 특히 원자재나 인건비 상승을 제품 가격에 전가할 수 있는 기업이라면 매출 증가는 물론

마진 방어도 가능합니다. 이른바 '가격전가력(Pricing Power)'이 인플레이션 시대의 기업 경쟁력입니다.

또한 공장, 토지, 설비 같은 유형자산을 많이 가진 기업은 물가가 오를수록 이 자산들의 실제 시장가치가 함께 올라가는 효과를 누릴 수 있습니다. 반면 회계상 자산가치는 감가상각으로 줄어들기 때문에 실제 자산이 가진 가치와 장부상의 가치 사이에 숨겨진 이익이 생기게 됩니다. 이런 차이는 시간이 지나면서 기업의 순자산가치 상승으로 연결될 수 있습니다. 즉 인플레이션은 단기적으로는 부담일 수 있지만, 비용 증가보다 매출 증가가 크고 자산 재평가 요인이 있는 기업이라면 오히려 기회로 전환될 수 있습니다. 이러한 특성을 가진 주식을 일컬어 '인플레이션 방어형 배당주'라고 부를 수 있습니다.

인플레이션 시대에 배당주는 어떤 영향을 받을까요? 먼저 단점부터 언급하면, 배당수익률 자체를 고정적이라고 가정하면 물가상승률에 따라 배당금의 가치는 희석됩니다. 이를 '실질배당수익률의 저하'라고 합니다. 예컨대 연 4% 배당을 주는 기업이라도 인플레이션이 5%라면 투자자의 실질구매력은 감소하는 셈입니다.

그러니 반대로 배당주는 오히려 금리 상승기와 인플레이션기에서 '상대적 우위'를 가진 자산군으로 평가되기도 합니다. 그 이유는 다음과 같습니다.

첫째, 일관된 현금흐름을 창출하고, 배당을 지속적으로 늘려온 기업은 투자자의 신뢰를 얻기 쉽습니다. 이는 시장 불확실성이 커질수록 더욱 부각됩니다.

둘째, 배당성장률이 높은 기업의 경우 시간이 지날수록 배당금 자체가 증가하기 때문에 실질배당수익률의 저하를 방어하게 됩니다. 코카콜라나 P&G처럼 매년 배당을 꾸준히 인상하는 기업은 오히려 인플레이션 속에서 실질 수익을 유지하거나 높일 수 있습니다.

결국 배당성장이 멈춘 정적 배당주가 아니라 동적 배당, 즉 배당성장을 추구하는 배당성장주에 주목할 필요가 있습니다. 인플레이션 환경에서는 '절대수익률'보다 '지속가능성'과 '성장성'이 더 중요합니다.

한편 인플레이션에 강한 배당주는 업종별로도 차별화됩니다. 일반적으로 다음의 업종이 인플레이션 수혜주로 꼽힙니다.

인플레이션 수혜 섹터

- **에너지 섹터**

원유, 가스, 전력 등 에너지 기업들은 인플레이션 시기에 가격전가력이 뛰어납니다. 미국의 엑슨모빌(XOM), 셰브론(CVX), 한국의 S-Oil, 한국전력 등이 대표적입니다.

- **필수소비재**

생활에 필수적인 상품을 공급하는 기업들은 가격 인상에 대한 저항이 적습니다. 대표적으로 코카콜라(KO), P&G(PG), 한국에서는 오뚜기, 농심, KT&G 등이 해당됩니다.

- **리츠**

인플레이션 환경에서 실물자산의 가치가 상승하면 임대료 인상이 가능해집니다. 미국의 리얼티인컴(O), 한국의 롯데리츠, 신한알파리츠 등이 이에 해당합니다.

- **금융업**

금리가 상승할 경우 순이자마진(NIM)이 개선되는 은행 및 보험회사도 인플레이션 환경에서 실적 개선 여지가 있습니다. 배당 측면에서는 미국의 JP모건(JPM), 뱅크오브아메리카(BAC), 한국의 하나금융지주, DB손해보험 등이 주목받고 있습니다.

중요한 점은 '업종 내에서도 배당 지속력과 성장력이 확인된 종목'을 선택하는 것입니다. 단순히 고배당이라 해서 인플레이션 방어력이 높은 것은 아닙니다.

그러면 인플레이션에 강한 배당주 포트폴리오를 구성할 때는 다음 3가지 기준을 제안합니다.

배당주 포트폴리오 구성의 3가지 기준

① 배당성장률이 높은 배당성장주

단기 수익률보다 매년 배당을 늘리는 기업이 장기적으로 더 강합니다. 미국의 코카콜라(KO), J&J(JNJ), 3M(MMM), 리얼티인컴(O) 등은 연속 배당성장 기업으로 유명합니다.

② 현금흐름과 자기자본이익률이 안정적인 기업

잉여현금흐름(FCF)이 안정적이고 자기자본이익률(ROE)이 일정 수준 이상인 기업은 배당 지속가능성이 높습니다. 한국에서는 KT&G, 하나금융지주, SK텔레콤, 포스코홀딩스 등이 이에 해당합니다.

③ 인플레이션 수혜 업종 내 대표주 위주 분산투자

앞서 언급한 에너지, 필수소비재, 리츠, 금융을 고르게 배분하되, 개별 기업의 재무건전성과 배당이력을 반드시 확인해야 합니다.

물론 특정 종목에 대한 분석 능력에 대한 자신감이 없다면 ETF를 활용한 분산투자도 괜찮습니다. 미국의 경우 SCHD(고배당+배당성장 혼합형), VYM(광범위 고배당), DVY(안정적 산업 배당주 중심), 한국에서는 PLUS 고배당, KODEX 배당성장 ETF 등을 활용한다면 인플레이션 시대의 대안이 될 것입니다. 즉 포트폴리오 구성의 핵심은 지속 가능한 수익과 인플레이션 방어력입니다. 현금흐름이 튼튼하고 배당정책이 일관된 기업 중심으로 자산을 배분해야 합니다.

인플레이션은 위기이자 기회입니다. 실질금리가 마이너스인 환경에서 투자자는 단순히 예적금이나 채권만으로는 자산을 지키기 어렵습니다. 배당을 지속적으로 증가시켜온 배당성장 기업과 인플레이션 수혜 업종 중심의 포트폴리오를 잘 조합한다면 오히려 이 시기를 자산 증식의 기회로 삼을 수 있습니다. 장기적인 배당성장 역량, 재무건전성과 산업 경쟁력을 갖춘 기업에 투자하는 것이야말로 인플레이션 시대에 적합한 배당주라고 말할 수 있을 것입니다.

48
배당투자로 금융위기를 효과적으로 대비하는 방법

•••• 　배당주는 일반적으로 '안정적인 투자자산'이라는 이미지로 인식됩니다. 특히 예금이자보다 높은 현금흐름을 기대할 수 있고, 일정한 시점마다 배당이 들어오기 때문에 불확실한 시기일수록 더 매력적으로 보이기도 합니다. 하지만 금융위기와 같은 극단적 상황에서는 배당주도 결국 주식이라는 점에서 위험자산의 속성을 벗어나지 못합니다. 2008년 글로벌 금융위기 당시 S&P500 고배당 지수도 큰 폭의 하락을 겪었습니다. 배당이 아무리 많아도 주가 자체가 급락하면 자산 전체의 평가손실은 불가피합니다. 또한 기업이 위기를 맞이하면 배당을 줄이거나 아예 끊는 '배당컷'이 발생할 수 있으며, 이는 투자자에게 더 큰 충격으로 다가올 수 있습니다. 즉 배당주라 하

더라도 금융위기에서 무조건 안전하다는 인식은 잘못된 전제입니다. '모든 배당주가 안전한 것이 아니라 어떤 배당주가 안전한가'가 핵심입니다.

금융위기에도 배당을 유지한 기업이 실제 존재합니다. 예를 들어 코카콜라나 J&J와 같은 미국의 배당귀족 기업들은 2008년 위기 상황 속에서도 배당금을 오히려 늘리는 배당성장을 이어갔습니다.

이처럼 위기에서도 흔들리지 않는 배당을 이어가는 기업은 어떤 특징을 가졌을까요?

첫째, 현금흐름이 매우 안정적인 사업구조를 갖고 있어야 합니다. 소비자에게 필수적인 재화나 서비스를 공급하는 기업, 예컨대 식음료, 의약품, 통신 업종 등이 이에 해당합니다.

둘째, 재무구조가 탄탄하고 부채비율이 낮으며, 이자비용 부담이 적은 기업이어야 합니다. 금융위기에는 기업들의 자금조달 환경이 급격히 악화되기 때문에 외부 자금에 의존하지 않고도 자체적인 이익으로 배당을 할 수 있는 기업이 유리합니다.

셋째, 위기 대응에 능한 경영진과 일관된 주주환원정책을 유지해 온 기업입니다. 과거 위기에서도 배당을 지킨 이력이 있는 기업은 향후 위기에서도 유사한 행동을 취할 가능성이 높습니다.

결국 단순히 과거와 현재의 배당수익률이 높은 기업이 아니라 위기에도 배당을 '지킬 수 있는 힘'을 가진 기업이야말로 진정한 의미의 방어형 배당주입니다.

금융위기를 대비하기 위해 구성할 수 있는 배당 포트폴리오는

금융위기에도 버텨낼 배당주의 3가지 속성은?

① 예측 가능한 현금흐름

일시적인 경기 변동에도 수요가 유지되는 비즈니스 모델은 위기 상황에서 강력한 방어력을 발휘합니다. 예를 들어 통신서비스, 식료품, 상하수도, 전기 등 공공재에 가까운 산업이 이에 해당합니다. 이들은 매출이 갑자기 절반으로 줄어드는 일이 잘 없기 때문에 현금흐름의 안정성이 탁월합니다.

② 보수적인 재무구조

순차입금이 적고, 부채비율이 낮으며, 유보율이 높은 기업은 금융위기에도 흔들림이 덜합니다. 이러한 기업은 배당여력이 위기 상황에서도 유지되며, 필요시에도 급하게 자산을 팔거나 차입하지 않아도 됩니다. 미국의 마이크로소프트(MSFT), 한국의 KT&G 등이 대표적인 사례입니다.

③ 장기 배당정책 유지 기업

기업이 위기 속에서도 배당을 지키려는 의지를 갖고 있다면, 이는 단순한 숫자가 아니라 기업의 철학과 신뢰로 이어집니다. 과거 10년 이상 배당을 끊지 않았던 기업은 미래에도 배당을 지속할 가능성이 크며, 이런 기업일수록 위기 대응 능력이 뛰어난 경영진을 보유한 경우가 많습니다.

수익률보다는 지속성과 방어력에 초점을 맞추는 것이 바람직합니다. 다음은 미국과 한국에서 주목할 만한 기업과 ETF 중심의 예시입니다.

- **미국 시장**
  - 코카콜라(KO): 60년 가까운 배당성장 기록을 가진 대표적인

필수소비재 기업입니다.
- J&J(JNJ): 글로벌 헬스케어 기업으로, 불황기에도 수요가 유지되는 산업구조를 갖추고 있습니다.
- 리얼티인컴(O): 월배당 리츠로, 장기 임대계약 중심의 포트폴리오를 운영하고 있어 현금흐름의 예측 가능성이 높습니다.
- ETF 대안: SCHD, VIG, NOBL 등은 배당성장 기업에 집중하는 ETF로, 위기 시에도 안정적 수익을 기대할 수 있습니다.

■ 한국 시장
- KT&G: 담배 사업을 기반으로 꾸준한 수익을 창출하며, 10년 이상 배당을 이어오고 있는 대표적인 안정형 배당주입니다.
- 포스코홀딩스: 철강 경기의 사이클 영향을 받는 업종이지만, 높은 현금 창출력과 낮은 부채비율로 위기에도 배당을 유지해온 기업입니다. 특히 자사주 매입 및 주주환원정책을 강화해온 점이 돋보입니다.
- 하나금융지주: 금융업종이긴 하나, 위기 대응력이 우수하며 2008년 금융위기 당시에도 배당을 유지한 기록이 있습니다.
- ETF 대안: KODEX 배당성장, TIGER 고배당 ETF 등은 국내 배당우량주에 분산투자할 수 있는 유용한 수단입니다.

49
배당투자를 평생 동안 지속할 수 있는 마인드셋

"배당은 거짓말을 하지 않는다(Dividends don't lie)."

미국 여성 투자자의 전설, 제럴딘 와이스(Geraldine Weiss)는 이렇게 말했습니다. 화려한 차트를 읽지 못해도, 경제 뉴스를 전부 파악하지 못해도 '배당이 계속 나오는가'를 보면 기업의 진짜 속살을 알 수 있다는 이야기입니다. 그녀는 40대 중반까지 평범한 주부였지만, 배당 중심의 가치투자를 통해 수십 년간 월급 없이도 경제적 자유를 누린 인물입니다. 그녀만이 아닙니다.

펜실베이니아대학 와튼 스쿨의 제레미 시겔(Jeremy Siegel) 교수는 수많은 데이터를 바탕으로 "장기적으로 고배당주가 성장주보다 높은 총수익률을 기록한다"고 말합니다. 그의 책 《Stocks for the Long

Run》은 미국 배당주의 평균 연간 수익률이 10.7%에 달한다는 데이터를 제시하며, 단기적 뉴스보다 '배당의 꾸준함'을 더 신뢰해야 한다는 메시지를 던집니다.

또 다른 거장 존 보글(John Bogle) 역시 배당의 중요성을 강조했습니다. "배당 재투자는 복리라는 자연의 기적과 같다"며, 인덱스펀드와 배당을 함께 가져가는 '게으른 투자법'이야말로 시장을 이기는 유일한 길이라고 역설했습니다.

이들의 공통점은 무엇일까요? 바로 빠르게 돈을 벌려 하지 않았다는 것, 시장의 유행보다 자신만의 기준을 따랐다는 것, 그리고 시간과 배당이 만드는 복리를 무한신뢰했다는 것입니다.

즉 배당투자는 '평생 간직할 수 있는 친구 같은 투자법'입니다. 하지만 진짜 친구처럼 함께하기 위해선 우리의 단단한 마음가짐이 준비되어 있어야 합니다.

첫째, 시장을 이기려 하지 말고 나를 지켜야 합니다. 많은 투자자들이 시장을 이기려 하다 지칩니다. 오늘은 반도체, 내일은 2차전지, 그다음은 AI까지. 뉴스에 흔들리고, 유행에 휘둘리고, 수익률에 일희일비하다 보면 우리는 어느 순간 우리의 투자목적 자체를 잃어버립니다. 배당투자는 '시장을 이기려는 게임'이 아니라 '나의 삶, 나의 재산을 지키는 전략'입니다. 내 생활비를 책임져줄 든든한 친구 같은 배당주가 매 분기마다 꾸준히 현금배당을 지급할 때, 투자의 주도권을 '남(시장 전체)'에게서 '나(배당 투자자)'에게로 가져오게 됩니다.

둘째, 돈이 아닌 '시간'과 친구가 되세요. 배당금이 내 계좌에 쌓이는 것을 보면 마음이 편안해집니다. 그건 내가 '무언가를 제대로 하고 있다'는 증거입니다. 그러나 그 배당금이 쌓이는 데는 시간이 꽤 걸립니다. 1년, 3년, 10년. 이 시간을 견디지 못하면 배당의 진가는 절대 느낄 수 없습니다.

"복리는 시간과의 우정에서 태어난다."

투자계의 명언입니다. 시간이 쌓이게 하세요. 처음엔 월 3만 원일 수 있지만, 재투자를 거듭하면 그것이 30만 원, 300만 원이 되는 순간이 옵니다. 그 과정을 지켜보며 '나는 성장하고 있다'고 스스로를 격려해주세요.

셋째, 고요함이 이깁니다. 주식시장에서는 시끄러운 사람이 이긴다는 속설이 있지만, 배당투자에서는 그 반대입니다. 조용히, 묵묵히, 자신의 리듬대로 가는 사람이 결국 웃습니다. 여러분이 해야 할 일은 단 하나, '배당금이 줄지 않는 기업'을 고르고, 흔들리지 않고 보유하는 것입니다. 앞서 설명했던 리츠, 우량 고배당주, 배당성장 ETF(SCHD, VIG 등)와 같은 배당의 도구들을 활용하고 익숙해지세요. 좋은 친구가 되어줄 겁니다. 매 분기마다 통장에 찍히는 배당금 알림은 어느 순간 여러분의 삶에 '안정'이라는 두 글자를 더해줄 것입니다.

여기서 가장 중요한 건 나만의 투자 철학을 갖는 것입니다. 뉴스, 유튜브, 책도 중요하지만, 결국 투자는 '개인의 철학'이 없으면 흔들립니다. 배당투자를 통해 여러분만의 철학을 세우는 데 도움이 될 몇 가지 예시 기준들을 뽑아봤습니다.

> **내가 생각하는 '좋은 기업'의 기준 세우기**
>
> - 5년 이상 배당을 지속했는가?
> - 배당성향(순이익 대비 배당금 비율)이 지나치게 높진 않은가?
> - 매출과 순이익이 꾸준히 증가하는가?
> - 업황이 흔들려도 생존 가능성이 충분히 높은 업종인가?

이런 나만의 질문을 만들고 이를 물어보면서 나만의 '배당 포트폴리오 규칙'을 만들어보세요.

여기서 한 가지 중요한 점을 짚고 넘어가야 합니다. 많은 투자자들이 "나는 리스크를 감수할 수 있어"라며 배당수익률 8~10%의 고위험 주식을 매수하곤 합니다. 하지만 진정한 투자자는 리스크를 감수하기보다는 관리해야 합니다. 즉 공짜 점심은 없고, 높은 수익률에는 뭔가 대개 높은 불확실성을 반영한다고 의심해봐야 합니다. 다시 말해 배당이 매력적으로 보일수록 '왜 이렇게 많이 주지?', '이익은 정체됐는데 배당은 유지되는 건가?' 같은 질문을 스스로에게 던져야 합니다. 따라서 '내가 감당할 수 있는 리스크'란 일정 기간 동안 배당이 삭감되거나 중단되어도 당황하지 않을 정도의 포트폴리오 설계를 의미합니다. 이는 리스크를 회피하는 것이 아니라 리스크가 터져도 내가 무너지지 않도록 구조를 짜는 것입니다.

마지막으로, 배당투자는 '수익률 경쟁'이 아닙니다. '자유를 조금씩 사 모아가는 과정'입니다. 은퇴가 다가오는 직장에서, 급등락을 반복하는 불안정한 시장에서, 그리고 내 맘대로 되지 않는 세상에서 오는 감정의 기복에서 자유로워지고 싶은가요? 그렇다면 오늘부터 작게라도 시작해보세요. 단돈 1주의 배당주라도. 거기서부터 여러분만의 '투자의 철학'이 자라나기 시작할 겁니다.

물론 배당투자는 느립니다. 하지만 그 느림 속에 단단한 성장의 씨앗이 숨어 있습니다. 부디 자신만의 기준을 가지고, 조급해하지 말고, 매달 적립되는 배당금을 보며 스스로를 칭찬해주시길.

'나는 지금, 나의 자유를 사 모으고 있다.'

그 믿음으로 배당이라는 평생 친구와 함께하시길 응원합니다.

Special Chapter

배당진단키트 2.0 활용법: 내 배당주는 내가 고른다

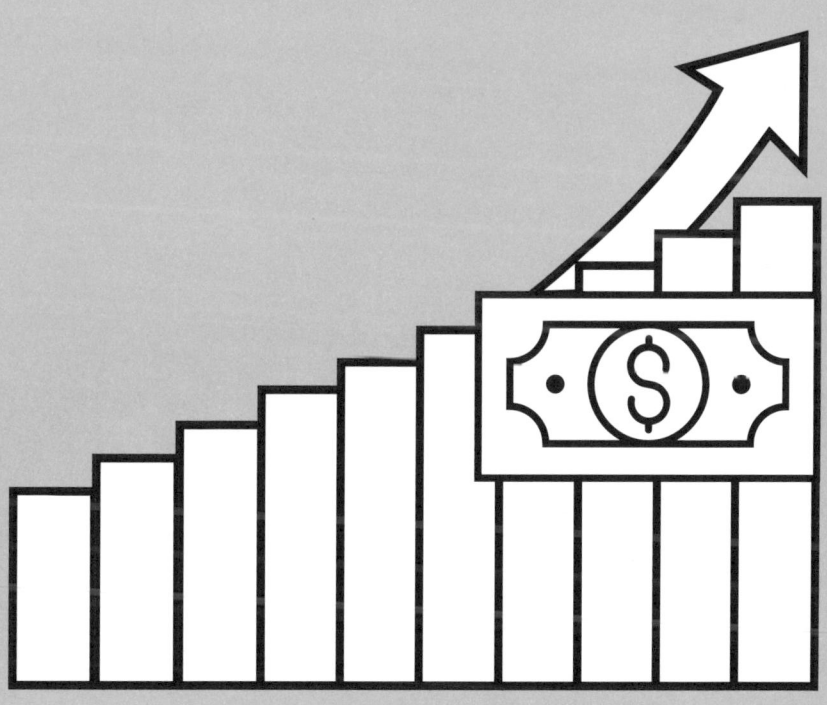

01
그래서
어떤 배당주에 투자하면 좋을까?

●●●● 지금까지 배당투자에 대한 기본 개념부터 투자 전략까지 '왜 배당투자인지'(Why)에 대한 나름대로의 해답을 찾아봤고, 배당투자의 대상에 대한 이해와 활용법을 살펴봤습니다. 다만 막상 '어떤 배당주에 투자할지'에 대한 질문 앞에서는 여전히 막막함이 남아 있습니다. 따라서 이번 스페셜 챕터는 바로 이 'So What', 즉 배당주 선별에 대한 솔루션을 찾기 위한 여정입니다.

단순히 배당수익률이 높다는 이유로 배당주를 고르는 단편적인 시각에서 벗어나, 배당을 오래 지속할 수 있는 해당 기업의 기초체력과 주주환원 의지를 객관적으로 평가할 수 있는 지표를 바탕으로, 믿음직스러워 오래 함께해도 걱정 없을 만한 우량 '배당성장주'를 고르는 데 도움을 드리기 위해 고민했습니다. 특히 배당성장주에 대한 오랜 노하우를 보유한 배당귀족지수(Dividend Aristocrat Index)의 핵심 투자 철학인 '배당정책의 지속성'을 반영하여, 단순 고배당을 넘어 '꾸준하게 성장하는 배당'을 제공할 가능성이 높은 종목을 가려낼 수 있도록 설계했습니다.

필자가 개발한 '배당진단키트 2.0'은 국내외 주식시장에 상장기업을 대상으로 배당투자 적합도를 평가하는 스코어링 시스템입니다. 필자의 전작인《나는 배당투자로 한 달에 두 번 월급 받는다》(2020)에서 제시했던 '배당진단키트 1.0'을 확대 개편한 것으로, 나만의 투자 철학에 적합한 배당성장주를 찾는 하나의 길잡이로 활용하기 바랍니다. 즉 완벽한 통계학적인 정합성의 결과보다는 나만의 배당투자 철학을 반영하는 핵심 요인을 어떻게 반영시켜서 솔루션을 구축할지에 대한 체계 만들기의 예시로 이해하시고, 만약 내가 생각하는 더 좋은 핵심 요인을 발견했다면 유사한 논리 구조를 통해 자신만의 스코어링 시스템을 만들 수 있기를 기대합니다.

02
배당투자 핵심 변수 6가지
왜 주목해야 할까?

　　장기 배당투자의 궁극의 핵심은 '이 배당이 앞으로도 이어질 수 있을까?'에 대한 답을 구하는 것입니다. 배당진단키트 2.0의 6가지 변수는 그 답을 찾기 위해 반드시 점검해야 할 항목입니다. 각각은 배당의 지속성과 안정성을 판별하는 핵심 열쇠로, 서로 유기적으로 작동합니다.

　　① '연속 배당'은 단순한 배당 횟수가 아니라 기업의 배당 철학을 보여줍니다. 경기 사이클이 아무리 변해도 배당을 이어간 기업은 주주가치를 경영의 핵심으로 삼고 있다는 증거입니다. 10년 이상 연속 배당은 글로벌 기준으로 '배당 챔피언'으로 불리며, 미국 S&P500 배당귀족지수에 포함되는 필수 조건이기도 합니다. 우리나라에서도

KT&G, 삼성전자 등은 10년 이상 배당을 이어오며 배당 투자자들에게 신뢰를 주고 있습니다. 이를 확인하려면 DART 전자공시 사업보고서(dart.fss.or.kr)에서 '배당에 관한 사항'을 보거나, 네이버증권(종목분석→투자지표→하단의 아래 표)에서 연도별 주당배당금(DPS), 현금배당수익률 내역을 확인할 수 있습니다.

네이버증권에서 KT&G의 DPS, 배당수익률 찾기

・단위: 억원, %, %p, 배 ・분기: 순액기준

항목	2020/12 (IFRS연결)	2021/12 (IFRS연결)	2022/12 (IFRS연결)	2023/12 (IFRS연결)	2024/12 (IFRS연결)	전년대비 (YoY)
EPS	8,535	7,118	7,399	6,615	8,975	36
BPS	72,831	76,336	80,114	81,326	85,662	5
CPS	9,190	10,342	6,467	9,278	6,331	-32
SPS	36,821	38,082	42,620	42,963	45,491	6
PER	9.74	11.10	12.37	13.14	11.93	-9.16
PBR	1.14	1.03	1.14	1.07	1.25	17.01
PCR	9.04	7.64	14.15	9.37	16.92	80.62
PSR	2.26	2.07	2.15	2.02	2.35	16.40
EV/EBITDA	5.36	5.56	7.21	7.50	9.11	21.39
DPS	4,800	4,800	5,000	5,200	5,400	4
현금배당수익률	5.78	6.08	5.46	5.98	5.04	-0.94
현금배당성향(%)	50.83	58.93	57.24	65.45	50.48	-14.97

자료: 네이버증권

② '배당성장률'은 배당의 양적 증대만큼 중요한 지표입니다. 배당금이 꾸준히 오르는 기업은 단순히 현재 돈을 잘 버는 데 그치지 않고, 미래에도 이익 증가를 주주와 나누겠다는 의지를 갖고 있다는 뜻입니다. 연속 배당 기간 중 연평균 배당금 성장률이 10% 이상이면 상당한 배당성장주로 볼 수 있습니다. 확인 방법으로는 과거 5~10년 치 사업보고서에서 현금배당금 내역을 모아 직접 연평균 성장률을

계산하거나, IR 자료에 요약된 배당 추이 도표를 참고하는 방식이 있습니다.

2024년 KT&G의 배당성장률 구하기

- 앞선 도표를 참고하여 2024년 주당배당금(DPS) 5,400원, 2023년 5,200원
- 당해연도 주당배당금 / 전년도 주당배당금 − 1 = 5,400/5,200 −1 = 3.8%

$$증가율(\%) = \frac{올해\ DPS - 작년\ DPS}{작년\ DPS} \times 100$$

③ '배당수익률 저평가' 여부는 현재 배당수익률이 과거에 비해 얼마나 높은지를 보는 것입니다. 만약 현재 배당수익률이 과거 5년 평균의 상위 25% 수준이라면 주가가 일시적으로 떨어졌거나 배당이 급증해 저평가 국면일 가능성이 높습니다. 예컨대 KT&G의 현재 배당수익률(4.38%)이 5년 평균보다 낮은 수준인데, 이는 시장금리 대비 투자 매력이 이전보다는 약화된 것으로 해석할 수 있습니다. 앞선 도표를 통해 과거 연도별 배당수익률을 찾을 수 있고, 현재 주가를 반영한 현재 배당수익률은 다음 그림의 우측 하단(4.38%)에 표기되어 있으므로 확인할 수 있습니다.

KT&G 가격 추이

자료: 네이버증권

④ '배당수익률 절대값'은 투자자가 매수 시점에서 체감할 수 있는 현금흐름을 보여줍니다. 시장에서는 보통 4% 이상의 배당수익률을 고배당주 기준으로 보며, 이 수준을 넘으면 예적금, 채권과의 상대적 매력이 커집니다. 절대값은 단기 주가 급락으로 일시적으로 높아질 수도 있어 반드시 배당여력과 함께 보아야 합니다. KT&G의 경우 4%를 상회하고 있으므로 배당수익률 절대값 측면에서는 여전히 매력적이라고 볼 수 있습니다.

⑤ '배당여력(이익잉여금/자본총계)'은 배당을 장기적으로 지속할 수 있는 내부 재원을 뜻합니다. 배당금은 결국 기업이 번 돈에서 나옵니다. 하지만 단기 실적이 부진하더라도 과거에 쌓아둔 이익잉여금이 두둑하다면 일정 기간 배당을 유지할 수 있는 체력이 됩니다. 대체로

이익잉여금/자본총계 비율이 80% 이상이면 웬만한 위기에도 배당이 흔들릴 가능성이 낮습니다. 이 항목은 DART 재무상태표에서 이익잉여금과 자본총계 항목을 찾아 계산할 수 있습니다. 네이버증권(종목분석→재무분석→재무상태표→하단 자본 항목)을 활용하면 다음과 같이 자본총계, 이익잉여금의 숫자를 찾아내서 이 비율을 산출할 수 있습니다.

| 네이버증권을 활용하여 KT&G 배당여력 세부 데이터 구하기

• 단위: 억원, %, 배, 천주 • 분기: 순액기준

항목	2020/12 (IFRS연결)	2021/12 (IFRS연결)	2022/12 (IFRS연결)	2023/12 (IFRS연결)	2024/12 (IFRS연결)	전년대비 (YoY)
자본총계	90,915.7	92,088.6	93,585.8	92,949.4	93,584.7	0.7
지배주주지분	90,368.5	91,587.9	93,156.4	91,744.1	92,391.7	0.7
자본금	9,549.6	9,549.6	9,549.6	9,549.6	9,549.6	0.0
신종자본증권						
자본잉여금	5,333.9	5,333.9	5,333.9	5,338.4	5,349.7	0.2
기타자본	-5,316.2	-8,799.8	-12,369.3	-12,369.3	-10,305.4	16.7
기타포괄이익누계액		-878.9	-669.8	-565.7	-34.6	93.9
이익잉여금	80,801.2	86,383.1	91,312.0	89,791.1	87,832.4	-2.2

자료: 네이버증권

2024년 기준 배당여력 계산하기

- 자본총계 9조 3,584억 원, 이익잉여금 8조 7,832억 원
- 배당여력 = 이익잉여금/자본총계 = 87,832/93,584 = 93.8% > 80%

⑥ '총자산이익률(ROA)'은 기업의 자산을 얼마나 효율적으로 굴려 이익을 내는지 보여줍니다. '당기순이익/총자산'으로 산출되는

ROA는 7% 이상이면 국내 기업 중에서는 상위권의 수익성을 갖춘 회사로, 배당 지급 능력이 우수하다고 평가할 수 있습니다. 특히 ROA는 배당의 원천인 이익 창출력 그 자체를 나타내므로 낮은 ROA는 일시적으로 높은 배당을 주더라도 지속 가능성을 의심하게 만듭니다. ROA는 DART 사업보고서 손익계산서와 재무제표 요약 부분에서 찾을 수 있고, 네이버증권(종목분석→투자지표→투자분석→수익성→중단)에서도 확인할 수 있습니다.

| 네이버증권을 활용하여 KT&G의 ROA 구하기

*단위: 억원, %p, 배 · 분기: 순액기준

항목	2020/12 (IFRS연결)	2021/12 (IFRS연결)	2022/12 (IFRS연결)	2023/12 (IFRS연결)	2024/12 (IFRS연결)	전년대비 (YoY)
매출총이익률	57.92	55.05	50.59	47.90	49.11	1.21
영업이익률	29.14	25.60	21.66	19.91	20.12	0.21
순이익률	23.18	18.59	17.18	15.73	19.72	3.98
EBITDA마진율	33.16	29.75	25.52	24.02	24.36	0.33
ROE	13.22	10.74	11.00	9.76	12.66	2.90
ROA	10.54	8.41	8.40	7.36	8.73	1.37
ROIC	23.71	23.11	20.41	17.68	16.07	-1.61

자료: 네이버증권

이러한 6가지 핵심 변수는 단독으로 해석하는 것이 아니라 상호 연계해 판단할 때 진가가 발휘됩니다. 연속 배당과 배당성장률은 기업의 철학과 주주친화성을 나타내며, 배당수익률 저평가와 절대값은 현재 매수 타이밍의 유망성을, 배당여력과 ROA는 앞으로도 배당을 유지할 가능성을 말해줍니다. 이를 통해 투자자는 '이 기업은 왜 배당을 계속 줄 수 있는가?'라는 질문에 대한 명확한 답을 구할 수 있습니다. 투자자가 각 항목별 수치를 손쉽게 구하려면 DART 전자공시가 기본이며, 네이버증권의 배당 관련한 항목들, 증권사 HTS의 재무차트 기능, 각 기업의 IR 자료가 가장 실용적인 경로입니다. 특히 기업 IR 자료에는 배당성향, 배당금 성장 추이 등이 차트로 제공되어 있어 투자 판단에 큰 도움이 됩니다. 이처럼 배당투자는 고배당주를 찾는 데서 그치지 않고, 배당의 지속성과 성장을 담보할 재무적·정성적 근거를 함께 갖춰야만 진정한 배당투자가 완성됩니다.

03
6가지 핵심 변수로
배당진단키트 2.0 만들기

•••• 투자 가능 배당성장주의 후보군은 편의상 Fnguide에서 산출하는 'MKF 배당귀족지수'의 구성종목군으로 한정하여 ① 연속배당 조건인 10년 연속 주당배당금이 증가했거나 유지된 종목군을 대상으로 '배당진단키트 2.0'을 산출하고자 합니다. 따라서 배당진단키트 2.0의 스코어링을 산출할 때는 ②~⑥ 조건을 기준으로 다음과 같은 배점 기준을 통해 점수를 종합하고자 합니다.

배당 특질	핵심 변수	배점 기준
배당정책 지속성	연속 배당	투자 가능 배당성장주 후보군: 10년 연속 주당배당금이 증가했거나 유지된 종목으로 'MKF 배당귀족지수' 구성종목으로 한정
	배당성장률: 최근 4년간 연평균 배당성장률	① 20% 이상: 3점 ② 10~19%: 2점 ③ 5~9%: 1점
배당정책 적시성	배당수익률 저평가	① 4년간 배당수익률 고점 수준이면 3점 : 고점 > ① > {고점-(고점-저점)×1/4} ② 4년간 배당수익률 중상 수준이면 2점 : ① > ② > {고점-(고점-저점)×2/4} ③ 4년간 배당수익률 중하 수준이면 1점 : ② > ③ > {고점-(고점-저점)×3/4}
	배당수익률 절대값: 최근값	① 시가배당수익률 4% 이상이면 3점 ② 시가배당수익률 3~4%이면 2점 ③ 시가배당수익률 2~3%이면 1점
배당역량	배당여력(최근값): 이익잉여금/자본총계	① 배당여력 80% 이상이면 3점 ② 배당여력 60~80%이면 2점 ③ 배당여력 40~60%이면 1점
	총자산이익률 (최근값): ROA = 당기순이익/총자산	① ROA 7% 이상이면 3점 ② ROA 4~7%이면 2점 ③ ROA 2~4%이면 1점

MKF 배당귀족 구성종목 찾기

다음 과정을 통해 확인할 수 있습니다.

http://www.fnindex.co.kr/ → fnindex 바로가기 → Strategic Indices → 배당지수 → MKF 배당귀족 지수 → Index Data(엑셀 파일) 다운로드 → Constituents 탭

Economic Sector	Industry Group	종목 코드	종목명
에너지	에너지	A078930	GS
소재	소재	A014680	한솔케미칼
산업재	자본재	A001040	CJ

산업재	자본재	A000880	한화
산업재	자본재	A047050	포스코인터내셔널
산업재	자본재	A033100	제룡전기
산업재	자본재	A003550	LG
산업재	운송	A086280	현대글로비스
경기소비재	자동차 및 부품	A012330	현대모비스
경기소비재	자동차 및 부품	A161390	한국타이어앤테크놀로지
경기소비재	자동차 및 부품	A005850	에스엘
경기소비재	자동차 및 부품	A000240	한국앤컴퍼니
경기소비재	유통	A139480	이마트
경기소비재	유통	A069960	현대백화점
필수소비재	음식료 및 담배	A271560	오리온
필수소비재	음식료 및 담배	A001680	대상
필수소비재	음식료 및 담배	A097950	CJ제일제당
필수소비재	음식료 및 담배	A004370	농심
필수소비재	음식료 및 담배	A033780	KT&G
필수소비재	생활용품	A161890	한국콜마
의료	제약 및 바이오	A086450	동국제약
금융	은행	A175330	JB금융지주
금융	증권	A023590	다우기술
IT	소프트웨어	A067160	SOOP
IT	소프트웨어	A053800	안랩
IT	반도체	A005930	삼성전자
IT	반도체	A058470	리노공업
통신서비스	통신서비스	A030200	KT
통신서비스	통신서비스	A032640	LG유플러스
통신서비스	통신서비스	A017670	SK텔레콤

04
배당진단키트 2.0의 배당성장주 5선

종목명	배당 성장률	배당 수익률 저평가	배당 수익률 절대값	배당 여력	총자산 이익률	총점수 (15점 만점)
한국타이어앤테크놀로지	3	3	3	2	3	14
제룡전기	3	3	1	3	3	13
에스엘	3	3	2	2	3	13
한국앤컴퍼니	2	2	3	2	3	12
SK텔레콤*	2	2	3	3	2	12
오리온	3	3	1	1	3	11
현대글로비스	3	1	1	3	2	10
현대모비스	2	2	1	3	2	10
SOOP	3	1	0	3	3	10
안랩	2	3	0	2	3	10

GS	2	1	3	2	1	9
삼성전자	0	2	1	3	3	9
포스코인터내셔널	3	2	1	1	1	8
LG	1	2	2	2	1	8

* SK텔레콤은 과거 실적 변수 중심의 배당진단키트 2.0 상에서는 양호한 총점수를 보였으나, 2025년 불거진 유심 해킹 사고와 관련한 위약금 면제 결정 등의 변동성 요인으로 제외했음을 알려드립니다.

1. 한국타이어앤테크놀로지: 글로벌 톱3 타이어 기업의 숨겨진 배당 매력

한국타이어앤테크놀로지(이하 한국타이어)는 세계 타이어 시장에서 미쉐린, 브리지스톤과 함께 글로벌 빅3로 꼽히는 위상을 보유하고 있습니다. 특히 승용차용 타이어(PCR) 부문에서 강점을 지니고 있으며, 국내 타이어 시장점유율 1위이자, 해외 시장에서도 초고성능 타이어(UHP)와 전기차(EV) 전용 타이어 분야의 빠른 성장으로 업계 내 기술력과 브랜드 경쟁력을 동시에 인정받고 있습니다. 타이어 산업은 경기민감 업종으로 분류되지만, 자동차 보급률과 평균 주행거리 증가에 따른 교체 수요로 안정적인 현금흐름이 지속되는 특징을 지니고 있습니다.

최근 주주환원정책을 보면, 한국타이어는 2022년부터 본격적으로 배당성향 확대 기조를 천명하고 매년 배당금 증액을 이어가고 있습니다. 2023년 주당배당금(DPS)은 1,300원에서 2024년 2,000원으로 무려 53% 증가했으며, 이는 배당진단키트 2.0에서 배당성장률 항목의 높은 점수를 받을 수 있는 근거가 됩니다. 특히 중기 배당정책으로, 연결재무제표 기준 조정 당기순이익(일회성 비경상손익 제외)의 20% 수준을 주주에게 환원하는 것을 지향하는 배당정책을 밝히고 있습니다. 2023년과 2024년 (연결)현금배당성향은 22% 수준을 유지하면서 주주환원 강화를 장기적으로 이어가겠다는 강한 의지를 재확인할 수 있습니다.

배당진단키트 2.0 기준으로 살펴보면, 연속 배당 측면에서 한국타이어는 지난 10년간 배당을 단 한 해도 거르지 않고 전년 수준 이상의 배당성장을 유지해 배당 지속성 항목에서 안정적인 점수를 확보하고 있습니다. 최근 4년간 연평균 배당성장률은 약 11%로, 배당성장주로서 매력적인 성장 궤적을 보여주고 있습니다. 현재 배당수익률은 4.5% 내외로, 업종과 시장금리를 감안할 때 충분히 매력적인 수준입니다. 배당여력 지표로 보면 2024년 기준 이익잉여금/자본총계 비율은 약 85%로 나타나, 경기순환에 따른 일시적 부진에도 배당을

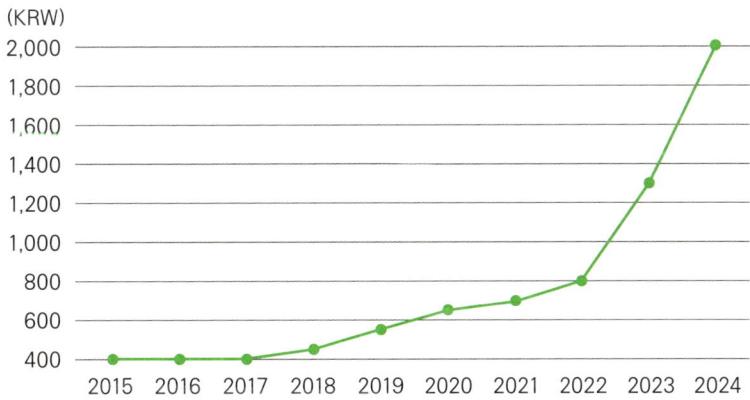

| 한국타이어앤테크놀로지 배당성장률

자료: 네이버증권

지속할 수 있는 내부 재원이 견고함을 알 수 있습니다. ROA는 6%대 수준으로, 국내 제조업 평균을 상회하는 이익 창출력을 유지하고 있어 배당의 원천이 안정적이라는 평가를 받을 수 있습니다.

한국타이어의 특이사항으로는 업종 특유의 사이클이 투자자 입장에서 양날의 검으로 작용할 수 있다는 점이 있습니다. 예를 들어, 원자재 가격 급등기에는 영업이익률이 급락할 수 있어 배당 지속성에 대한 우려가 커질 수 있습니다. 실제 2021~2022년 천연고무, 합성고무 가격이 급등하자 영업이익이 크게 둔화되었던 사례가 대표적입니다. 다만 전기차 시장 확대와 전기차 전용 고마진 타이어 판매 비중 증가가 회사의 체질을 개선하고 있다는 점은 긍정적입니다. 또 2024년부터 미국 테네시 공장의 증설 효과가 본격적으로 반영되면 북미 시장 내 판매 확대와 매출 성장 모멘텀도 기대할 수 있습니다.

무엇보다 한국타이어는 글로벌 주요 완성차 업체와 전략적 파트너십을 다수 맺고 있어 안정적인 수주 기반을 갖추고 있다는 점이 배당 안정성을 뒷받침합니다. 그러나 주주친화정책을 강화하고 있음에도, 업종 특유의 경기민감도와 글로벌 무역 환경(관세, 물류비 등) 변수로 인해 실적 변동성이 크다는 것은 투자자가 상시로 유의해야 할 리스크 요인입니다. 따라서 한국타이어를 배당 포트폴리오에 편입할 때는 분기 실적 발표와 주요 원자재 가격 추이, 북미 시장의 판매 동향 등을 함께 모니터링하는 것이 중요합니다.

2. 제룡전기: 소형 변압기 강자의 저평가 배당성장 스토리

　제룡전기는 국내 전기장비 업종 내에서 소형 변압기와 전력기기 제작 분야의 전문성을 갖춘 강소기업으로, 전력산업의 핵심 부품 공급망을 책임지고 있습니다. 전력설비 교체 수요와 국내외 전력망 투자가 지속되는 한 꾸준한 매출 기반이 유지되는 업종 특성상 일정한 현금흐름이 발생하는 구조를 지니고 있습니다. 특히 영업이익률이 30%를 상회하는 수준으로, 국내 제조업 평균을 크게 웃도는 수익성을 보유하고 있어 재무적 안정성과 배당여력을 동시에 갖춘 것이 강점입니다.

　최근 주주환원정책을 살펴보면, 제룡전기는 2023년에 주당 500원의 배당을 실시한 데 이어 2024년과 2025년에는 1,000원으로 배당금을 2배로 늘렸습니다. 2023년에서 2024년으로 넘어오며 약 100%의 배당성장률을 기록한 셈으로, 배당진단키트 2.0의 배당성장률 항목에서 최고점을 받을 만한 성과입니다. 다만 회사 측에서 공식적으로 배당성향 목표치를 발표한 적은 없고, 일회성 확대인지 장기적 정책 전환인지는 아직 불분명합니다. 하지만 최근 몇 년간의 연속된 배당 증액 흐름은 주주친화적 기조로 변화하고 있음을 뒷받침합니다.

　배당진단키트 2.0 기준에서 제룡전기는 재무 건전성과 수익성 측면에서 상당히 우수한 평가를 받을 수 있습니다. 2024년 기준 이익잉여금이 자본총계 대비 80% 이상으로 추산되어 배당을 유지할 여력이 충분하고, ROA는 30% 이상, ROE는 40%를 넘는 수준으로 제조업 내 최고 수준의 수익성을 나타냅니다. 현재 배당수익률은 약 2.5%로 고배당주라고 하긴 어렵지만, 최근 몇 년간의 급격한 배당성장과 높은 잉여현금흐름을 고려하면 향후 추가적인 배당 증액 가능성도 열려 있습니다. 특히 최근 3년 평균 영업현금흐름이 연 1,000억 원 내외로 집계되어 배당뿐만 아니라 재투자와 자본 확충 모두를 충족할 수 있는 안정적인 현금 창출력을 보유하고 있습니다.

다만 제룡전기의 특이사항으로는 업종 특유의 경기 사이클과 전력 공급 계약 변동성이 존재한다는 점이 있습니다. 정부의 전력설비 투자 계획과 입찰 일정에 따라 매출 편차가 발생할 수 있고, 원재료 가격이나 환율 변동도 이익률에 영향을 줄 수 있습니다. 또한 변압기 시장의 경쟁이 심화되거나 수주 일정이 지연되면 단기적인 실적 변동성이 커질 수 있다는 점은 투자자가 반드시 유의해야 할 부분입니다. 한편 PER은 약 8배 수준으로 동종업계 평균을 크게 하회하고 있어, 현재 주가는 실적과 현금흐름 대비 저평가 구간으로 평가받고 있습니다.

결국 제룡전기는 높은 수익성과 뛰어난 배당여력, 강한 현금흐름이라는 강점을 기반으로 향후 배당성장 가능성을 내포하고 있는 동시에, 전력기기 업종의 구조적 리스크를 함께 고려해야 하는 배당성장주입니다. 투자자는 향후 분기별 실적 발표와 주요 수주공시, 전력산업 투자 트렌드 등을 꾸준히 모니터링함으로써 배당 지속성과 성장을 점검할 필요가 있습니다.

┊┊┊┊ 3. 에스엘: 글로벌 완성차에 조명하는 빛, 배당성장주의 숨은 보석

에스엘은 자동차용 램프(헤드램프, 테일램프) 분야에서 국내 1위, 글로벌 톱5에 포함되는 조명 전문 부품회사로, 현대·기아차뿐 아니라 GM, 포드, 폭스바겐 등 글로벌 완성차 기업에 대규모로 공급하는 강력한 고객 포트폴리오를 갖고 있습니다. 차량당 램프 부품이 고부가가치화되며 매출이 증가하는 업종 특성 덕분에 전기차(EV) 시장 확대와 함께 구조적 성장 기회를 맞고 있는 것이 최대 강점입니다. 특히 전동화와 자율주행 트렌드가 맞물리면서 램프의 디자인·성능이 차량 차별화 요소로 부각돼 에스엘의 업계 내 위상은 더욱 견고해지고 있습니다.

주주환원정책을 보면, 에스엘은 2010년대 중반까지 배당을 다소 보수적으로 운용했으나, 최근에는 지속적으로 배당성향을 확대해왔습니다. 2023년 기준 DPS는 600원으로 전년(450원) 대비 약 33% 상승했으며, 2024년에도 700원으로 추가 증액을 단행했습니다. 회사는 IR 자료를 통해 향후 실적 호조 시 배당성향을 점진적으로 상향하겠다는 방침을 여러 차례 언급했고, 최근 5개년 동안 한 해도 거르지 않고 배당을 유지·성장시켜 배당정책의 일관성을 증명하고 있습니다.

배당진단키트 2.0 기준에서 살펴보면, 에스엘은 배당성장률이 최근 4년 평균 10% 내외로 꾸준히 상승세를 이어오고 있으며, 배당여력(이익잉여금/자본총계)도 85% 이상 수준으로 확인돼 안정성이 뛰어납니다. ROA는 최근 6~8%대, ROE는 10% 후반에서 20% 초반까지 유지되는 수준으로, 글로벌 완성차 부품업체 중에서도 준수한 수익성을 보유하고 있습니다. 특히 배당수익률은 현재 주가 기준 3.5% 내외로, 배당과 성장을 동시에 추구하는 투자자에게 매력적인 수준입니다. 에스엘은 CAPEX(설비투자) 집행과 함께 영업현금흐름이 연 1,500억 원 내외로 안정적으로 창출돼 배당의 지속성과 확장성을 뒷받침합니다.

에스엘의 특이사항으로는 자동차 업종 특유의 경기민감성과 완성차 업체들의 판매량 변동에 따른 실적 영향을 꼽을 수 있습니다. 특히 북미 주요 고객사(GM 등)의 생산 조정이나 파업 등으로 공급량이 급감할 수 있고, 환율·원자재 가격 변동성 또한 주요 리스크로 작용합니다. 다만 전기차 시장 성장과 첨단 조명 기술 수요 증가가 회사의 중장기 실적을 견인할 핵심 모멘텀으로 작용하고 있어, 매 분기별 완성차 출하량과 에스엘의 수주 상황을 확인하는 것이 중요합니다.

결국 에스엘은 글로벌 완성차 공급망 내 확고한 입지, 꾸준한 배당 증액, 탄탄한 재무구조를 바탕으로 배당성장주로서 투자가치를 증명하고 있습니다. 단기적 업황 변동에 따른 리스크는 상존하지만, 전기차·자율주행 트렌드와 함께 구조적으로 성장할 가능성이 높다는 점에서 중장기 관점의 배당 포트폴리오에 담을 만한 매력을 갖춘 종목입니다.

4. 한국앤컴퍼니: 글로벌 타이어 제국의 든든한 배당 허브

한국앤컴퍼니는 코스피 상장사로, 국내 대표 타이어 제조사인 한국타이어앤테크놀로지의 지주회사입니다. 기존 '한국타이어월드와이드'에서 2020년 '한국앤컴퍼니'로 사명을 변경하며, 타이어뿐 아니라 자동차부품·IT 서비스까지 사업 포트폴리오를 확장하고 있습니다. 지주사 체제 전환을 통해 그룹 전반의 사업구조와 지배구조를 효율화했으며, 안정적인 배당 재원을 마련할 수 있는 현금 창출 구조를 갖춘 것이 핵심 강점입니다. 특히 핵심 자회사인 한국타이어의 이익 배당을 지주사 단계에서 받아 다시 투자자에게 배당으로 환원하는 구조로 국내 대표적인 '배당 지주사' 종목으로 손꼽을 수 있습니다. 한편 지주 부문 이외에 ES 사업본부가 있는데, 자동차용 및 산업용 축전지 제조, 판매를 주요 사업으로 하고 있고, 2024년 기말 현재 전체 매출의 70.8%를 차지하고 있습니다.

주주환원정책을 보면, 한국앤컴퍼니는 결산배당 기준으로 30년 연속 배당을 했고, 2023년 기준 DPS는 700원으로 전년(650원) 대비 7.7% 증가했습니다. 2024년에는 DPS를 1,000원으로 더 인상하면서 배당성장 의지를 확고히 했습니다. 회사는 2020년 이후 매년 연결 배당성향 27~37% 수준을 유지하면서 안정적인 현금흐름을 기반으로 주주친화정책을 강화하고 있습니다. 배당진단키트 2.0 기준으로 살펴보면, 한국앤컴퍼니는 10년 이상의 연속 배당 기록을 보유해 배당정책의 지속성이 우수합니다. 최근 4년 평균 배당성장률은 20% 수준으로 안정적인 증가세를 이어가고 있고, 배당여력(이익잉여금/자본총계)도 63%로 파악돼 향후 배당금 유지와 증액 모두 가능한 재무구조를 갖추고 있습니다. 2024년 ROA 7%, ROE는 8% 수준으로 국내 지주회사 평균을 상회하며, 배당수익률은 현재 주가 기준 약 5% 내외로 매우 매력적인 수준입니다. 특히 한국타이어로부터 배당받는 배당금이 지주사 배당 재원의 대부분을 차지하며, ES사업본부 및 자회사의 배당 확장성 또한 한국앤컴퍼니의 배당여력을 결정하는 중요한 요소로 작용합니다.

다만 한국앤컴퍼니 특이사항으로는 자회사 실적 의존도가 절대적인 구조를 지닌 지주회사 성격이 강하다는 점입니다. 한국타이어의 업황과 배당정책 변화가 한국앤컴퍼니의 현금흐름과 배당 지속성에 직접적인 영향을 미치기 때문에 한국타이어의 실적과 배당금 추이를 꾸준히 점검해야 합니다. 결국 한국앤컴퍼니는 한국타이어라는 글로벌 톱티어 자회사를 기반으로 한 안정적인 현금흐름, 10년 이상 이어온 연속 배당, 최근의 배당 증액 기조까지 배당성장주의 모든 조건을 충족합니다. 다만 자회사 리스크와 지주사 특유의 구조적 리스크를 함께 고려하면서 투자해야 하며, 자회사의 실적 발표, 그룹 차원의 대규모 투자 여부 등을 꾸준히 모니터링하는 것이 중요합니다.

5. 오리온: 초코파이의 글로벌 신화, 소비재 배당주의 숨은 강자

오리온은 대한민국을 대표하는 과자 브랜드 '초코파이'를 비롯해 다양한 스낵류로 국내 식품업계를 선도하는 기업으로, 글로벌 시장에서도 확고한 입지를 구축하고 있는 소비재 배당주의 숨은 강자입니다. 특히 중국, 베트남, 러시아 등 해외 법인에서 거둬들이는 매출이 전체의 절반 이상을 차지하며, K-푸드 대표주자로서 해외 시장에서도 지속적인 성장을 이어가고 있다는 점이 업종 내 독보적 경쟁력으로 해석됩니다. 필수소비재인 식품업 특성상 경기민감도가 낮아 불황기에도 꾸준한 현금흐름을 창출할 수 있다는 점도 배당성장주로서는 큰 강점입니다.

주주환원정책을 살펴보면, 오리온은 과거 배당에 다소 소극적이었으나 2018년 이후 결산배당 기준 연속 배당을 유지하면서 배당주로서 매력을 높여왔습니다. 2023년 기준 DPS는 1,250원으로 전년(950원) 대비 31% 증가했고, 2024년에는 2,500원으로 무려 전년 대비 2배나 배당금을 인상했습니다. 공식 IR 자료에서도 2026년까지 연결 배당성향 20% 이상으로 유지하겠다는 계획을 밝혔고, 배당의 지속성뿐만 아니라 배당성장을 병행하겠다는 의지를 확인할 수 있습니다. 오리온은 주주친화정책의 일환으로 상법 개정에 따라 정관 변경 후 중간 배당 등의 도입 시기를 검토하겠다는 주주가치 제고 정책을 추진할 의지를 밝히고 있어 긍정적인 평가를 받고 있습니다.

배당진단키트 2.0 기준으로 살펴보면, 오리온은 2018년 이후 꾸준한 배당 증액 기록으로 배당성장주로서의 조건을 충족하고 있습니다. 최근 4년 평균 배당성장률(2024년 말 기준)은 40% 수준으로 뚜렷한 증가세를 이어오고 있고, 배당여력은 이익잉여금/자본총계 기준

57%로 앞서 4개 종목보다는 다소 열위하나 그래도 안정적인 재무적 기반은 갖추고 있습니다. ROA는 13%, ROE는 16% 수준을 나타내며 국내 식품업계 상위권의 수익성을 유지하고 있습니다. 현재 주가 기준(2025년 7월 17일) 배당수익률은 약 2.1%로, 필수소비재 업종 특성상 낮은 변동성과 함께 안정적인 배당소득을 원하는 투자자에게 적합합니다.

오리온의 특이사항으로는 원재료 가격과 환율 변동이 주요 리스크 요인으로 작용한다는 점입니다. 특히 해외 매출 비중이 높은 만큼 현지 통화 약세가 수익성에 부정적으로 작용할 수 있고, 글로벌 원자재(설탕, 밀가루, 팜유 등) 가격 급등 시 원가 부담이 상승해 이익률이 단기적으로 훼손될 가능성이 있습니다. 반면 중국·베트남·러시아 시장에서의 브랜드 지배력이 절대적이라는 점은 향후 글로벌 경기 회복 시 오히려 레버리지 효과로 실적 개선 폭이 확대될 수 있는 요소로 작용합니다.

결국 오리온은 글로벌 초코파이 브랜드를 중심으로 한 필수소비재 기업으로서, 안정적인 현금 창출력과 꾸준한 배당성장 정책, 해외 법인을 통한 중장기 성장 모멘텀을 모두 갖춘 배당성장주입니다. 투자자는 원재료 가격 및 환율 동향, 중국·베트남 시장에서의 실적 추이 등을 주기적으로 점검해 배당 지속성과 성장성을 함께 모니터링하는 전략이 필요합니다.

**배당투자
기적의 루틴**

1판 1쇄 인쇄 2025년 8월 3일
1판 1쇄 발행 2025년 8월 11일

지은이 곽병열
펴낸이 김기옥

경제경영사업본부장 모민원
경제경영팀 박지선, 양영선
마케팅 박진모
경영지원 고광현
제작 김형식

디자인 푸른나무디자인
인쇄·제본 민언프린텍

펴낸곳 한스미디어(한즈미디어(주))
주소 04037 서울특별시 마포구 양화로 11길 13(서교동, 강원빌딩 5층)
전화 02-707-0337 | 팩스 02-707-0198 | 홈페이지 www.hansmedia.com
출판신고번호 제 313-2003-227호 | 신고일자 2003년 6월 25일

ISBN 979-11-94777-37-3 (13320)

책값은 뒤표지에 있습니다.
잘못 만들어진 책은 구입하신 서점에서 교환해 드립니다.